围炉夜话 元王朝

张晓萌◎著

 吉林文史出版社

图书在版编目（CIP）数据

围炉夜话元王朝 / 张晓萌著 . — 长春：吉林文史
出版社，2019.8
ISBN 978-7-5472-6444-7

Ⅰ. ①围… Ⅱ. ①张… Ⅲ. ①中国历史 – 元代 – 通俗
读物 Ⅳ. ① K247.09

中国版本图书馆 CIP 数据核字（2019）第 149495 号

围炉夜话元王朝
WEILU YEHUA YUANWANGCHAO

著　　者 / 张晓萌
策划编辑 / 周维萍
责任编辑 / 王明智
封面设计 / 知库文化
出版发行 / 吉林文史出版社
地　　址 / 长春市福祉大路出版集团 A 座　　　邮　　编 /130118
网　　址 / www.jlws.com.cn
电　　话 / 0431-81629375
印　　刷 / 天津雅泽印刷有限公司
开　　本 / 710mm×1000mm　　　　　　　16 开
字　　数 / 208 千
印　　张 / 16.25
版　　次 / 2019 年 8 月第 1 版　　　　2019 年 8 月第 1 次印刷
书　　号 / ISBN 978-7-5472-6444-7
定　　价 / 49.80 元

自　序

我是蒙古族，可是我不会说蒙古语，祖父会说，但是没有教给父亲，所以我自然是没有学习的机会了。后来上了学，由于长得不是很像蒙古人，经常被质疑是不是真的蒙古人，我当时就在想怎么证明自己的民族属性呢？当然现在比较容易了，做一个基因鉴定就可以看出民族成分。我也在去年于美国真的做了一个基因鉴定，结果发现自己不但有很纯正的蒙古族基因，而且和黄金家族似乎还有那么一些渊源。

当然，我上初高中的时候还没有这样的技术呢，那么我就在想，定义一个人属于哪个民族看什么呢？有三点比较重要，语言、文化、习俗。是否会说本民族的语言，是否了解及认同本民族的文化，是否尊重和遵从本民族的习俗。所以孔子才说："夷狄入中国，则中国之；中国入夷狄，则夷狄之。"按照这个定义来看，蒙古语我自是不会说的，恐怕现在大多数蒙古人也不会遵守蒙古族的习俗了，那达慕早已成了旅游项目，忽里台连很多蒙古人都不知道是什么了，唯一能说明我还是蒙古人的，就是我还可以谈谈蒙古族文化呢。其实说文化呢，又太宽泛了，不如就简化一下，我们来谈谈历史。于是从那时起，我就广泛阅读各种关于蒙古族历史、元朝历史的史料，本来就喜欢历史的我，就从那时候起对元史和蒙古族史多了一份关注。

　　近年来，我经常在网上看见有人聊元代历史，可是聊的人多了，谬误也随之增加了。而且元代的历史有很多新的特点，是不同于元代之前的唐宋、元代之后的明清的，再加上我是学经济学出身的，自然会注意到一些元朝特有的经济现象、经济制度，也希望拿出来与大家分享一下。

　　于是就有了这本简单的小书，这不是一本学术读物，而是一本休闲图书，所以我就给它起名《围炉夜话元王朝》，就让我们围坐暖炉之前，沏上一杯香茗，简单说说这个不简单的王朝。

目　录
CONTENTS

一、草原民族海洋梦

　　蒙古人的发祥地是没有海的，斡难河畔水草丰美，孕育了一个不折不扣的草原民族。可是说来奇怪，这个草原民族偏偏有着海洋帝国的雄心。现在中国人往往对郑和下西洋津津乐道，认为它体现了我国航海技术的优越以及我们也是很有可能成为海洋大国的。但是我却认为郑和下西洋恰恰是中国海洋时代的终结，是中国海洋梦的挽歌。为什么呢？世界上没有一个海洋大国的海洋时代不是从谋利开始的，恩里克王子的远航、荷兰的崛起和英国的发迹，无一不是因为海洋可以带来巨大的财富。而郑和的远航是伴随着明王朝禁止民间出海的法令开始的，是一场毫无获利可能的政治游行，这样的一次航海必然是海洋时代终结前的"回光返照"了。而且不知道有多少人问过这样一个问题：郑和出海的规模之大、航程之远、技术之先进，如果没有此前的技术和经验的积累，一定是难以成行的，那么这个技术积累是在什么时候？正是在元代，研究过元代经济就应该发现，元代的贵族们对财富充满了兴趣，从赋税中得来的稳定收入很难满足这些贵族的需求，于是每个贵族，上至大汗皇帝，下到普通军官，都要雇佣一批斡脱商，就是一批专门为他们打理生意的人，这些人大部分来自中东地区，他们了解中国产什么、西方要什么，于是开展了大量的海外贸易，这个贸易无非两条路，传统的丝绸之路和海路，唯利是图的斡脱商们自然选择了运费便宜的海路，且这些雇佣商人的东家就是政府，所以当时中国海上贸易空前繁盛，泉州成了世界性的港口，让马可·波罗这个外国人都艳羡不已。有了海上贸易的空前繁荣就该有一支强大的海军，对！海军，可能很少有人知道中国曾经有一支四处征伐的海军，蒙古的大汗就是这样耐不住寂寞地想打仗，陆上的战争打完了，咱们就打海上的，于是元王朝开始建立自己的海军了，忽必烈汗想攻打日本，可是中国海军碰上了日本人口中所谓的"神风"，没有经验的将军竟然想到了铁索连船的策略，当然元朝没有《三国演义》，不然看过这部小说的人估计不会使用这种策略。征伐日本的失败并没有阻挡忽必烈建设海军的热情，元代海军一直在建设并且还成功地实施了对南海上一些国家的征服。有了海外贸易、海军，当然就要有可靠的海上运输能力了，于是元王朝积累了大量的海上运输的经验，建设了一批港口，最著名的就是直沽和上海，直沽你没听说过？哦，对了，它今天叫天津！为什么要建设天津和上海呢？因为要运粮，首都在北方的王朝都面临这样的问题，南方的粮食需要运到北方，怎么运？旱路运输太贵，还是水路省钱，可是中国没有南北走向的河流，隋炀帝说没关系，来开凿一条大运河吧。于是就有了京杭大运河，但是中国北方缺水，运河经常堵塞，于是忽必烈说了，我们走海上！于是中国的漕粮从此改成海上运输了。

现在我们再来看，海上运输变成了国家最大宗物资的基本运输方式，繁盛的海外贸易，大量的奢侈品进口和丝绸、瓷器等制成品的出口，国家的贵族直接参与投资，有一支不安分的到处出现的海军。你觉得我在形容什么？这很像早期的葡萄牙和西班牙，还有点儿像早期的荷兰和英国，这似乎是一个海洋帝国的雏形。然后呢？然后你就知道了，明朝赶走了蒙古人，明朝皇帝觉得海外贸易没有什么用处，不如田赋税收重要，于是禁止出海了。漕粮走海运？太不安全了，万一碰见个大风大浪岂不是危险了？

还是疏通一下大运河吧。海军？要海军干什么？大明王朝的敌人主要是北方的少数民族，还是长城比较重要。于是在郑和完成了海洋大国最华丽的谢幕礼之后，古代中国的海洋梦结束了，变成了一个彻彻底底的大陆国家，彻底到连元朝之前的唐宋等王朝所做的一点儿努力也付诸东流了。

中国，曾经也在成为海洋帝国的路上前进了一步，不过这一步竟然是中国离海非常遥远的内陆少数民族走出来的，历史确实就是这么有趣。

二、是非毁誉说科举

说元王朝似乎不能不说说科举制度，因为自从科举面市以来，就数元王朝的科举最奇特，流行点儿说就是最奇葩的。科举是个什么样的制度？简单说来就是一种以考试为形式的文官选拔制度，这个制度好不好？如果是研究唐以前历史的专家就会说非常好，你看，隋代以前没有科举吧，只有什么世袭制、军功爵、察举制、九品中正制，但这些都不好，不公平呀！社会没有晋升通道，底层的人再优秀也只能在底层，上层的人再恶劣也可以官居高位，这怎么行？时间一长肯定会出一个"王侯将相宁有种乎"的陈胜式的人物。那么你看科举就比较有水平了，考试，一个公平的选拔办法，保证了社会晋升通道的通畅，甚至我们可以无不骄傲地说，西方的文官选拔制度就是借鉴了我们的科举。而研究明清及近代历史的学者往往对科举无甚好感，因为在明清两朝，八股取士已然成了文字游戏，内容僵化、形式僵化的考试极大地阻碍了中国的发展，这个国家最聪明的大脑如果都在玩文字游戏确实是很危险的。所以科举嘛，一直是毁誉参半。

怎么评价科举呢？我在美国曾经写过一篇制度经济学的论文，是说科举对中国科技制度的影响。依我个人之见，科举作为一项官员选拔制度无疑是非常优秀的，所以近代西方选拔文官都要借鉴科举，可是问题来了，中国的科举并不单纯是文官选拔制度。你一定要说了，在科举中被录取的人都去做文官了，难道科举不是一个文官选拔制度吗？而我对科举的定义是：科举是中国唯一的阶层转化制度。为什么这么说呢？我们不妨看一下，西方的文官考试可以让很多人通过自己的努力去做文官，许多农民、工人等可以参加考试去做文官，从而转化自己的阶层，可是在西方，不参加文官考试可不可以转化阶层呢？当然可以，你可以去大学学习一下数学、物理，你本来是在农场工作，然后因为发现了什么重要的科学定理，你就成了爵士，这样的人有没有呢？艾萨克·牛顿爵士嘛！当然，你也可以去当兵，然后由于当兵当得好，你就成了将军，最后可能就成了皇帝，就像拿破仑。或者还有，你可以专心致志地写书，只要你够有见解也是可以变成君主的座上宾的，孟德斯鸠就是这样。所以说文官考试虽然类似科举，但却是众多转化阶层的方式之一，如果还有什么不理解的，看看中国的公务员考试就好了，很多人把高考比成科举，我认为十分不恰当，因为毕竟高考是在决定你接下来受教育的地点和方式，而科举决定了你的身份地位和职业。公务员考试固然可以让很多的大学毕业生成为公务人员，跟以前的阶层不同，但并不是唯一，一个大学毕业生除了考公务员还可以去企业、创业、留校，等等。都可以转化自己的阶层，且无高下之分。

再来看看科举是这样吗？在中国古代，如果你出身农民，那估计你就要一辈子当农民，见到官老爷们要下跪，当然你可以不当农民去经商，但无论你赚多少钱，见到官老爷一样要下跪，你也可以做手工匠，当然见到官老爷一样要下跪，怎么才能踏进那个不用下跪的阶层呢？——参加科举考试，考上了你就属于一个可以不用见到官就跪（当然见到比你大的官也许还是需要），并且有人给你下跪的阶级。说到这我觉得就比较明白了。文官选拔制度是一系列改变阶层的制度之一，而科举制是古代中国唯一的改变阶层的制度。那么这个考试有没有、怎么考试、考什么在中国就至关重要了。于是，在古代，如果你有一个聪明的大脑和一个改变阶级的雄心，科举就是你唯一而且必须要考虑的事情了。

元王朝的统治者们把这个考试废除了！好了，这件事可是大事了，中国人原来找到的唯一的阶层改变通道，蒙古人一来就废了，你说这是好事吗？当然不是，广大的读书人没了上升的途径，估计就是再聪明也要一辈子属于只能下跪的阶层了，这个憋气，后来元仁宗爱育黎拔力八达这个名字很拗口的皇帝终于恢复了科举，不过竟然是配给制的，什么叫配给制科举呢？就是蒙古人、色目人占录取名额的百分之五十，北方汉人占百分之三十，南方人就占百分之二十吧。这就有点儿乱，蒙古人不用考试也能当官，考试的蒙古人很少，但录十个人必须有五个是蒙古人和色目人，那蒙古人自然相当占便宜，而南方汉人呢？本来就文气兴旺，考试的人很多很多，结果呢？十个里面录两个。所以仁宗虽然恢复了科举，可是元朝还是跟没有科举一样，所以大致上可以说元朝没什么科举制度。元朝为什么废除了科举呢？因为统治者们根本就没有想给社会阶层一个改变的通道，最好就是蒙古人一直当贵族、当大官，色目人帮着打理打理财产，汉人种种地、缴缴税。这无疑是落后的，一个国家没有给人凭自己能力改变阶层的通道自然是危险且落后的，所以很多明代大儒斥责蒙古人的野蛮落后，没有科举显然是个重要证据。

但是却不得不说，事物总是有两面性的，诚如前面所说，科举既然毁誉参半，那么废除科举似乎也是毁誉参半。元朝废了科举，好了，聪明的"大脑"们傻了，原来想改变个阶层就要读书、练习科举文章，现在呢？不行了！那就一辈子当农民？似乎有些聪明的大脑们也不愿意。咦？有人发现了，蒙古贵族们似乎不是很会理财啊，所以色目人很受宠，因为他们会帮蒙古人理财，好吧，我们也来干这件事，于是出现了王文统这样的人，如果以现在的眼光看，他应该是从基层财务会计做到了财政大臣。又有一些聪明的大脑发现蒙古人对天文、水利很有兴趣，于是这方面干得好也可以改变阶层，于是元朝出了一个"邢州数术学派"，这些人的研究方向不再是儒学，而是数学、天文和地理，其中典型的就是郭守敬，中国竟然出现了实用科学的研究者，注意是科学，不是技术，这两者有区别，我国的四大发明是技术，而郭守敬研究的是科学。还有一批人真的去搞了技术，因为蒙古贵族们爱打仗，总要搞些军事工业吧，于是能改进武器的人也比较受青睐，于是中国的火药武器在元代得到了长足的发展，然后通过阿拉伯人传到西方，后来西方继续改进而我们停止进步了，当然，这是后话了。

更令人惊讶的是，有些聪明的大脑开始转向商界了，既然没有科举，怎么都无法改变阶层，那起码可以改变财富状况吧？虽然商人和农民见到蒙古老爷都要下跪，可是毕竟有钱的商人在蒙古老爷走了以后可以通过自我享乐来缓解刚才下跪的不爽的感觉吧，再加上蒙古人对商人颇有好感，因为蒙古贵族本身就是很多商人的投资人。于是中国第一次出现了大面积涌现富商的现象。周庄人现在津津乐道沈万三这个神秘的富商，这个人的身世谜团太多，但有一些事情可以肯定：一、他是极聪明的人，要在其他朝代估计要去参加科举。二、他在元末迅速发迹，成了富可敌国的人。三、他在元朝过得似乎很好，因为元代蒙古人似乎不讨厌商人。四、他到处资助叛乱人士，可能是为了给自己留条后路。五、到了明朝，他迅速被打压，身败名裂，财产都成了国家的。从这些信息里我们可以总结出两点：一、元朝没科举，聪明人有的去经商发大财了。二、明朝有了科举，聪明人都去考试当官，经商什么的统统不好，你在元朝发的财也要没收了，不能给聪明人一个坏榜样吧。

好了，元朝没科举，不知道埋没了多少人才，有多少人本来很聪明可以为国家做点儿事的，最后由于缺乏上升通道只能一辈子躬耕了。但是正因为没有科举，王文统、郭守敬、沈万三这些聪明的人才要另找出路，成了中国古代史上的"另类"，而这些"另类"恰巧又是后来中国近代衰败时所缺乏的。归结起来，没有科举，应该给人以另外的上升通道，而事实是元朝也没给，王文统、郭守敬、沈万三这些人只是"非官方制度"探索的成功者，当然是众多实验者中的少数，不过却有另一个现象值得注意，中国历代的读书人都是围着皇帝转，而元朝到了后半期则不是，因为围着皇帝转也没用，反正没科举，不如围着有钱人转。这样各有所求，富商极大地满足了个人的自尊心和附庸风雅的嗜好，文人可以得到更高的生活水平。于是在中国没有科举的那几年，竟然形成了"沙龙文化"，富商带着一批文人游山玩水、赌博狎妓、奢靡消费，然后畅叙风月、吟赏景色，进行文艺创作。沙龙文化的下一步应该是独立于政府的民间学者的出现，可是中国没有进入那一步，一进入明朝，富商就统统被发配了，科举也恢复了，文人吗，还是读书当官吧，不用再去跟着富商厮混讨生活了，当然也没有富商了。

　　这就是元朝对待科举的态度，或者说得更准确点儿，元朝没科举的那几年，到底应该怎么评价？合理点说还是毁誉参半吧！

三、男人女人细思量

女权运动是近现代社会的一个热门话题，女性的权利和解放应该包括两方面，一个是心灵层面的，也就是一个女性内心渴望的自由与平等，另一个是社会方面的，即社会给予女性的自由与平等的权利和空间。中国古代是一个男女不平等的社会，女性是受到限制和压迫的，这句话一点儿都没有错！但是，注意，是中国古代，并不包括远古，远古中国一定是经历过原始社会的，斯塔夫里阿诺斯在《全球通史》中、尤瓦尔·赫拉利在《人类简史》中都告诉大家，在远古社会，女性地位是高于男性的，为什么？因为女人负责采集野果，男人负责狩猎猛兽，采集野果嘛基本能保证每天都有收获，狩猎猛兽就不一定了，估计有时候空手而归，更甚者就是被猛兽"狩猎"了。在这样的情况下，女人就有稳定的经济收入，又能比较多和持续地参与氏族或部落里的事情，而且西方医学界已经证明女性的XX染色体比男性的XY染色体有更长的预期寿命，当然，各国的数据也证明了这一点，女性的平均寿命在各国都长于本国男性。所以，女人在原始社会中地位是更高的。当然随着社会的不断进步，在农业文明里，在田间地头的劳作中男人明显拥有更大的优势。这些体力上的优势转化成了经济上的优势，经济上的优势转化成了政治上的优势，政治上有了优势就要在文化上证明这种优势，哦，好了，现在，女人的地位下降得越来越严重了，近现代随着资本主义的发展，女性开始追求自己的人格独立与权利，女权运动就开始了。

当然，这是篇历史文章，女权运动不在我们的讨论范围内，不过我们的梳理证明了一件事，在原始社会中女性地位是很高的，随着社会经济文化的发展，女性的地位越来越低了。中国历史很好地证明了这一点。但就说说公主，这些比较显赫的女性的地位。汉朝历史上公主改嫁的例子有很多，而且经常是看上一个大臣就跟皇帝说。皇帝对他的这些或者是姐妹或者是女儿也还是比较够意思，一般都会强迫大臣娶公主，有的大臣欣然答应，比如卫青大将军，就愉快地做了皇帝的大舅哥。当然也有不给皇帝面子的大臣，比如宋弘就说了"糟糠之妻不下堂"回绝了皇帝的要求。唐朝关于公主改嫁的记载少了一些，不过从政的例子很多，好多公主都对政治指手画脚，比较过分的太平公主竟然亲自参与到皇帝废立这样的大事中来了。到了宋朝，对公主的记载就比较少了，被详细记载的几个比如福柔帝姬也是有苦情的传奇故事的，似乎改嫁的公主、参与政治的公主就基本绝迹了。明朝的公主就绝少被记载了，大致就是嫁给了谁、生了谁被记载一下，公主本身的事迹并不会得到什么关注，纵然是公主。清朝的史料就很多，公主的日子似乎就非常不好过，三从四德要遵守，甚至想跟驸马，也就是她丈夫见一面都要贿赂管事的嬷嬷才能实现。总之，女性的地位在中国古代是一路下降。

但是，不得不说，元朝又是一个小插曲。元朝的上层来自蒙古草原，是入主中原的游牧民族，游牧民族的发达程度是低于农耕民族的，但是历史公认，在前发展阶段，发达程度越低，女性地位越高，这是前文所述，那么，不难推导，蒙古族女性的地位是高于同期的汉族女性的。首先蒙古族女性在心灵上的羁绊较少，因为文化不发达嘛，所以没人向她们传授三从四德的观念。你看成吉思汗的母亲是别人准备迎娶的女人，成吉思汗的父亲也速该看着这个女人好看，就抢了过来。这要是搁在同期的宋朝，这个女人一定会想，眼前这个男人没有对我明媒正娶，况且我又已经身许他人，估计就自杀了。而在蒙古部落呢？这个叫诃额仑的女性跟也速该交谈了一下，发现两人挺谈得来，而且能把她抢过来，说明武力上肯定比她原来准备嫁的丈夫强，得了，就嫁他吧，于是，自由恋爱。这在宋朝是不能想象的。而成吉思汗呢？他娶了弘吉刺部的孛儿帖，可是刚结婚不久，老婆就让别的部落抢走了，抢走他老婆的人呢，就是他爸当年抢走他妈时他妈本应该嫁的男人，这句话比较绕口，不过确实就是这么个关系。不久成吉思汗，当然当时还叫铁木真，联络了自己的结拜兄弟和干爹把抢亲的部落打败了，然后又把老婆抢了回来。好了，看着有点儿像爱情小说，如果是一个汉人写的小说，孛儿帖应该哭哭啼啼地说，我之所以一直没有死就是为了再见你一面，现在见到你了，我心满意足，而一女不能侍二夫，我不能玷污大英雄的名声，然后自杀殉节。悲剧。但是宋朝和后来的明清的道学家们一定大加赞赏。但是注意，这是个蒙古的故事，成吉思汗抢回了老婆心满意足，这时老婆已经怀孕了，孩子是谁的，似乎说不清，成吉思汗大大咧咧地说，有什么说不清的，就是我的，两人幸福地生活在了一起，后来又生了三个孩子。可见蒙古女性在心理上的束缚要少于汉族女性，她们可没读过《白虎通义》，也没见过朱熹老夫子，所以心态上比较自由。

那么社会经济地位呢？如果说原始社会女性的经济地位绝对高于男性，农耕社会女性经济地位绝对低于男性，那么游牧介于两者之间，首先游牧民族集体狩猎，收获颇丰而且危险很小，驯养大型动物如牛马，男性也更有优势，所以男性是有经济地位的，女性呢？经济地位也不是很低，比如养羊、挤奶等生产性劳动也是可以带来一定的经济收入的，所以蒙古女性依附于男性，但依附关系并没有那么强烈，如果丧失了依附，还是可以自己养活自己，只不过生活水平下降得很严重。这里还可以举一下成吉思汗的例子，成吉思汗父亲被人暗杀，母亲就带着几个没有劳动能力的孩子艰难度日，但是可以看到，女性也是可以独立生活的。那么如果在农耕民族，女性不太可能独立完成耕作任务，而子女还不具备劳动能力，唯一的出路就是变卖地产，然后依附于购买了地产的地主来生活。所以蒙古游牧女性的经济地位就略高于汉族农耕女性的经济地位。

好了，综上，一个女性心灵上更自由、经济上更独立的民族进入汉地主政了。而这个民族似乎也对学习汉地的先进文化没有那么浓厚的兴趣，自然，跟文化紧密相连的女性问题，元朝也不愿意向汉人学习，于是，中国历史上女性地位持续下降的过程到这里停住了。中国王朝自唐朝出了个女皇帝以后就对女性干政防范得颇深，后面的各个王朝的女性都要退居幕后，如果皇帝强势就压根儿没她说话的份，如果皇帝正好年幼或者比较软弱，这些女性是可以说说话但也要偷偷摸摸地进行，比如前面放个帘子，遮挡一下，而不敢直接走到前台来，还美其名曰"垂帘听政"。元朝可不是这样。元大都皇宫的正殿上放着两把椅子，并排放着，一个是给皇帝忽必烈的，另一个是给皇后察必的，也就是说，皇后可以像现在拍结婚照一样坐在皇帝身旁，而且还可以对她感兴趣的话题发表意见，在立太子这件事情上，她似乎很有发言权，以至于大臣们要考虑，皇帝喜欢谁，皇后喜欢谁，最好推荐一个双方都喜欢的，成功的可能性比较大。这就揭示了更实质的问题，那就是除了形式上的帝后并排坐、一起听政，蒙古的女性是掌握重大的政治资源的，这个政治资源就是在皇帝的继承人问题上，皇后极有发言权。现在大家喜欢看宫斗剧，宫斗剧是什么呢？就是一群女人钩心斗角为了博取皇帝的宠爱。元朝的女人也宫斗，不过不是和女人斗，而是和男人斗，每当旧的皇帝去世了，几个女人就开始四方运作，为她们的儿子争取继承权，而几个男人也开始运作抢夺继承权，在大家还没抢夺出结果的时候怎么办？话说国不可一日无君啊，前一任皇帝的皇后就开始称制了，也就是当几年没有皇帝头衔但是有皇帝实权的角色。总结一下吧，其他朝代的宫斗就是皇帝死之前几个后妃暗斗，元朝是皇帝死之前大家相安无事，皇帝一死，后妃们就开始明争，而皇帝的正牌皇后呢，一方面要加入争夺的行列，另一方面还需要暂行皇帝职责。

　　元朝的女人们就这样一个个地登上历史舞台，她们心理上毫无负担，什么三从四德、女人不能干政，统统不知道。社会也给予她们一些权利和空间，比如新的皇帝没产生时，皇后来执政，谁都不觉得有问题，其他女人出面做公关，搞运作帮助自己支持的人获取皇位，也没人觉得需要反对。于是政治这个传统上的男人游戏在元朝竟然鲜亮地加入了很多女性的角色，而且这些女性并不是作为政治的牺牲品、男人的附庸品而出现的，更多的是作为主角出现的，她们操纵着历史的走向。不妨看看，贵由汗的掌权是和乃马真后斗争的结果，一个男人和女人的斗争，蒙哥汗的即位是海迷失后和唆鲁禾帖尼夫人斗争的结果，两个女人的斗争，忽必烈即位是忽必烈和阿里不哥斗争的结果，两个男人的斗争，元成宗的即位又是甘麻剌和察必皇后斗争的结果，又是男人和女人的斗争……总之元朝几乎每一次皇位的继承都会有一个女人站在前台来作为主角，当然也要说，蒙古民族中的女性地位虽然比中原王朝中的女性高一点儿，但是终究还是女性低于男性，不然这些作为主角的女性就自己当统治者了。

　　当然，只有不到一百年，元朝就结束了它的统治，蒙古民族回到了草原上，贞洁伦理、三纲五常迅速在中国复苏。在明朝，中国女性的政治地位、经济地位一落千丈，回归到宋朝的水平并进一步滑向谷底。从文化上说，这是农耕这种比游牧更先进的文化的胜利，可是女性地位的下降竟然是这种胜利的一个标志，说来却让人有一些辛酸。

四、也给明朝正个名

"宋元明清后,王朝至此完"。这是我国《朝代歌》中的最后一句,我们现在说的是元王朝,可是说元王朝似乎就不能不提一提宋、明这两个分别处于元朝之前和元朝之后的王朝。宋和明的差别太大了,如果不告诉你这是两个几乎相邻的王朝,你一定想不到这两个王朝之间只隔了不到一百年。差别到底有多大呢?本节我们就举一个例子说说,就是对待大臣的态度。

先看看宋朝怎么对待大臣,宋朝皇帝的祖训中就有一句话:"不得刑戮士大夫及上书言事者。"宋仁宗说我与士大夫共治天下。宋朝的文臣们要是得罪了皇帝会怎么样呢?看几个人就知道了,苏轼不赞成王安石改革,于是被罚去杭州,对的,你没看错,是被罚去杭州当个类似市长的官吧,结果苏轼在杭州犯案了,乌台诗案,就是苏轼在诗中表达对当权者的不满了,怎么样呢?去湖北当个科长吧,于是苏轼就在湖北写文章喝酒,与朋友杯盘狼藉,"相与枕藉乎舟中,不知东方之既白"了。反正就是当了个没权力的小科级干部,倒是还很悠闲的。后来又怎么样了呢?总之苏轼似乎又得罪了当权者,好了,你去海南岛上去吧,也是给你个职务,去管理海南岛上的居民,事实上当时的海南岛上还真没有多少居民,但是东坡先生心态还是挺好的，就说："日啖荔枝三百颗，不辞长作岭南人。"苏轼在宋朝的大臣里是挺惨的，有才得不到重用，还老是牵扯进各种案件中，所以就是职务越来越低，任职的地方越来越偏僻。这就是宋朝对待大臣的态度，反正老祖宗说了，不能打、不能杀。那你要是让皇帝不开心了，皇帝就把你打发到边远地区，越远越好。另外我们再来看看宋朝的薪资水平，宋朝有位大清官，叫作司马光，对，就是砸缸的那个，也是写《资治通鉴》那个，他可是个大清官，从不贪污，有一次他用他的工资盖了一个花园别墅，花园设计得很好，参观的人很多，想参观就要买门票啊，于是大家纷纷给看门的老大爷一些钱，老大爷就放他们进去参观花园。很多天以后，司马光自己来他的花园里玩，突然发现多了一个凉亭，司马光有些疑惑地问老大爷，凉亭哪里来的，老大爷说，用参观的门票钱盖得，反正老爷是个清官，不贪别人的钱，我在你这儿看门，工资很高了，这个门票钱我留着也没用，干脆就用来扩充整修旅游景点吧。通过这件事不难看出两个问题：一、司马光盖得起花园别墅，而且这别墅规模不小，所以大家才来参观。二、老大爷很有现代人的商业头脑，以门票养景点。不过需要注意的是，我们说的可是个清官哦。这就是宋朝官员的待遇，不用靠灰色收入，也可以住得上花园洋房，当然司马光这时候是正二品的官员。

好了，我们现在来对比一下明朝，明太祖朱元璋也有祖训，什么呢？"士大夫有敢言立丞相者，斩！"宋太祖说士大夫是不能杀的，明太祖说的可是什么样的士大夫该杀。再看看明朝的大臣要是得罪了皇帝，不用说，脱了裤子打屁股，这叫作廷杖，而且经常发生打死大臣的事件。我们再举一个例子，明朝有个大臣叫杨继盛，他看不惯奸相严嵩，写了一个批评严嵩的奏章，被严嵩知道了，打了杨继盛一百廷杖，扔进牢房，本以为一百廷杖就把人打死了，没想到杨继盛没有死，他在狱中在没有麻药的情况下给自己做了个外科手术，把腐烂的肉用打碎的碗割下来，这样避免了感染，没有死。严嵩一看杨继盛没有死，就在一个知道皇帝看了一定会生气的奏章上写了杨继盛的名字，嘉靖皇帝一怒之下，将杨继盛在西市斩首。对比宋朝把不招皇帝喜欢的大臣赶走的政策，明朝这种又打又杀的做法明显血腥恐怖了不少。再看看明朝的官员待遇是怎么样的呢，明朝也有一位清官叫海瑞，家喻户晓，海瑞也是只拿薪水，是一位绝没有一分钱的灰色收入的人，结果就是海瑞家基本一年到头吃素，赶上国家法定节日或者海瑞母亲有收入的时候，海瑞才去买点肉吃。同样是二品的清官，司马光有花园别墅住，海瑞却连肉也吃不上几顿。

看了这个对比，大部分人都会得出一个结论，明朝对士大夫真是太不好了。进而有人得出一个结论：明朝太不好了。另外有人说，明朝对士大夫如此恶劣就是因为朱元璋及其以后的明朝皇帝的素质太不好了。这节有必要为明朝的一些问题正个名。首先，不用说，明朝确实、绝对、毋庸置疑地对士大夫不好。可是这就能说明明朝不好吗？士大夫只是国家的一个部分，这个国家还有其他部分。宋代虽然对士大夫好，可是对武人就很敌视，狄青都被刺字，岳飞都会惨死。宋代为了养活士大夫，百姓的税负是很重的。反观明朝，像戚继光这样的武将并没有遭受很多不公正待遇，百姓负担在前期没有很重，后期加重也不是为了养活文官。所以仅仅以明朝对士大夫不好就全盘否定明朝，不合理。其次呢，就是这个重要问题了，明朝对士大夫态度的急剧转变是朱元璋等一批朱家皇帝素质不高导致的吗？我想答案应该是否定的。这个根子在元朝。

朱元璋在推翻了元朝之后成了皇帝，究竟怎么对待大臣，从元朝身上学习比较容易，学习一百年前的宋朝比较困难，于是朱元璋大部分地继承了元朝对待士大夫的态度。第二，士大夫原来可是非常高贵的，哪经得起你这么侮辱和虐待，可是元朝以更残酷的方式虐待了他们一百年，现在朱元璋给士大夫的待遇虽然没有恢复到宋朝的水平，可是总比元朝好了很多吧？所以这些士大夫也就妥协接受了。

既然这么说，元朝对士大夫很坏吗？我们可以看看一个问题，明朝对士大夫不好吧，可是有明一代一共产生了八十多位首辅大臣，被皇帝杀掉的只有两个：一个是周延儒，是皇帝让他自尽的，另一个是夏言，是退休后被处理的。首辅被杀的概率几乎是四十分之一，死法是自尽、斩首。元朝，单说忽必烈在位期间，短短的三十余年，平章政事也就是副宰相一级的高官就死了四个，王文统、阿合马、卢世荣、桑哥，而且死法是斩首、开棺戮尸，等等。要比明朝残酷多了。可见随便杀大臣确实是元朝开始的。打大臣呢？更是元朝发扬光大的，廷杖制度被元朝发扬光大，又被明朝照搬，还真不是朱元璋的创举，虽说汉朝就有了廷杖制度，不过也确实是从元朝开始才大规模使用的。

现在我们可以得出一个结论，明朝对士大夫的态度远不如宋朝的原因是，宋明之间有个元朝。元朝为什么这么对士大夫呢？有两点原因：第一，中原的汉族王朝个个是重文轻武的王朝，这种趋势到了宋朝已经到达了顶峰，士大夫备受尊敬，而武人比较受到轻视，而蒙古民族正好不是这样，文人在蒙古人心中与工匠、歌舞伎等是一样的，就是干些技术工作，提供消遣娱乐的人，而真正值得崇拜的是那些能在战场上斩杀敌人的巴特尔（英雄）。这种民族变成了中原的统治阶级自然不会多么尊重士大夫。第二，蒙古民族在建立这个王朝的时候还是在由奴隶制度向封建制度的过渡中，奴隶制在蒙古人的心目中还占有很高的地位，而在汉人心中已经记忆模糊了。关于君臣关系，汉人给的总结是"君待臣以礼，臣侍君以忠""学成文武艺，货与帝王家"，注意一个"货"字用得好，就是交换、买卖。既然是买卖，今天的市场经济知识告诉我们，买卖双方基本是平等的，虽然有垄断这种东西存在，但是垄断的后果是价格高一些，绝不是可以抢。在汉人士大夫心中，我们有才能，君主有权力，你用权力、待遇来换我的才能。春秋战国的时候，君主也多，人才也多，这是个自由竞争的市场，所以人才的价格高一些。到了唐宋，国家统一了，君主就一个，人才还是很多，进入了垄断市场，人才价格低了一些，但是起码还是个市场，低一些也是交换。用什么交换呢？皇帝给人才职位、尊重、待遇。人才给皇帝忠心、才能。好了，这就是我们前面所看到的宋朝的样子。但是元朝的蒙古统治者可还是奴隶思想根深蒂固的，他们根本不认为人才是换来的，反而认为是抢来的，抢来的人才是什么呢？是奴隶，跟抢来的工匠、抢来的女人一样，奴隶就要服从主子。你要交换？你有什么条件？你都是被打败的！忽必烈自己就对打大臣这件事有解释，什么解释呢？就是主子打奴隶很正常啊，皇帝打大臣，很正常啊！所以你看，忽必烈压根儿就不觉得他跟士大夫是在做买卖，而是在使用奴隶，这也就解释了为什么元代统治者对高级大臣也是想打就打、想杀就杀了。忽必烈是蒙古的君主里汉化得比较好的，但是纵使如此依然如此思维，就不用想后面的君主了。

　　说到这儿，大概有一个很明白的事情了，朱元璋生在元朝，长在元朝，看到蒙古人对大臣就像对待奴隶，所以他也或多或少学了不少。于是到了明朝，大臣的地位比元朝高一点儿了，可是再也回不到宋朝的水平了，因为统治者发现暴力比交换好用一点儿，尝到甜头的统治者再也不愿把自己摆回与大臣相对平等的地位了。

　　最后说一点，有人说，你看刘邦杀大臣，朱元璋杀大臣。刘邦是平民出身，朱元璋也是个草根。好了，草根当了皇帝就要杀大臣，就要报复。有没有道理呢？有一点，现代心理学证明这种说法有一定的解释力。但更重要的是时代背景。刘邦的前朝是秦，秦朝看重军功，且秦朝刚从奴隶社会中出来，刘邦就对文臣极差。朱元璋的前朝是元，元代看重武力，且统治者带有浓厚的奴隶制心理，朱元璋也对文臣很差。时代背景在这其中起到了很大作用。

　　反正朱元璋把蒙古统治者赶回了草原，可是却把蒙古统治者对待士大夫的态度留了下来。宋朝，再也没回来。

五、汉化蒙化内与外

民族融合是中华民族发展的一个大趋势，从蛮夷戎狄的内迁，到内地王朝的不断扩张，从五胡乱华的胡人进入中原，到元清两个少数民族建立的王朝定鼎中原，我们的民族在不断融合中发展。在这种融合中自然要涉及少数民族被汉化和汉族吸收少数民族文化的过程。大部分情况是少数民族汉化得比较彻底，汉族也吸收了少部分少数民族文化。

看看五胡时代，少数民族大量涌入中原，匈奴、鲜卑、羯、氐、羌，你方唱罢我登场，把中原大地搅得乱糟糟，可是渐渐地这些民族似乎都消失了，他们改了汉族人的姓，穿了汉族人的衣，改行汉族人的礼，说了汉族人的话。总之，这些民族接受了汉文化，被汉化了，现在我们的民族里已经没有匈奴族、鲜卑族这种民族了，他们都成了汉族的一部分。如果你姓刘，也许你的祖先就是鲜卑族，他们可能姓独孤；如果你姓元，那么你的祖先可能是姓拓跋的，总之这些民族都汉化了。当然中华文化也适当地吸收了这些民族的一些文化，比如，我们不再席地而坐了，坐上了"胡床"，也就是今天椅子，这是少数民族对汉族文化的一些改造。再说一个例子，契丹，这个民族有意思，原来也是个游牧民族，后来在中国北方建立了政权，现在俄语中称呼中国为китай，这个词就来自契丹语。契丹民族现在在哪里呢？不知道，反正中国的五十六个民族中没有契丹，契丹的文字也变成了死文字，没人认识了，为什么会这样呢？因为契丹占了半个中国，十分醉心于汉化，他们也说汉语、用汉字、改汉姓、穿汉服。辽道宗自豪地说："吾修文物，彬彬不异于中华。"于是这个民族的主体被汉化了。

当然这些少数民族进入中原大都是割据，占一小片地方，待上或长或短的一段时间，然后被汉化了，留下一些印记在中华文化中，然后这些民族消失了。我们现在要考虑的元朝是个大一统的王朝，能和它对比的，就是清朝。我们不妨来做个简单的小对比。

元朝皇帝的名字依次是：铁木真、窝阔台、贵由、蒙哥、忽必烈、帖穆耳、海山、爱育黎拔力八达、硕德八剌、也孙铁木儿、阿速吉八、图帖睦尔、和世瓎、懿璘质班、妥懽帖睦尔。好了，一共十五个皇帝，没有一个汉语名字。

清朝皇帝的名字依次是：努尔哈赤、皇太极、福临、玄烨、胤禛、弘历、颙琰、旻宁、奕詝、载淳、载湉、溥仪。共十二个皇帝，至少我们知道后面九个绝对是汉语的名字。

皇帝的名字是个有意思的东西，我们还有一项有意思的东西，就是衣冠服饰。元朝进入中原以后规定，蒙古人就穿蒙古人的衣服，留蒙古人的发型，汉人就穿汉人的衣服，留汉人的发型。清朝进入中原后下了一道命令："留头不留发，留发不留头"。于是清朝的汉人也剃成了大辫子的发型。

这说明什么呢？其实很简单，元王朝进入中原，外不变内变。清朝进入中原，外变内不变。这一内一外很绕口，什么意思呢？不着急，我们慢慢来说。

蒙古人进来了，没有要求汉人遵守蒙古人的习俗，汉人不用穿蒙古人的衣服，不用说蒙语，不用汉人学习蒙古人的习俗。好了，一切照旧，蒙古贵族们还是叫着帖木儿、巴特尔……汉人还是叫着张三、李四……似乎一切都没变。可是内里慢慢发生了变化，哪些变化呢？蒙古语把有水井的地方叫胡同，于是北方老百姓就都跟着"胡同、胡同"地叫了起来，直到现在北方的城市都有这样那样的胡同，元朝结束了，一部分蒙古语进入了我们的语言。日本现在管车站叫驿，东京驿、京都驿。我们叫站，北京站、丰台站。为什么？这种东西汉语叫驿、蒙古语叫站。于是我们把一个蒙古语带入了汉语，一直用到现在，还浑然不知这是蒙古语。元朝在全国设了十一个行省，于是省成了一级地方行政机构。这些都是潜移默化的变化。除了这些细微的小变化，当然还有显著的大变化，举个例子说说。到了元朝后期，许多汉人开始起蒙古名字，这个很多讲历史的人都忽略了这一点，可是这一点非常重要，因为在元朝以前，进入中原的少数民族往往都改了汉姓起了汉名，只有元朝，广大汉人开始起个蒙古名字，这种做法在当时很时髦！比如你叫胡四，可能你会起个名字叫胡日查干，然后自我介绍的时候只介绍你的蒙古名，很像今天某些人一介绍自己就是安妮、玛丽、查尔斯一样。另一个重要到不得不提的事情是汉字！汉字，这个我们文明的象征，在忽必烈的时候，帝师八思巴设计出了八思巴文字，其实就是一种拼音，拼音嘛，自然可以拼写蒙古文，于是元朝官方就采用了，忽必烈发现这种拼音还挺好用，就突然突发奇想了，汉人也用怎么样？不要写汉字了，用八思巴文拼吧。你猜怎么样，估计汉人要群起而反对了吧？事实却是，大理学家许衡率先赞同，并比较赞赏地说，汉字嘛表形很好用，可是表音很困难，导致很多人会说汉语不会写汉字，八思巴文就好很多嘛，就是一些字母，会说就可以拼，我看可以改，改了也挺好。当然后来由于忽必烈没有坚持推广，蒙古人原来的文字就是拼写型的，对新的拼音也没什么兴趣，最后就作罢了，不过当时文人领袖许衡的态度倒是有助于我们了解一些事情。总之，历史在元朝出现了一次有意思的特例，这次进入中原的少数民族似乎没有太大的热情汉化，倒是汉人开始了一些蒙古化。而且似乎并不是被迫，有些蒙古化的印记一直留到现在。所以元王朝统治下的中国，外面没有变化，里面却有些变味了。

　　清朝就不一样了，满族人一进来就把汉人老祖宗的发式都变了。可是在清朝二百多年里，没有汉人想改个满文名字，倒是满族从皇帝起都改了汉族名字。清朝的皇帝们个个都是雅擅丹青、文辞斐然，四书五经烂熟于心。八旗虽然一直在，可是行政单位还是叫省、道、府、县，并不叫牛录、甲喇。明清之间，除了外表上的巨大变化以外，风俗语言似乎并没有发生翻天覆地的改变。所以清王朝，从外面看焕然一新，里面呢？还是没有变。

　　明朝推翻了元朝，元顺帝一声号召，大部分蒙古人回到草原上继续过游牧生活去了，汉人呢？留下了"省"这个行政单位、留下了元朝对待士大夫的态度，留下了带有"胡同""车站"这样改造过的汉语单词，开始了新的朝代。辛亥革命推翻了清朝，溥仪想号召满人们回东北，却发现已然不可能了，大部分满人都已经跟汉人融为一体了，甚至很多人连满语都不会说了，他们觉得北京才是家，东北？太冷了，而且不能玩八哥、斗蛐蛐了。汉人呢？辫子咔嚓一剪，梳起了新式发型，西装、日装、中山装风靡一时，或谈谈民主科学，或说说诗词曲赋，似乎满人的文化并没有留下多少印记。哦！对了，有一个印记挺深，就是旗袍，可是纵然是旗袍，民国的小姐太太们也觉得原来的长宽袖不好看，一下子剪到了肩膀上，原来的直筒腰不好看，收紧了腰身成了紧身衣，紧身的衣服怎么能不开叉呢？于是两边开个叉，最后，拖地的旗装太长了，剪短一些方便。于是，短无袖、紧修身、高开衩、过膝长的旗袍似乎成了清朝唯一的文化印记，如果你还觉得它是"旗"袍的话。

六、纸币是个技术活

现在世界上大部分国家都用的是纸币，纸币无疑在金融学上是个创举。纸币是哪个国家发明的？又是在何时发明的？对于这个问题，恐怕现在天天使用纸币的人们也不好回答。如果对历史无甚研究，可能会猜是西方国家，因为毕竟现代银行制度，现代金融制度的肇造者都是西方国家，但是发明纸币的却不是西方，而是中国，因为美国在1692年才有了纸币，法国在1712年才有的纸币，而六百多年前的中国就有了纸币。

那么中国什么时候有的纸币呢？先不着急回答这个问题，我们先搞清楚什么叫纸币，我们看古装电视剧，尤其是清宫剧中，经常会有人觉得银两太沉了，于是拿出一张银票，交给付款对象，然后扬长而去。这里的银票是纸币吗？无疑，是纸的，但不是币，为什么这么说呢？我们和现在的纸币对比一下就明白了，第一，现在的纸币有一定的固定面值，比如人民币就是有100元、50元、20元、10元、5元、1元等几种面值的纸币，如果你哪天收到一张7元的纸币，那么，结论很固定：这一定是假钞。可是银票就没有固定面值了，你爱存多少就存多少，你拿一张3000两的银票可能是真的，拿一张3两的也可能是真的。第二，纸币可以在任意场所使用，是完全流通的一般等价物，你去买一辆奥迪车可以用现金，去早点摊买一碗豆汁儿，也可以用现金。但是银票就不是了，在清代，你要是拿着一张银票去买豆汁儿，老板多半会把你赶走，以为你是来骗吃骗喝的混蛋，因为老板可能从来没见过银票。第三，纸币一定有兑换找零的功能，比如你买了一碗12元的馄饨，你给了老板一张20元的纸币，老板一定会给你几张加起来是8元的纸币。但是如果使用银票，多半是金额正好，或者你打算不要找零，不然不要指望你给了老板一张银票，老板找给你几张数额小的银票。综上，大家可以看到，什么叫银票？跟现在的支票很像，而不是货币。银票就是一个人把货币，即当时的白银，存进一个银行，当时叫票号，然后票号给你个存款证明，你就不需要带银子了，因为太沉，只要在这个票号有分公司的地方，你就可以提取现金。于是你可以在北京的某票号存一笔钱，然后带着这张银票去杭州旅游，当你在杭州需要用钱了就到这家票号的杭州分号取钱，如果一次消费的数额跟银票的面额差不多，可以直接给人银票，让卖方自己去取钱就好了。中国当时做票号生意最多的是山西商人，这就是传统意义上的晋商。

这样看银票一定不是中国的纸币了。那中国的纸币到底在什么时候产生的呢？历史书上告诉我们是在宋朝，因为宋朝使用一种纸币，叫作交子。交子是什么呢？它的起源跟我们刚才说的银票很像，当初四川的商人们觉得带银、铜钱不太方便，就将其交给一个外地有分公司的老板，这个老板就给对方一个凭证，这个凭证就是交子，持有者可以用这个东西在老板的任意分公司取钱。后来官方觉得谁都可以发交子难免有骗子鱼目混珠，于是就规定了一些官方特许商家发行交子。注意，这时候交子被国家许可发行了。后来国家专门设置的管理机构——交子务，也发行一些交子，商人可以买来在全国通用，毕竟在全国各地都有分公司的商人几乎没有，但是全国各地都有政府吧，你买了政府发行的交子，在全国各地政府均可提现，既然均可提现，不提现也可以，就拿着这张纸交易吧。于是历史学界的主流观点认定宋代的"官交子"是最早的纸币。

但是有几个疑问却不得不说：第一，各国的纸币一般都是专有垄断的，比如美国就只能流通美元，日本就只能流通日元，如果有一天苹果公司说，反正我在美国也有很多分公司，我也发行个苹果元，大家在美国花花吧，估计政府就把这家公司关门了。可是宋代交子的情况却是官方可以发，民间的机构只要得到许可也可以发，这一点就有点儿不像纸币了。第二，如果读过金融学教材就会知道，纸币其实是一种不可兑换的政府信用凭证。什么叫不可兑换呢？就是纸币的背后是真金白银，1.6038克黄金能买多少东西，一美元就能买多少东西。如果你手里有一美元，相当于你在美国政府存了1.6038克黄金，只不过你不能兑换，取不出来，但是你可以拿着这张凭证换1.6038克黄金能换的所用东西。而宋代的交子却没有与黄金白银挂钩，这就导致之后可以随便发，然后就不值钱了，再然后用交子的人越来越少，再然后就没有然后了。

那么，中国真的最像现代纸币的纸币出现在什么时候呢？我认为是元朝，对，其实离宋朝不远，也比西方开始使用纸币早六百年，足够让人骄傲的。元朝的纸币是什么样的呢？这要从一个汉人说起，这个人叫王文统。

王文统这个人是内蒙古宁城人，当然，当时的宁城叫大定府。他考中了经义进士，所谓"经义科"，考的是关于儒家道德的学问。他应该没有受过系统的财政金融教育，所以他后来的表现说明了他很可能是自学成材的。这人刚考中进士，金朝就让窝阔台给灭了，进士也成了空头进士，没有官做了。有点郁闷的王文统怎么办呢？这时候中国的形势是，最北方是蒙古人，蒙古人估计对经义进士不是很感兴趣，最南边是宋朝，不过好像也不稳定，感觉应该不是蒙古人的对手，去那边当官也许当不长，再说了，宋朝自己的进士都有很多在待业，恐怕也不会用一个金朝的进士吧。那就要看看中间，中间是什么？是一群投靠蒙古人的军阀，比如史天泽、李璮。

这些人的帐下比较缺人才，而且因为投靠了蒙古人，蒙古人也不会急于灭掉他们，依附他们似乎是个不错的选择。最后王文统去找了军阀李璮，李璮跟王文统一聊，觉得是个人才，就把王文统留下了，后来还莫名其妙地娶了王文统的女儿，这样李璮成了王文统的女婿。

李璮因为是已经投靠了蒙古人的军阀，自然要跟管理他们这些军阀的蒙古贵族，即大汗的弟弟忽必烈搞好关系，于是他的幕僚加岳父王文统就需要经常去忽必烈的幕府里走动走动，一来二去就跟忽必烈的汉人幕僚刘秉忠建立了良好的关系。

忽必烈当了大汗以后希望增加国库收入，毕竟这位大汗打算把自己不听话的弟弟阿里不哥和很有钱很有地的南宋都灭了，顺带手把日本、越南、菲律宾一起搞定。但这很需要钱啊！谁来帮他增加些收入呢？刘秉忠推荐了王文统，可见王进士掌握很多的金融财政知识在当时应该不是个秘密。忽必烈直接任命王文统为平章政事，什么职务呢？相当于主管金融财政的副总理。王文统上台后一面整顿财政秩序，一面干一件大家都觉得莫名其妙的事情。把全国的白银集中到国库。这件事完成了以后，王文统说，有多少白银就发行价值多少白银的纸币，这种纸币叫作中统钞。中统钞的面值是固定的，10文、20文、30文、50文、100文、200文、300文、500文、1000文、2000文。当然现在金融学告诉我们发行30文、300文的纸币其实没有必要，1、2、5、10这种单位是最方便使用的。不过不管王文统对纸币面额是怎么设定的，总之1000文相当于一两白银，国库有多少白银就只能发行多少面值的中统钞，决不能多发。中统钞发了，有人说，既然面值1000文的中统钞等于1两白银，那我可以兑换吗？王文统说，绝对不行，只流通不兑换！而且现在全国都使用中统钞，白银？不许用！其他纸币？不许用！于是中国开始流行纸币了。

现在我们来看看这种纸币——中统钞，首先，它是与白银挂钩的，

1000 文面值的中统钞等于 1 两白银，恰如一美元等于 1.6038 克黄金。第二，它有着唯一的发行机构——大元王朝中书省。第三，它是当时全国唯一可使用的一般等价物。第四，不可兑换。如果套用金融学的定义，纸币是不可兑换的政府信用凭证，那么中统钞完全符合这一定义了。难怪马可·波罗惊讶地说，大汗有点金的法术，大汗使用纸金币。不过我想，马可·波罗当时一定没有明白中统钞背后的金融学原理，不然也不会用"法术"这种词来形容它了。

中统钞这种纸币，无疑是王文统的创举，元朝的创举。不过王文统怎么能有如此完备的金融学知识，创造出如此完备的纸币品种，我们就不得而知了。你说王文统后来怎么样了？是不是因为发行纸币和他近乎完美的财政改革而飞黄腾达了？结果却让你有点儿出乎意料，李璮造反了，并且给他的岳父写信相约一起谋反，王文统到底做了什么史书上没有记载，但是李璮的谋反不久就被忽必烈镇压了，结果缴获了大量李璮和王文统来往的书信，王文统似乎答应了李璮要里应外合，这让忽必烈很生气，感觉自己遭到了极大的背叛，问左右该如何处置王文统，王文统似乎人缘很差，大家都说该杀，于是，王文统被杀了。

纸币的命运呢？多少跟他的创造者王文统有点儿像，风光一时，可是王文统的继任者们似乎不了解纸币要跟金银挂钩这件事，所以忽必烈一缺钱，他们就发行纸币，结果就是贬值，纸币在元朝末期就已经跟纸的价值差不多了，元顺帝忍不住了，搞改革，改革币制，可是这个改革竟然成了元朝灭亡的一个原因，关于这部分内容，我们在后面再详细说。

中统钞、王文统，两个在中国历史上并不被大家所熟知的名字，可是一个是中国最早最完善的纸币，一个是这种纸币的创造者。本应该被熟知与牢记。

七、拿着文字说历史

文字是个有趣的历史表征，一个民族的文字，可以体现这个民族最高层的意志，只不过这个表征有时候顺着这个意志，有时候逆着这个意志。

如果今天一个内蒙古（当然清朝的说法是漠南蒙古）的蒙古族人到了蒙古国，基本上语言是可以交流的，可是一写字就傻眼了，谁都不认识对方的字，为了说明这个问题，我们需要看一张图。

图1

图1中，最下面一列是内蒙古现在写的蒙古文，我们叫它传统蒙古文，最上面是这些蒙古文的汉语意思，中间的是蒙古国现在使用的蒙古文，我们叫它新蒙古文。从中你不难看出，旧蒙古文有点儿像藏语文字，新蒙古文有点儿像俄文。这个看法一点儿都不错。

现在如果我问你，元朝使用的是哪种蒙古文？你可能会说是传统蒙古文，不过我要告诉你，并不是。什么？难道是新蒙古文？自然也不是。那是什么？我们来看看下面这张图。

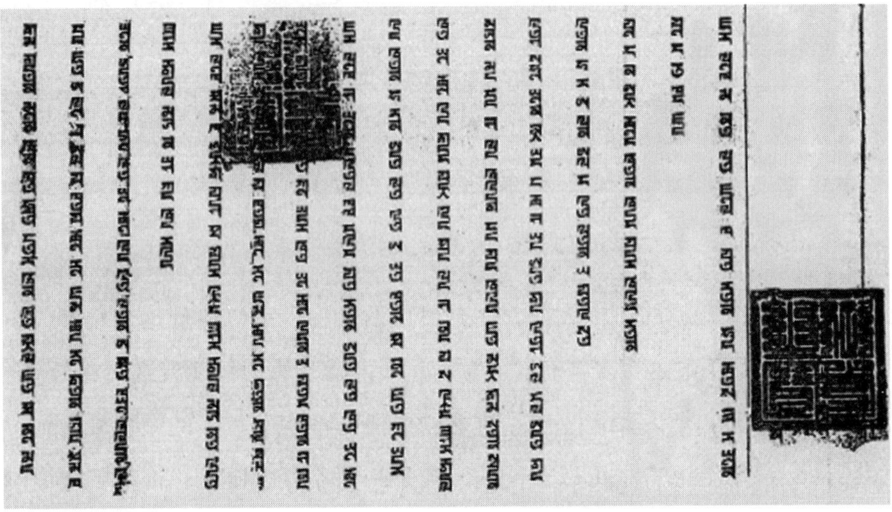

图2

图2是蒙古皇帝的圣旨影印本。这个圣旨上的文字就是元朝时候的官方蒙古文字，他既不是传统的蒙古文，也不是新蒙古文，他叫八思巴蒙古文，怎么会有这个文字呢？而这个文字现在在哪里？谁在用？不着急，我们现在就来说说蒙古文。

蒙古原来是只有语言，没有文字的，当然这是大多数文明开始时的样子，但是草原上有一些民族的文化进步得快一点，就有了文字，比如回鹘。回鹘的文字又叫畏兀儿文字，对，回鹘就是维吾尔族的前身。对于传统蒙古文的起源，要从成吉思汗攻灭了乃蛮部落说起。

成吉思汗在统一蒙古草原的过程中消灭了一个重要的对手，这个对手就是乃蛮的太阳汗。成吉思汗消灭了这个重要对手之后真是大喜过望，可是一清点俘虏，成吉思汗不高兴了，一个叫塔塔统阿的人并不在俘虏的行列里，这怎么能行，听说这个塔塔统阿是个非常聪明的畏兀儿人，让他跑了可不是一件好事，于是，大家开始抓逃犯。不久就把塔塔统阿抓了回来，而且搜出来他身上带着的一堆印章。真令人好奇，这个家伙没有带金银财宝，却带了一堆上面有花纹的石头。成吉思汗问：草原的疆土和人民都是我的，你为什么要跑？塔塔统阿不得不告诉成吉思汗：印章是主人给的，一定要还给主人。成吉思汗似乎很受感动，说塔塔统阿是个忠孝之人。说句题外话，忠是很忠，孝是怎么看出来的就不得而知了。成吉思汗又问这个忠孝之人，印章有什么宝贵的，为什么一定要还给主人。塔塔统阿告诉成吉思汗，印章上的文字，显示你是什么官，有了这个官印，去出纳钱谷，委任人才就不怕被假冒了，不然都是口头传达很容易造假。成吉思汗很欣喜，印章是个好东西，我以后也用印章，这下左右犯难了，蒙古没有文字，怎么刻印章？总不能画画吧？塔塔统阿说，没关系，畏兀儿文字很好，是拼音文字，只要你能把一句话念出来，我就可以用畏兀儿文字把这句话拼出来。成吉思汗当时一定为抓回了塔塔统阿感到高兴，于是蒙古人就用畏兀儿文字来拼写自己的语言，塔塔统阿也就光荣地成了所有蒙古贵族的文字老师，而且是垄断的，比新东方还要牛。传统蒙古文就诞生了。可以说，畏兀儿蒙古文的诞生是上层意志的体现，因为蒙古的统治阶级要用，而且选择了畏兀儿字而不是其他拼音文字，但是民众的意志呢？有文字比没有文字好，反正现在还没有，选什么都一样，既然大汗选畏兀儿字，那就畏兀儿字吧。于是民众意志跟上层意志相契合，这次文字改革顺从了上层的意志。

到了忽必烈建立了元朝的时候，大部分蒙古人都学会了畏兀儿蒙古文，这种蒙古文也广泛地得到了使用，有文字就会方便很多，这可是个颠扑不破的真理。然而，忽必烈汗对畏兀儿人可没什么感情，倒是对一个藏族喇嘛八思巴感情很深，不久就皈依了藏传佛教，并且在大都的金銮殿的御座上树立了一个白伞盖，在首都树立了一个大金轮。显示自己是个佛教徒。不光这样，忽必烈还任命八思巴为国师，国师嘛，也是政府官员了，总要有行政经费吧，这个从哪儿来？忽必烈想了想，既然你是西藏来的，西藏地区就归你管了，西藏的税收就作为你行政经费的来源吧，当然在佛教里，忽必烈就成了施主，八思巴就成了福田，只不过这位施主是皇帝，他布施的就不是钱了，而是钱的来源，一块地方的政权和财权。于是八思巴国师即成了藏传佛教的宗教领袖，又成了西藏地区的政治领袖，西藏地区的政教合一，就这么开始了。除了这些，忽必烈发现八思巴写的藏文很好看，藏文是拼音吗？能拼写蒙古话吗？八思巴说能，并且写出了一套规范的拼写方法。好了，忽必烈说，这才是官方的蒙古文，全国推行！于是八思巴蒙古文在全国推行了，许多汉人甚至热情地呼吁，把汉字也废了吧，用八思巴字拼写汉语，当然忽必烈和后面的蒙古大汗们，没顾上研究这个问题。八思巴蒙古字的出现又是一次上层意志的体现，但这次上层意志跟民众的意志似乎不太相合，于是元朝官方书写八思巴文了，而蒙古族下层呢？使用畏兀儿文的还比比皆是。后来明朝推翻了元朝，一起被推翻的还有八思巴文。因为逃回草原的蒙古贵族们发现草原上的老百姓还是更爱写畏兀儿蒙古文，那就这样吧，大家还是都写畏兀儿蒙古文吧。于是八思巴文，消失了。这次文字的变化似乎没有服从上层的意志。

　　畏兀儿蒙文一用就是七百年，可是七百年后的 1945 年，漠北蒙古竟然建国了，这个新的蒙古国的上层为了显示他们跟中国没有关系，决定"去中国化"。怎么去？要跟内蒙古划清界限，最好是使用一种新的拼音文字来拼蒙古语，什么文字合适？想都不用想，我们独立全靠苏联，那就使用俄文吧，于是新蒙古文诞生了，一种使用西里尔字母拼写的蒙古文。这次文字变化又是一次上层意志的体现。

　　八思巴蒙文没有得到蒙古族民众的广泛认可，于是一百年的时间就寿终正寝了，畏兀儿蒙古文得到了蒙古族上下的一致认可，于是活了八百年，现在还健康地活在内蒙古，新蒙古文的诞生无疑是一次上层意志的体现，不过得没得到民众意志的认可呢？它有没有广泛的生命力？不知道，所知道的就是蒙古国的学者和民众还是有很高的热情认识传统蒙古文的，毕竟蒙古人用这种传统的文字，记载了太多历史。

八、南宋到底弱不弱

南宋是个偏安王朝，它给大家留下的印象也就是"仓皇南渡"——打不过女真人，只好给钱买个和平，买来和平以后呢，就在"临安"长久地安下来了，后来就被蒙古人灭了。再加上我们的历史书上说宋朝积贫积弱，又加上宋朝本就是个重文轻武的王朝，于是大家得出一个结论：宋朝很弱。

可是南宋到底弱不弱呢？这个是我们讲元代时必须要讲的问题，如果南宋很弱，那就说明蒙古族入主中原赶上了个好时候，正好碰上一个弱王朝，要是南宋本身并不是很弱，那么我们就要说，宋朝其实没赶上一个好时候，偏偏遇到了蒙古这么个强大的游牧民族。

怎么来说宋朝弱不弱呢？其实很简单，一个横向，一个纵向，比比就好说了。怎么比呢？横向我们来看看，元王朝的其他对手和宋朝比，孰强孰弱？纵向，我们看看其他中原王朝面对它们的少数民族对手时的表现，比比孰强孰弱，这样，我们就好得出一个结论，宋朝到底弱不弱。

先来看看元王朝的其他对手，元王朝在前期的战争阶段，数得上的大对手有花剌子模、钦察和俄罗斯联军、西夏、金朝、宋朝。因为对花剌子模和钦察、俄罗斯的战斗其实是一次战役的不同阶段，我们不妨说，元朝在早期战争中的主要战役有四次：西征、灭西夏、灭金、灭宋。这四次战役各打了几年呢？我们分别来看看，西征共用了 7 年时间，灭西夏用了 22 年时间，灭金用了 23 年的时间，而和南宋的战争打了 45 年。第二点，这几次战役分别是怎么样的战力对比呢？西征时蒙古兵力大概在 10 万至 15 万人次，我们取个多的，就按 15 万算，西征的对手的兵力大概 40 万人次，也就是 3：8。蒙夏战争中蒙古投入战力 15 万人次左右，西夏兵力大概 50 万人次左右，比例大约 3：10。蒙金战争呢，蒙古投入兵力，加上各种汉世侯的兵力，累计达到 10 万人次，金朝投入军队 100 万人次，比例约为 1：10。而蒙宋之战，蒙古累计投入兵力 30 万人次，而宋朝兵力在 100 万人次左右，比例大约 3：10。注意，这里使用的单位是人次，因为人是个不准确的单位，好多战争是由多个战役组成的，那么我们用人次来说更加合理。

现在我们再看看一个战争的重要指标，占领土地面积，蒙古西征占领了大约 950 万平方千米的土地，攻占西夏，占领土地面积大约 80 万平方千米，占领金朝土地大约 360 万平方千米，占领南宋约 200 万平方千米的土地，再加上 66 万平方千米算在灭宋战役中的大理国的土地，总数达到 266 万平方千米的土地。

看到这里你也许感觉有点儿晕头转向了，这么多数据该怎么比较各个国家的战力呢？没关系，笔者是学经济学出身，我们不妨设定一个指标，我给这个指标起个名字，叫同比兵力条件下，每万人每年占领土地数。什么意思呢？就是用占领的土地数目除以年数和投入的兵力数目（万人），这样就得到一个数字，每万人每年占领的土地数，这个数字越大，就说明这个国家在元朝的军队面前越发不堪一击，也就是兵力越弱的表现，那么由于，投入的抵抗力量不同，我们要消除由于每平方千米土地上抵抗力量的不同才能更有效地说明战斗力问题，所以我们用我们刚才得到的数字，乘以帝国兵力比，这样就得出一个较为方便的核算体系。按照这种算法，我们只需要知道，这个数字越大，则该国军力越弱，反之，则军力越强。为了简单，我们称这组数字为战斗力反指数。现在，我们就来看看这组数字。

西征各国的战斗力反指数为 24.13，西夏为 0.8，金国为 15.65，而南宋的战斗力反指数为 1.97。从这个数字，我们得出了一个结论，南宋的战斗力远高于后期的金国和西征中的花剌子模、钦察和俄罗斯等国。可以说南宋是元王朝在征伐战争中极难啃的一块骨头。

横向比较完，我们还要做一个纵向比较。这个纵向比较其实比较困难，因为我们要找到历史上两个条件基本近似的王朝，遇到基本相近的历史状况，才有可比性，这本身是一个比较困难的工作，不过还好，我们还能找到一个，那就是南明王朝。

中国古代由于经济增长比较缓慢，在一个增长、回落的波状线中回环往复，所以南明的经济状况和南宋并没有显著的不同，南明的疆域基本上就是南宋的疆域，且略好于南宋，估计有 320 万平方千米左右，而遇到的对手呢？由于中国处在冷兵器时代，武器和战力并没有明显改善，所以我们认为清朝骑兵和蒙古骑兵处在同一个战斗层级上，如果这时候清朝用的是坦克，显然我们就没办法比较了，不过幸好并非如此。投入的作战兵力呢，清朝大约在 30 万人次左右，而南明累计到达 100 万人次左右，双方坚持了 39 年，清朝消灭了南明王朝，如果这样计算，南明的战斗力反指数是 27.35，与南宋政权远远没法相比。

南宋也许犯了很多不该犯的错误，但是即使如此，南宋在蒙宋战争中也表现出了惊人的战斗力，与蒙元僵持了 45 年的时间。积贫积弱的宋朝确实在没有生命危险的时候表现得极其孱弱，这种孱弱在没有生命危险的时候表现得淋漓尽致，然而，一旦这个王朝出现生命危险，总会有一些人挺身而出，抢救这个病危的王朝。第一次是靖康之变之后的岳飞、韩世忠。第二次是南宋灭亡前的文天祥与陆秀夫。这些有名字的和一些无名的人，让这个表面看起来很弱的王朝在最强大的敌人面前表现出了最大的坚韧。

南宋弱吗？很弱，偏安一隅，无力回天，奸相辈出，腐化堕落。南宋弱吗？在强大的敌人面前，南宋确实是一个抵抗了最久的王朝。这个王朝，真矛盾。

九、元朝爱开运动会

在古希腊的奥林匹亚山上，希腊的各城邦定期要开运动会，运动会期间什么重要的战争都要休战，少年们身涂橄榄油，比试力量与健美。后来随着古希腊的消亡，这项运动会也销声匿迹了，一千五百年后，那是一个春天，有一个叫顾拜旦的老人画了五个圈，现代奥林匹克运动会诞生了，现在奥林匹克运动会已经成了国际上最受瞩目的运动盛事之一。古希腊人的一个运动会有如此深远的影响，那同样作为文明古国的中国开不开运动会呢？答案是中国在七百年前经常开运动会。怎么样？有些惊讶？我们来细细说说元朝爱开运动会的事。

元朝的统治者是来自草原的游牧民族蒙古族。作为游牧民族，对运动显然要比农耕民族有更大的热情，原来在草原上，可以随意打猎放牧，赛赛马，跑跑步，射射箭，摔摔跤，每年固定的时节还要组织个大型运动会，这个运动会就叫那达慕，主要比赛项目有赛马、射箭、摔跤。冠军会得到物质与精神的双重奖励，俨然就是现代运动会的雏形。

但是随着元王朝的建立，蒙古贵族们从北方草原来到了中原的城市里，在大都里怎么骑马射箭？显然那达慕是开不成了，那有什么替代品吗？还真有，蒙古人开始举办城市运动会。

城市运动会的比赛项目主要有什么呢？射箭项目还是主要的，毕竟这是从草原带来的，不能丢，可是城市里开运动会就不能像草原上那样驰骋射猎了，于是开始用稻草做成靶子，一个靶子做成人形，一个靶子做成狗的形状，每年十二月底，王公贵族们聚集在运动场，开始射草人草狗，最后决出个名次，名列前茅者受到皇帝的褒奖。这个在当时叫作射圃，已然有成熟的射箭运动项目的样子了。

如果说射箭还没什么稀奇，游牧民族为了显示自己不忘本，皇室宗亲射射箭、打打猎也不过是装装样子，清朝的皇子王公们不是也定期射猎吗？那下一项运动显然更像现代运动一点儿，因为它没有生产价值了，并不是谋生手段，单纯是一项运动，那就是球赛。元代的球赛有两种，一种骑在马上打的叫作马球，另一种步行用脚踢的球，叫作捶丸，还有一种是既可以用脚又可以用除了手之外的身体部位打的球叫作"蹴鞠"，元朝把打球作为一项社交娱乐活动，颇似今天的商人们在谈事情时候约着打个高尔夫球，元朝会见外宾一般都要跟外宾一起踢场球，增进友谊，然后洽谈。由于贵族们爱打球，市民阶层也纷纷打球娱乐，各种球队纷纷应运而生，每个贵族都要养几支球队，定期举办个比赛，俨然有职业联赛的样子。另一个值得说说的是，由于统治者的极力推崇，士大夫对球赛的态度也有很大改变，要是放在其他朝代，打球一定是奇淫技巧，是不务正业者的行为，可是元代的士大夫对打球相当宽容，张弘范甚至有诗句"少年得意风流事，可胜书生对流萤"。张弘范说的"风流事"就是踢球，竟然说踢球可以胜得过读书，这要是搁在别的朝代就太叛逆了，可是搁在元朝，很正常，谁让蒙古人喜欢体育运动呢？爱踢球，没办法。真不知道要是这样发展下去，现在的中国足球会不会有些起色？

你可能说，这些运动也仅仅停留在国家运动会的层面，元朝有没有世界级的运动会呢？你别说，还真有。蒙古统治者经常会把势力可以延伸到的地方的运动健儿都聚集在大都，举办一场世界级运动会，主要的项目就是摔跤。摔跤最早就是蒙古人之间摔，后来把契丹人加进来，就是蒙古代表队对契丹代表队，再后来西征结束又加入一个钦察代表队，再后来有人跟元朝皇帝说呼罗珊和伊拉克盛产角斗士，非常会摔跤，蒙古大汗们一拍大腿，带一些来，于是又有了呼罗珊代表队和伊拉克代表队。这回在大都举行的摔跤比赛就变成了一项世界性大赛，主要代表队是蒙古队、契丹队、汉人队、钦察队、呼罗珊队和伊拉克队。对胜利者的奖励是报销往返路费，加五百匹马。看这个阵势，把这个比赛命名为摔跤世界锦标赛是不为过的。

除了这些国家级的运动会，元朝还别有特色地举办市民运动会，我们可以称其为大都竞走大赛和上都竞走大赛。这两个大赛主要在大都和上都两个城市中举行。怎么比赛呢？就是所有参赛者站在一条绳子后面，这就是起跑线，绳子一落下大家就可以跑了，从河西务走到内中，一共走一百八十里，跑到内中向皇帝的大殿磕头礼拜就算是跑完了，第一名的奖品是银子一锭，第二名是绸缎四表里，第三名是绸缎二表里。这一项运动颇具市民马拉松的色彩。

一个游牧民族的王朝带来一些尚武的精神和体育的兴致，在中原大地上回荡了一百年。当然后来，元王朝回到了草原上，带着它的运动会回到了草原上，那达慕还是在草原上一年一年地开着。而中原汉地又回到了重文的时代，后面的明朝和清朝，再也没有一个文人说出打球要胜过书生对流萤的话了。

十、闲话权臣阿合马

　　权臣在中国历史上不是个新鲜玩意儿。什么叫权臣？大概就是因为各种原因得到皇帝的信任与拥有特权的大臣。这些大臣往往有着一般大臣不具备的能力，能做一些一般大臣做不到的事情，承受一般大臣享受不到的盛名。还必须说明一下，权臣和权奸还是有很大区别的，权臣可不是一个贬义词，应该是一个中性词，只是表明大臣掌握了重权，如果这个权臣利用手中的权力干好事，他应该被叫作权忠，像张居正这样的权臣就是。如果利用手中的权力干坏事，就叫权奸，比如严嵩。还有些毁誉参半，盖棺亦不能定论的，干脆就叫权臣吧，比如吕不韦这样的。纵观中国历史可谓是权臣代代有，可是元朝特别多，我们就挑一个来闲话一下，这个人叫阿合马。

　　阿合马在中国历史上，作为权臣可是有几项记录的。首先中国的权臣大部分是汉人，偶尔有一些少数民族人士，但也是中国人。阿合马不是，阿合马是名副其实的外国人，如果算起来他应该是个乌兹别克斯坦人，是随着蒙古大军的步伐被劫掳到内地的色目人。第二点，他的出身应该算是最低的了。我们的历史上统计过开国皇帝的出身，其中以朱元璋最低，因为朱元璋当过乞丐，如果我们统计一下权臣们的出身恐怕就是以阿合马为最低了，因为阿合马是忽必烈妻子察必皇后的陪嫁奴隶，由于中国早就摆脱了奴隶社会，所以陪嫁奴隶能当大臣的事情恐怕春秋战国还有，到了秦朝以后就没了，可偏偏元朝是一个尚未完全摆脱奴隶制的民族建立的，而且这个民族也没有像清朝一样积极地推行科举制度，于是一个陪嫁奴隶登上了历史舞台，成了一代权臣，也是只此一家，别无分店的。第三，阿合马当权的时期也是历史上少有的。一般的权臣总要等个机会，比如皇帝年龄小，吕不韦、王莽、张居正等都是利用皇帝年龄小的时候掌握大权。再有就是皇帝年龄大，这时的皇帝进入自己的晚年了，不愿意干活了，想好好地享受一下，于是大权就旁落了，比如南朝的侯景就是这样获得权力的。还有就是赶上了动乱，皇帝上来就是动乱，自然没什么权力，反倒要依靠胳膊粗的大臣，这时候大臣也就成了权臣，曹操大致就是这样粉墨登场的。最后一类就是皇帝不愿意从事政治活动，在自己的爱好上下了大功夫，这时权臣就有机会了，比如天启帝时期的魏忠贤。阿合马的掌权偏偏不属于上述这些情况，阿合马掌权的时候是1264年至1282年的这18年，而忽必烈是1215年出生，1259年当上皇帝，1294年去世的。阿合马掌权的这几年是忽必烈49岁到67岁这段时间，此时的忽必烈既不是少年皇帝，也没有老弱得不能理政。忽必烈是元王朝的开创者，绝对不是个不愿意当皇帝只愿意享受个人爱好的庸主，而且这个时候大权在握，虽然有一些蒙古贵族的作乱和一些对外战争在进行中，可是忽必烈对大权的掌握全然没有放松。这个时候，明显是不该有权臣的，可是偏偏就有，这个权臣就是阿合马。这个阿合马是怎么发迹的？我们慢慢说。

阿合马既然是察必皇后的陪嫁奴隶，随着察必皇后来到忽必烈家自然要管点儿事，管什么呢？作为色目人，理财是阿合马的拿手好戏，结果他把忽必烈家的财政打理得井井有条。咦，这个色目人好，会管钱，这估计是当时忽必烈的内心潜台词。正在阿合马这个管家做得风生水起的时候，李璮叛乱了，前面我们说过替忽必烈管理全国金融的王文统因为是李璮的岳父就被杀了，杀了王文统谁来帮忽必烈管钱呢？忽必烈在朝廷里扫视了一圈儿，没有合适的，于是就看中了自己家里面管钱财的阿合马。好了，王文统的悲剧成了阿合马的喜剧，阿合马就这么进入朝廷管钱官员的序列了。

要说一个人想要成为权臣，总要有些本事的，不管是治国安邦的大本事还是讨好皇帝的小本事，总之不能没本事。这个阿合马绝对是有些本事的，这个本事就在于，他把国家当作企业来玩。忽必烈打日本、打朝鲜、打越南、打爪哇，总是需要钱的呀，让你阿合马上来就是要弄到钱的，阿合马自己也知道这一点，于是阿合马开始他的企业化管理，第一项措施就是搞垄断，国家垄断企业，这个企业主要是出售盐和铁的部门，盐铁专卖其实早从汉武帝开始就这么做了，可是阿合马搞得更加进步，专门成立缉私队和运输公司，来保证从源头到流通这整个环节里，没有人可以从事走私行业。关于铁，从开矿到铸造都由国家经营，国家有矿山，开采出来的矿石直接运送到国家农具厂生产成农具，然后出售。中国主要生产者不是农民吗？是农民就要用农具吧，所以国家农具厂可是不愁没有销路，而且铁矿是国家的，私人农具厂连矿石都没有怎么生产，这样，国家就垄断了最重要的生产工具，农具的市场。第二项措施则是建立监督机制，对于官员专门设了一个审计部门，这个审计部门对官员的其他方面都不考查，只考查税收和经济状况，这个叫钩考制度，这一方面杜绝了官员侵吞税收，另一方面由于税收成了官员升迁任免的重要考核指标，于是官员们对收税有了极大的兴趣和积极性。由此可见，什么是官员升迁的考核指标，政府就会在什么方面下大力气。第三项措施就是制定国家干部的工资标准，蒙古人刚建立元王朝的时候还不流行发工资，上级官员的收入是什么？下级官员的孝敬，下级官员的收入是什么？更下级的孝敬。最底层官员的收入是什么？税收里扣。这样来说其实在元王朝没有行贿受贿，都是正常的，也没有贪污，因为那是提取工资。阿合马一上台，制定了官员的工资制度，税收归国家，你们的工资国家发，这样规范了不少，国家税收也增加了。第四项措施是收取商业税，我们在第一节和第二节就说过，由于元代对海外贸易的热爱和对科举的冷待，商业忽然一下变得发达起来了，既然商业在 GDP 中的比重上升了，就没有道理只收农业税了，于是阿合马开始收商业税，税率是三十分之一。最后，就是稳定金融了，既然王文统设计了纸币制度，阿合马决定坚定不移地将纸币制度推行下去，只有全国流通的纸币才是有意义的货币，于是刚一征服南宋，在征南宋总司令伯颜没有做好准备的时候，阿合马就开始在新征服地区推行纸币。而且由于赋税就是以纸币形式征收的，所以保持纸币的价值是很关键的，阿合马在执政期间基本维持王文统的政策，不在储备的黄金白银之外多发行纸币，于是在那 18 年里，没有出现恶性的通货膨胀，可以说 CPI 基本是稳定的。

这些政策让忽必烈大大地开心了，对外战争的军费刷刷地上涨，税收连年地增加，忽必烈不得不对阿合马刮目相看了。忽必烈高兴地说："宰相嘛，就是要明天道、察地理、尽人事，只有三样全都做到了才可以当一个称职的宰相。阿里海牙、麦术丁等，是当不了宰相的，在回回人中，只有阿合马是能当宰相的。"这时候忽必烈一定不知道，阿合马在帮助国家理财的时候也在帮着自己理财。以上说的所有措施，阿合马都可以从中获利，国家垄断的企业，作为宰相自然可以入股分红，利用审计的机会把一些土地划到自己名下也是举手之劳，于是国家税收是稳定增长，阿合马家的财富也是稳定增长。如果我们看一下中国古代的经济数据，你会发现中国古代的人均 GDP 几乎是不增长的，既然人均 GDP 不增长，其实关键的就是一个分配问题了，阿合马的政策让国家财政收入得到了极大的增长，阿合马的个人财富也得到了极大的增长，那么一定有一部分人的收入极大地减少了，这一部分人主要就是需要买国家垄断的农具和盐的百姓。这么看来阿合马是把很多百姓的钱装到了自己的口袋里。

你一定要问？难道没有人把阿合马的劣迹反映给忽必烈吗？还真有，不过在这件事里阿合马和忽必烈两人就表现得非常有趣，一个展现出了回回商人般的精明，一个展现了蒙古贵族的实用主义。阿合马当权期间利用国家政策中饱私囊，任人唯亲，自然引起了很多人的不满，怎么对待这些人？阿合马有自己的策略，如果这个人职位并不很显赫，不如他阿合马在皇帝面前的面子大，那好办，就直接定个诬告罪，或关或杀了事。如果这个人与他阿合马不相上下，那么他就展开自己的洽谈才能，把大事化小，然后把小事承担下来，再把告他状的人大大表扬一下恳请忽必烈为其升官，显得阿合马自己光明磊落，可是被升官人却是明升暗降。比如宿卫秦长卿状告阿合马，秦长卿这个人地位比较低，忽必烈也没怎么重视他，阿合马就把他直接下狱处死了。对待安童丞相，阿合马则采取了另一种态度，安童是忽必烈妻子妹妹的儿子，也就是忽必烈小姨子的儿子，又是木华黎的曾孙，还是屡立战功的将领，这个人跟阿合马不合，屡屡状告阿合马，阿合马就不好直接处理了，阿合马采取的第一个举措是大大褒奖了一下安童，推荐他去当太师。太师固然是个很显赫的头衔，但只是个荣誉衔，这意味着安童就没有实权了，你看，多明显的明升暗降。其他人也反对这样做，这第一招就是败了。没关系，还有第二招，招数一样，当时北方的海都造反了，北方军区就成了重中之重，于是忽必烈让自己的儿子当北平王，其实就是北方军区司令，这是军事首脑，可是北方军区还缺一个政治首脑，这回阿合马又极力推荐安童，这样安童就成了最重要地区的政治首脑，似乎是职位晋升了，可是却远离了中央不能再给阿合马添麻烦了。忽必烈在阿合马问题中的表现也颇为有趣，有趣之处在于极其的"就事论事"。比如安童说阿合马任用的人都是亲信，而不是有能力的，忽必烈就说对，然后把阿合马任用的人撤了，并不追究阿合马。许衡说阿合马让自己的儿子当国防部长，这样父亲有财权，儿子有军权，显然不妥。忽必烈又说对！然后撤了阿合马儿子的国防部长，阿合马却没事。就这样阿合马在18年里平步青云，全无忌惮。不过说全无忌惮其实也有一些不准确，阿合马还是有一些忌惮的，这个忌惮就是忽必烈的太子真金。不过历来父亲的宠臣，儿子都不喜欢，比如汉文帝宠信邓通，景帝就讨厌他。乾隆喜欢和珅，嘉庆就讨厌他。要是弗洛伊德读过中国古代史，一定会认为这是男孩一般都有仇父情节的佐证了。太子真金和阿合马也不例外，忽必烈宠信阿合马吧？真金偏偏不喜欢。这件事为阿合马的死亡埋下了种子。

阿合马的下台和死亡也是中国历史上的一个特例。权臣要是败亡了，一般要么是换了皇帝，要么是事迹败露，皇帝忍不了了。阿合马还真不是，他是死于暗杀。1282年，两个本来没什么交集的人凑在一起了，一个是益都千户王著，一个是高和尚。这个王著是个千户，官不大，要想扳倒阿合马可能比较困难。这个高和尚原来说自己会法术，可以帮助军队打胜仗，可是到军队里一试验，他的法术不灵，于是高和尚就杀了自己一个徒弟，伪装成自己自杀了，然后逃跑了。这两人凑到一起了，两个人都反感阿合马，但是都没有足够的能力在政治上消灭阿合马，既然不能在政治上消灭他，那么就在肉体上消灭他吧。可是怎么才能接近防卫森严的中书平章呢？

1282年3月，忽必烈去上都了，这是元朝皇帝每年都要干的一件事，到夏天就去上都，也就是现在的内蒙古正蓝旗避避暑，冬天再回大都，忽必烈带着大部分亲信回上都，让阿合马待在大都处理政治事宜。王著觉得机会来了。3月的一个夜晚，一批人浩浩荡荡来到大都城外说太子真金马上要回来做一些佛事，让阿合马迎接，中书省的接待官员觉得这个时间、这个理由有点儿奇怪，就把这些人扣下了。不久之后，又有一位姓崔的总管出现了，这个崔总管没有去找中书省，而是直接去找了枢密副使张易，让

这位张枢密副使派两千人迎接太子。这位国防部副部长不知道是真的相信
了太子要回来还是另有什么打算，真的派了两千人去郊外迎接。这下好了，
两千人护送着太子回来了，这两千人还是国防部派去的，中书省的官员不
得不相信了。阿合马于是也派出一部分人迎接，这部分人刚到郊外就遇上
了太子，太子远远地坐在马上，很生气，因为这些人怀疑了他的第一批使
者，于是把来的人都杀了。阿合马听得这个消息有些紧张，他一向跟太子
不合，太子要是以迎接不恭敬为由指控他恐怕够他受的。就在这个夜晚，
阿合马披星戴月地来到大都城外迎接太子。

　　太子来了，骑着马远远地来了，可是根本看不清太子是什么表情，这
时有人过来传令，太子让阿合马去聊聊，阿合马走到太子的马前行过礼，
一起身，顿时傻了，马上坐的根本不是太子真金，正在震惊的时候站在假
太子旁边的王著突然从袖子里拿出一个大锤，一锤下去，阿合马就毙命
了。阿合马一死可就乱了，阿合马带来的人也发现太子是假的了，于是
开始跟假太子的人打了起来，这时候，事件的两个策划者表现得十分迥
异，王著挺身而出，说自己是杀害阿合马的主谋，请求逮捕自己，与其他
人无干，高和尚则消失了，不知道逃到了哪里。而阿合马的人呢？抓住了
王著可不算完，继续大开杀戒，大都的居民睡得正好，就被吵醒了，发现
外面打了起来，很多居民以为蒙古兵要来屠杀汉人了，纷纷逃出城去躲了
起来，大都的这场变乱惊动了很多人，其中一个是忽必烈，另一个叫马
可·波罗。

　　马可·波罗详细地记载了这件事，这成了《马可·波罗游记》里重要
的一个篇章，也成了马可·波罗来过中国的一个证据。不过他只是个事件
的旁观者，忽必烈可是事件的参与者了，他急令博罗阿和安童回来处理大
都的变乱，安童和博罗阿迅速地解决了问题，抓住了逃跑的高和尚，然后
将高和尚和王著一起杀了。

但是还有一个后续问题需要忽必烈亲自解决，那就是如何处理阿合马。忽必烈很惋惜这位为他理财的宰相，觉得他是被奸人杀害了，于是隆重地安葬了阿合马，并且让大部分蒙古贵族去出席阿合马的葬礼，阿合马得到了极大的哀荣。

如果你以为阿合马的故事到这里可以结束了，那你就错了，之后大家开始不断地向忽必烈反应他的这位理财能手的劣迹了，忽必烈似乎如梦初醒一般觉得自己一直受到了欺骗，然后愤愤地说，看来王著杀阿合马是杀对了。然后忽必烈开始了全面的清算，阿合马被开棺戮尸，尸体任狗吃掉，然后家产全部没收，子侄全部被杀，一代权臣阿合马到此身败名裂。

现在我们来总结一下，阿合马，一个外国奴隶，靠着出色的理财能力，深得一位强势君主的信任，以至于可以贪赃枉法、横行不法，任用私人，打击异己。最后是被一个本来可能不会登上史书的千户和一个和尚用欺骗的手段杀死，死后身败名裂，成了一代权奸。看上去似乎不可思议，其实也是不足为奇，为什么这么说呢？忽必烈虽然是一位强势的君主，可是在理财上却没有专业才能，而理财又是忽必烈迫在眉睫的事情，打仗要钱啊。没钱打不了仗，不打仗又不是蒙古大汗的做法。于是必须找一个人来理财，谁合适呢？理财人才在中国一向比较稀缺，因为义利之争让中国的读书人不太屑于谈钱，觉得谈钱比较低俗，北宋出了个理财的宰相王安石，结果被骂作与民争利，入了奸臣传。所以这个阿合马外国人就有了展现才能的舞台。而对待这么个稀缺人才忽必烈也一时找不到替代品，于是就只好让他"专权"。但是阿合马死后就另当别论了，已经死了，就不能再理财了，再包庇他有什么用？既然他已然把汉人士大夫和蒙古贵族都得罪了，那就要狠狠地办了，而且作为一个奴隶，在帮主人理财的过程中如此中饱私囊，也让忽必烈十分气愤。假设阿合马没有死，而忽必烈也没有找到可以替代他的人，那么这个权臣可能还会一直"权"下去。

阿合马死了，开棺戮尸，查抄家产。可是他留下的理财措施，不管是好是坏忽必烈也一样没改照样使用，可见，忽必烈并没有对阿合马的理财措施有什么不满。看来一个如此"个性"的权奸的诞生，跟那个时代、那个王朝和那个皇帝有着不可分割的关系。

十一、再来闲话说伯颜

上节说了权臣阿合马，这节要说说权臣伯颜，为什么呢？因为这两位正好是元朝的第一个权臣和最后一个权臣。这种首尾呼应的效果似乎正好证明了上节所说"权臣代代有，元朝特别多"的结论。

要说伯颜，我们就不得不理清楚，我们要说的是哪个伯颜？怎么？元朝还不止一个伯颜？还真就是这样，而且巧就巧在两个伯颜都有一个共同的头衔，太师。前一个伯颜是元朝平宋的大将，后来获得太师的头衔，政治生命主要活跃在元世祖忽必烈和元成宗铁穆耳的时代。后一个伯颜是一代权臣，政治生命主要是活跃在元文宗图帖睦尔、元明宗和世瑓、元宁宗懿璘质班和元顺帝妥懽帖睦尔的时代，我们要讲的是哪一个呢？是后一个，为什么讲他？一是因为作为权臣，伯颜真是"权"得无与伦比，第二是作为宰相，伯颜真是"荒唐"得空前绝后。

首先我们来看看这位伯颜怎么"权"得无与伦比。中国古代，头衔是个非常重要的东西，皇帝要奖赏你，就要给你个头衔，这个头衔要累加起来，所以你的头衔长，说明你功劳大、权势盛、得到皇帝的宠爱多。大家都知道和珅是乾隆一朝的宠臣，那么和珅的职衔加起来是什么呢？应该是一等忠襄公、文华殿大学士、领班军机大臣、吏部尚书、户部尚书、刑部尚书、理藩院尚书、内务府总管、翰林院掌院学士、《四库全书》总纂官、领侍卫内大臣、步军统领和珅。这是多少个字呢？63个字的长头衔。那么这位权臣伯颜的职衔是什么呢？——元德上辅广忠正节振武佐运功臣、太师、开府仪同三司、秦王、答剌罕、中书右丞相、上柱国录军国军事、监修国史、兼徽政院侍正、昭功万户府都总使、虎符威武阿速卫亲军都指挥使司达鲁花赤、忠翊侍卫亲军都指挥使、奎章阁大学士、领学士院知经筵事、太史院、宣政院事、也可千户哈必陈千户达鲁花赤、宣忠干罗思扈卫亲军都指挥使司达鲁花赤、提调回回汉人司天监、群牧监、广惠司、内史府、左都威卫使司事、钦察亲军都指挥使司事、宫相都总管府、领太禧宗礼院、兼都典制、神御殿事、中政院事、宣镇侍卫亲军都指挥使司达鲁花赤、提调宗人蒙古侍卫亲军都指挥使司事、提调哈剌赤也不干察儿、领隆祥使司事。这是多少字呢？一共246个字，据统计，是中国历史上最长的官衔。也真是长得可以，幸好当时没有电视，不然伯颜要是出来一次，播报完头衔估计新闻节目就该结束了。

　　说完这个权臣的头衔，我们就要来看看这位权臣如何的荒唐了。这位伯颜似乎自己不怎么喜欢读书，不但不喜欢，还不准别人喜欢，他跟元顺帝说："陛下有天下，休教读汉儿人的书，汉儿人的书好生欺负人。"具体为什么"汉儿人"的书欺负人，就不得而知了，不过一个宰相一级的高官觉得读书是欺负人也是让人忍俊不禁了。既然不喜欢读书，自然也对科举不感兴趣了。我们前面毁誉参半说科举的时候说过，元朝到了仁宗的时代才有了科举，可是顺帝初又给废了，为什么废了？也是因为这位246字头衔的伯颜太师。这位伯颜太师说："我有一个马夫，有一段时间我很久不见他了，问他哪里去了，有人说'去参加科举考试没回来。'我没想到科举考试都是这样的人去考，看来还是不要了。"然后，科举就被取消了。这就是这位太师取消科举的理由，第二次让人忍俊不禁。再有就是当报告民间有农民起义的时候，伯颜太师竟然禁止农民使用铁制农具了。不过想想也是，既然这位太师这么不喜欢"汉儿人"的书，自然不知道可以"斩木为兵"，不然是不是连木质农具也要禁止了？这是三件做成了的荒唐事，还有一件没做成的，不过幸好没做成，要是做了，估计元王朝要早三十年结束了。什么事呢？伯颜在至元三年的某一天，突发奇想，去找元顺帝，说要把张王刘李赵五姓的汉人全杀掉。这个想法简直让人怀疑他说话的时候是不是处于神游期间，幸好元顺帝没有神游，拒绝了这个荒唐的提议。

读至此处，不禁疑惑了吧？一个如此荒唐的人，却得到了如此重的权威，这位伯颜太师是如何做到的呢？不着急，我们现在来说说这个人的生平。

要说伯颜的崛起，首先要说说，元王朝的继承制度是大一统王朝中最混乱的，具体怎么混乱？我们在下一节细细讲，不过这一节需要知道的就是元朝的每一个皇帝继位都伴随着是血雨腥风。这不？又到了元王朝该更换皇帝的时候了，元朝的皇帝泰定帝在上都驾崩了，他的儿子在上都继位了，就是天顺帝，可是朝廷里的丞相不服了，这个丞相叫作燕帖木儿，他想立一个自己满意的皇帝，立谁好呢？从法统上说当然要立一个成吉思汗的子孙，而且和皇位越近越好，有了！有两个现成的人选，是上上任皇帝元武宗的儿子，一个在南方，一个在北方，南方的叫作图帖睦尔，是弟弟，北方的叫作和世㻋，是哥哥，不过这时候管不了哥哥弟弟了，哪个先过来就让哪个当皇帝，反正要有个招牌对抗天顺帝。于是燕帖木儿向这兄弟俩同时发出了邀请函，邀请他们来做皇帝。哥哥和世㻋在现在的外蒙古，中间隔着天顺帝，要打过来可能有些困难，弟弟图帖睦尔在江陵，相对容易一点儿，于是弟弟图帖睦尔动身了，可是这一去是要被邀请当皇帝的，这个邀请虽然诱惑很大，不过也觉得有点儿危险，要是有人护送就放心多了，咦，护送的人出现了，这个人就是江西行省的平章政事，负责节制江淮军队的伯颜。有了军队的保护，图帖睦尔顿时底气十足地去了大都，然后在大都当了皇帝，这时候发出邀请函的燕帖木儿和护送新皇帝的伯颜自然成了辅佐功臣了。摆在新皇帝图帖睦尔面前最大的问题就是上都还有个天顺帝，终归要打一仗。不过，燕帖木儿和伯颜很快就帮助图帖睦尔打败了天顺帝，可是麻烦还没有结束，由于燕帖木儿当时发的邀请函是两份，所以和世㻋现在也来了，也宣布自己是皇帝，这怎么办？毕竟哥哥当皇帝好像更加名正言顺一点儿，于是图帖睦尔主动让出了皇帝位，让燕帖木儿带着传国玉玺给他哥哥送去。和世㻋似乎没有想到弟弟这么懂事，于是十分高兴地封自己的弟弟为"皇太子"，这么快弟弟变儿子了，不过图帖睦尔似乎并不在意辈分，毕竟皇太子很实惠，哥哥死了自己就可以当皇帝，可是哥哥和世㻋好像很年轻短时间内应该死不了，不过事情很"凑巧"，哥哥几个月之后就死了。于是燕帖木儿说，你看，现在皇帝驾崩了，皇太子该即位了吧，于是图帖睦尔又当回了皇帝。

图帖睦尔也是够折腾的，先当皇帝再当太子的皇帝本来已经不多了，之后又马上当皇帝就更少了，图帖睦尔做到了。图帖睦尔重新当了皇帝以后更加重用燕帖木儿和伯颜，当然燕帖木儿排第一，伯颜排第二。等到图帖睦尔皇帝执政的末期，这位皇帝突然良心发现了，承认当年哥哥的死是自己谋害的，还说皇帝的位置该还给哥哥的儿子，然后就病死了。这下麻烦了，图帖睦尔有一个儿子，燕帖古思，图帖睦尔的哥哥有两个儿子，大儿子妥懽帖睦尔，小儿子懿璘质班，该让谁继承皇位？如果按照父死子继，那该是燕帖古思，要是按照皇帝遗愿那该是妥懽帖睦尔和懿璘质班中的一个，但是这两个里面的哪一个即位？图帖睦尔也没说清啊！燕帖木儿开始动脑子了，怎么样让自己长久一些地掌权呢？立一个年幼的小皇帝当然是好，这里面三人的年龄排序是妥懽帖睦尔、懿璘质班、燕帖古思。于是，搞定，我们就立最年幼的燕帖古思！可是当燕帖木儿说了自己的想法以后第一个反对的竟然是燕帖古思的亲娘,图帖睦尔的皇后,现在的皇太后。这个女子要坚持完成丈夫的遗愿,将皇位还给哥哥和世㻋的儿子,怎么办呢?拗不过皇太后的燕帖木儿于是只能退而求其次,选了小一点儿的懿璘质班当皇帝,可是这个孩子只当了四十三天皇帝就死了,这下又出了继承的问题了,这个小皇帝没有儿子,于是皇位还是要在妥懽帖睦尔和燕帖古思之间选,燕帖睦尔说,已经让位过一次了,谁知道哥哥和世㻋的孩子命不长呢?太后意思一下行了,现在还是让你儿子即位吧,谁知道太后竟然还是不同意自己的孩子当皇帝,说哥哥和世㻋不是还有一个儿子吗?让他来吧。于是燕帖木儿不情愿地把妥懽帖睦尔找来了。

找来了是找来了,让不让他当皇帝还是没定下来,燕帖木儿还是要再考查一下,于是大摇大摆地告诉妥懽帖睦尔,我是为了你当皇帝出了力的哦,没有我你是当不上皇帝的哦,虽然这并不是真话,但他希望妥懽帖睦尔大大说一番感激他的话,再给他加个官进个爵,结果妥懽帖睦尔竟然没有说话。这让燕帖木儿很生气,于是,决定皇帝不给你小子做了。这时伯颜觉得机会来了,自己总不能一辈子当二把手吧?翻身的机会来了,你燕帖木儿不是不想让妥懽帖睦尔做皇帝吗?我就极力让他做,还要联手太后让他做,他做了能不感谢我吗?我不就是第一功臣了吗?于是计划就这么实施了,妥懽帖睦尔就当上了皇帝。

伯颜的机会来了,这回位置总算跟燕帖木儿拉平了,不久之后,一件让伯颜更开心的事发生了,燕帖木儿死了。这下好了,原来是双寡头垄断的局面,现在变成完全垄断了。于是伯颜开始专权了,当然中间还有个小插曲,就是燕帖木儿的儿子发现自己老爹去世后,伯颜没有让他继承老爹的位置,反倒自己专权了,燕帖木儿的儿子越想越生气,你伯颜原来可是在我爹底下的,现在跑到我家上头了,这还能行?这小子一生气,造反了,不过说造反也有问题,因为他起兵反的是伯颜,并不是皇帝,不过不管反谁，反正你起兵了，这可就给了伯颜一个绝佳的借口，于是以平叛为名，将燕帖木儿的家族在历史上抹去了。

这下伯颜可谓是真的权倾朝野了，于是我们前面说的那些荒唐的建议就从伯颜口里一个一个地提出来。更有甚者，伯颜想让自己的儿子娶亲王的女儿，但是被亲王拒绝了，伯颜一生气说亲王谋反，把亲王杀掉了。当然有没有把亲王的女儿留下就不得而知了。这个丝毫没有治国能力的宰相可以说已经为元朝的灭亡埋下了种子。不过堡垒往往容易从内部被攻破，这个不愿意读"汉儿人"书的太师想必也没听过一个词叫"大义灭亲"。伯颜有个侄子，这个人在《元史》上有着浓墨重彩的一笔，不过这一笔就是从大义灭亲开始的，这个人叫脱脱，脱脱看到了自己的伯父如此荒唐、跋扈，不禁有些害怕，万一有一天皇帝掌权了要反攻倒算，别把我们家也牵连了，于是，还是主动跟伯父划清界限比较好，于是脱脱找到了顺帝妥懽帖睦尔，表明了心迹，这样一个反伯颜阵线正式形成了。

当然，伯颜对此还丝毫不知道。至元五年的冬天，伯颜还毫不知情地邀请妥懽帖睦尔去打猎，当然，已经和脱脱商量好的元顺帝推说自己病了，可以派皇太子，也就是叔叔的儿子，自己的堂弟燕帖古思陪你去。伯颜没有想到这是自己最后一次见元顺帝了，于是带着燕帖古思出去打猎了，晚上，发现燕帖古思丢了（其实是被脱脱的人带回去了，当然伯颜不知道），就在伯颜决定找找燕帖古思的时候，皇帝的使者到了，宣布撤销伯颜的军权。这还了得，伯颜当即带着打猎时带来的部队返回大都，一到大都发现，自己根本进不去城，城门紧闭，自己早已被关在外面，自己这点儿人马想攻打大都，绝对是开玩笑，正在伯颜犹豫的时候，脱脱出现在城墙上。猛然看到自己的侄子，不知伯颜是不是心中掠过一丝惊喜，不过，即使有，这惊喜也很快就烟消云散了，因为脱脱宣布了伯颜的罪状，最后还宣布：大家不要跟着伯颜了，只要离开他，既往不咎，现在解散。于是伯颜连带出来打猎的这点儿兵也没有了，只能束手就擒，不过顺帝也没有杀他，只是剥夺了他246字的头衔，将他流放了，可以说伯颜的政治生命迅速地结束了，当然，在政治生命结束后的几天，他的生命也结束了。

　　有历史学家分析，王朝的皇帝会出现一代不如一代的现象，开国皇帝一般雄才大略，守成君主勉强守得住祖宗基业，后面的帝王素质越来越差，最后丢了政权。谁知道到了元朝，不光君主如此，连权臣都是如此，忽必烈时期的阿合马是权奸，可是起码还是个理财能手，到了最后一代权臣伯颜，基本上就是只有246字头衔的庸才了。不过抛开权臣的素质不说，单说这代代有权臣的现象也比较有趣，那为什么会如此呢？这跟元朝混乱的继承制度分不开，这节我们介绍伯颜，也就为介绍元朝混乱的继承制度开了个头，到底怎么个混乱？我们下节慢慢说。

十二、血雨腥风话继承

中国从很早开始进入大一统的帝国社会，虽然中间有几次分裂，但是整个国家的主体仍是大一统的帝国，既然是帝国社会就涉及一个问题，帝国的最高权力怎么更替，当然，民主选举是个好办法，但是只能用于共和制国家，专制帝国是肯定不行的，专制皇帝们肯定希望世袭，好了，那就研究一下怎么袭。先说，常见的方式有两种：一种是父死子继，另一种是兄终弟及。兄终弟及在商代比较常见，其他大一统王朝里也不乏兄终弟及的，但是都是个例，比如宋太祖和宋太宗是个例子。父死子继用得比较多，大部分王朝都采取父死子继。为什么父死子继比兄终弟及好一点儿呢？因为传承起来比较稳定，兄终弟及的麻烦就在于哥哥传给弟弟，那弟弟要是死了该把皇位传给谁呢？是还给哥哥的儿子还是传给自己的儿子？后面这些儿子们肯定要找麻烦，那么父死子继就好很多，在儿子里选一个，儿子再在他的儿子里选一个。父死子继里面细分一下，还有到底是哪个儿子来继位的问题，因为大部分帝王不止一个儿子，这里面又可以分两种情况，一种情况叫立贤，另一种情况叫立长，立贤就是从儿子里选一个最贤明的来，顺治选康熙，康熙选雍正，雍正选乾隆，乾隆选嘉庆都是这种模式，立长就更简单一点儿，不用考查了，最大的儿子来，明朝选择的就是这种嫡长子继承制。那么元朝采用的是什么制度，是兄终弟及呢？还是父死子继？不着急，我们先来看看元朝的帝王世系谱。

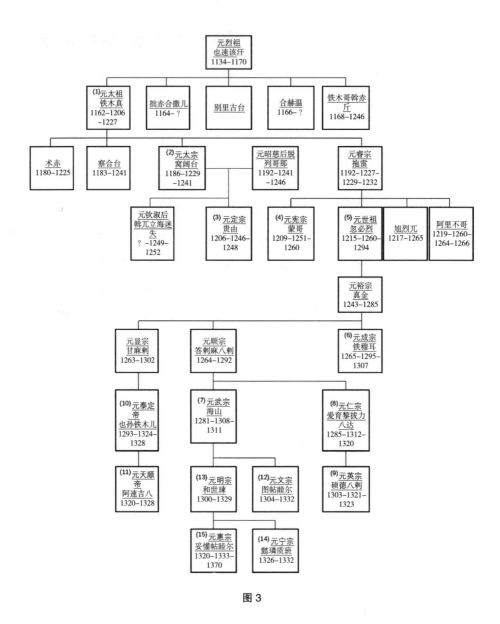

图3

从这个世系，我们可以稍微总结一下，太祖传太宗是父死子继，太宗传定宗是父死子继，定宗传宪宗是堂弟继承了堂哥，世祖即位则是亲弟弟继承亲哥哥，成宗即位是孙子继承爷爷，武宗是侄子继承叔叔，仁宗又成了亲弟弟继承亲哥哥，英宗即位是父死子继，泰定帝即位是叔叔继承了侄子，明宗又是侄子继承了叔叔，文宗又是亲弟弟继承亲哥哥，宁宗又成了侄子继承叔叔，顺帝变成了哥哥继承弟弟。怎么样？你是不是已经糊涂了？这里面一会儿兄终弟及，一会儿弟终兄及，一会儿父死子继，一会儿叔死侄继，还有叔叔继承侄子的。真是一团乱麻，为什么会如此？其实道理也简单。

蒙古人从一个游牧氏族社会刚刚开始发展，还没有建立和适应完整的宗法继承制度，倒是先建立了一个庞大的帝国，那么该怎么继承这个帝国呢？谁说了算？氏族有氏族的办法，皇帝有皇帝的想法，男人有男人的算盘，女人有女人的心计。当然类似的情况清朝也遇到过，清朝皇太极的即位和顺治的即位都是大家政治妥协的结果，可以说继承皇位是皇族内部说了算，这还有一些氏族社会的影子。但是后来顺康雍乾嘉道咸同，清朝的皇位继承就有了一定之规，谁说了算，老皇帝说了算，他立个遗诏，让谁当皇帝就谁当，没指定的就不要抢了，所以清朝的皇位传承得很稳定，到了光绪、宣统两个皇帝，虽然不是老皇帝说了算，变成老太后说了算，但是老太后说了算也是一个人说了算的，总之在皇位继承上是稳定的，当然这是因为清朝皇族很快汉化了，愿意用中原王朝的继承制度来代替自己的氏族制度了。

元朝就不一样了，元朝的皇帝既部分继承了中原王朝的制度，又没有完全放弃草原氏族的制度，既接受了宗法约束，又没放弃武力争夺，于是，怎么看怎么乱，那么要说清楚这个问题，就要看看草原上的氏族部落的首领应该怎么产生。

首先，氏族的生活是不稳定的，要跟大自然作斗争，也要跟别的部落作斗争，既然要作斗争嘛，领导者能力低肯定不行，确切地说是领导者武力弱，肯定不行。所以一般要公推一个武力强的人当领袖，当然还可以用脚投票，实在不行我们就找个武力强的人带领的部落，做那个部落的公民。所以氏族部落的首领的第一要素是武力强。第二要素呢，就是在统治阶层内部要有凝聚力，只有让统治阶层的内部服从你，你才能当好这个部落的领导，因为毕竟部落已经有了私有财产和剩余财产，也有了阶级的划分，你不把这些"有闲阶级"团结好，就得不到足够的财力物力支持。第三个要素呢，就是你要得到你母亲的认可，为什么是母亲不是父亲呢？因为在早期的游牧氏族里，父亲在外打猎比较忙，几乎没时间过问儿子的教育问题，母亲从小教育儿子，当然对儿子的优缺点比较了解，所以比较有发言权。最后，你不能是大儿子。这一条很惊讶吧？为什么不能是大儿子呢？就像我们前面说妇女地位一样，草原上都是抢来抢去的，什么财产都可以抢，当然老婆也可以抢，所以蒙古帝国初期的皇后、太后们都是被抢来抢去的。好了既然你是被抢来的，就很难说清楚，你生的第一个孩子到底是前夫的呢，还是现任丈夫的呢？那时候没有DNA鉴定技术，反正说不清。说不清怎么办？那他就不要继承皇位了，万一他不是亲儿子，让他继承皇位岂不是便宜了敌方？

以上四种制度反映在蒙古帝国的初期就是，第一，大汗必须建立武功，没有武功你就不会被列入考查范围。第二，必须皇族内部开会同意，这个会议就叫作忽里台。第三，太后必须要同意，在元王朝自始至终，太后都对皇位继承问题发挥着至关重要的作用。第四，蒙古有个"幼子守灶"的制度，就是所有家产都要留给最小的儿子，家产是留了，皇位留不留？规矩里没说，可是帝王的家产是包括军队和财政的，这些留给小儿子，皇位给别人似乎也说不过去呀？

好了，这个氏族部落突然变成王朝了，乞颜部变成了大蒙古国，接着变成了元王朝，既然是王朝了，谁继承皇位总要老皇帝说了算吧？第一对矛盾出现了，老皇帝和忽里台到底谁说了算？既然变成王朝了，中原王朝可是实行长子继承制的，而蒙古族又有幼子守灶制度，那么长子和幼子谁来即位？又是矛盾。大汗需要建立武功，可是作为皇子出去打仗，远离政治中心，而且有生命危险，似乎皇帝的继承人不该以身犯险吧？完了，又一对矛盾出现了。

这么多矛盾的结果就是，但凡想当皇帝的人就会找对自己有利的条件，比如长子要跟幼子说，按宗法制我应该继承皇位，幼子就会跟长子说，按守灶制我应该继承皇位。有武功的跟没武功的说，你连一点儿武功也没有怎么做蒙古大汗？没武功的就跟有武功的说，你一直在外边打仗知道怎么治理国家吗？在皇族里人缘好的说，我是忽里台推选的，很合法。人缘不好但是老皇帝喜欢的就会说，我是先帝钦定的，当然我合法。于是就要吵，吵不出结果怎么办，就要打，于是每一次元朝皇帝的更替无不伴随着血雨腥风。这个王朝也在这些皇位争夺战中消耗了太多自己的实力，最终倒下了。

那你可能要问了，为什么元朝不出台解决这种矛盾的制度呢？比如像清朝一样，加强皇权，让议政王大臣会议寿终正寝就好了？问题是元朝的皇帝们，既不想也不能。先说说为什么不想，不想的原因很简单，元朝的皇帝汉化程度都比较低，远不能跟清朝的顺康雍乾相比，于是要他们完全放弃蒙古的制度他们做不到，可是，中原王朝的制度却又更加先进，要让他们完全按照蒙古制度来管理一个庞大的国家，恐怕继承制度会更乱，所以最好是蒙古的制度和中原的制度都用着，这就是不想的原因。那为什么不能呢？答案也很简单，因为元朝的皇帝都身兼两职，一个是元朝的皇帝，另一个是也克蒙古兀鲁思的大汗，是伊利汗国、钦察汗国等汗国的宗主、也是蒙古草原上诸王的大汗。那些蒙古汗王可完全没有汉化，要跟他们说不开忽里台会议了，老大汗指定一个就是新大汗了，这些人一定不承认。如果跟他们说新大汗打仗不行，但是文采出众、治国理政很有一套，估计这些人也不会承认这个新大汗。但是对于元朝皇帝这一重身份呢？你跟大臣说老皇帝死了，我们开个汉人忽里台会议吧，选个最能打仗的来做皇帝，估计大臣也是不同意的。蒙元皇帝的双重身份导致了在皇位继承上实行了双重制度。其实元代这种双重制度又何止体现在皇位继承上呢？

　　终于，皇位继承问题引发的血雨腥风换来了这个王朝的风雨飘摇，我们先在这节看看这种血雨腥风的原因，下节，我们再来慢慢闲话这种血雨腥风的表现。

十三、再话继承血雨风

上节说了元朝的皇位继承充满了血雨腥风的原因，现在我们要说说这种血雨腥风的表现了，不急，我们一个一个地说说各位元朝的皇帝是怎么即位的。

成吉思汗是开国皇帝，自然谈不上即位了，可是从成吉思汗的第二代起，这个问题就来了，谁来即位？成吉思汗有四个儿子，术赤、察合台、窝阔台和托雷。托金庸先生的福，托雷是四个儿子中家喻户晓的。大儿子术赤过不了忽里台这一关，为什么呢？我们前面讲过，成吉思汗的夫人曾经被人抢走过，成吉思汗又把她抢回来，可是抢回来不久，夫人就生下了术赤，所以谁也确定不了术赤是不是成吉思汗亲生的，术赤这个名字就是蒙古语客人的意思，把儿子叫作客人，可见成吉思汗也不太确定这个儿子是不是亲生的，于是成吉思汗在选继承人的时候只是问了术赤一句，你觉得谁来当合适，大家都觉得不应该问他，二弟察合台就和术赤打了起来，由此可知如果术赤继承是难孚众望的，而我们上一讲说过，蒙古大汗的即位，皇族内部的统一意见相当重要。二儿子察合台自己说自己人缘不好，想必也是事实，而且比较有自知之明，就主动放弃了皇位的继承，于是好了，现在剩下的两个儿子，术赤和察合台比较赞成窝阔台。蒙古帝国刚建国的时候，皇族内部有话语权的宗王还不太多，就是成吉思汗的四个儿子和四个弟弟有一定的话语权，四个儿子在西边，叫西道诸王，四个弟弟在东边，叫东道诸王。在这次皇族内部的妥协会议上，东道诸王没什么明确的立场，因为他们跟四个侄子关系差不多，西道诸王，两个支持窝阔台，窝阔台自己一定也是支持自己了，所以三比一，托雷也没什么可说的，于是，成吉思汗宣布以后大汗的位置是窝阔台的，可是偏偏成吉思汗要遵循幼子守灶的传统，大汗的位置是留给窝阔台了，但财产和军队就给托雷了。这下麻烦了，有名位的实权少，有实权的没名位。于是，成吉思汗一死，托雷就监国了，什么叫监国呢？就是现在没大汗，我说了算，为什么没大汗呢？成吉思汗不是指定了窝阔台了吗？没开忽里台会议前，不能算数。那为什么还不开？掌握最多实权的托雷，也是就本人还没准备好。于是窝阔台就干着急登不上位，托雷就暂时当了几年没有头衔的皇帝。好在建国初期，宗王们血缘关系还比较近，没有搞到兵戎相见，宗王们跟托雷聊一聊，总之不要让大汗位置空太久，反正你也只能当个空头的，当太久也没啥意思，还显得你小气。于是托雷召开了忽里台会议，当然，前提是窝阔台也保证了自己当大汗后，托雷的地位不会低。好了，窝阔台汗继位了，不过继位不久弟弟托雷就死了，怎么死的，有个故事说窝阔台汗病了，医生兼巫师说自己有一杯符水，只要大汗至亲的人喝了，大汗就没事了。大汗的至亲，和大汗血缘关系最近的就是亲弟弟托雷咯，于是托雷义不容辞喝了，结果大汗真没事了，可是托雷死了。

这是蒙古的第一次汗位传承，在这次里面有话语权的是，老大汗成吉思汗、西道诸王的妥协会议。结果是，矛盾重重，打了架、闹了别扭，汗位空了几年、死了一个宗王。当然这跟后面比真是小巫见大巫了。

窝阔台汗在位几年后去世了，窝阔台汗指定自己的孙子失烈门继承汗位，可是这次指定之后大汗说了不算了，谁说了算？大汗的老婆，作为太后的脱列哥那不喜欢孙子失烈门，而是更喜欢长子贵由，那怎么办？我喜欢贵由，死去的大汗喜欢失烈门，这是一比一呀，那怎么能让贵由胜出呢？没关系，能起作用的还有皇族内部会议忽里台，于是贵由去拉拢一下察合台汗国的诸王，我来联系一下东道诸王，这样就可以搞定忽里台会议了，那时候就是二比一，贵由就可以当大汗了，可是贵由拉拢察合台诸王的时候汗位空着怎么办呢？没关系，既然托雷可以监国，我也可以，好了，脱列哥那皇后开始监国了，但是这期间有个人坐不住了，这个人是成吉思汗的弟弟，斡惕赤斤。这人一想，我哥哥当完大汗我侄子当，现在我侄子当完我侄孙子当，为什么我不能当？况且我也有优势，我的优势是什么？武功高，这也是当大汗的一个条件呀，好，既然你们都不召开忽里台会议，那我先把你们都打败了，你们都被打败了，到时候其他贵族只能支持我，这样我就占了武功高和皇族内部支持两票，于是，斡惕赤斤起兵了。对待自己这位叔叔的武力，脱列哥那没有办法，只能先拖延时间了，于是派人去抚慰这位叔叔，晓之以理动之以情。正在此时，贵由回来了，而且是取得了西征的胜利和察合台的诸王的支持，形势突然逆转了，自己原来可以依仗的武功好像和贵由的西征武功比也没什么优势，再加上武力上，西征回来的将士也不好惹，于是斡惕赤斤迅速说，我后悔了，我不起兵了。迅速回到了自己的领地去闭门思过了，这时候的贵由没时间管自己的这位不安分的叔爷爷，因为现在自己的对手主要是侄子失烈门，一作对比，失烈门的优势是有先皇的指定，自己的优势是，受忽里台会议会支持，自己西征的武功高于失烈门，自己有太后的支持，三比一。于是贵由当了大汗。

在这第二次皇位的更迭中，有发言权的人，包括先皇窝阔台（可惜没起作用），皇后脱列哥那、忽里台会议，此外，蒙古人崇拜的武功也是这次皇位更迭中起重要作用的因素。结果是，先皇指定的失烈门没当上大汗，不过想到自己是先皇指定的大汗，可惜没当上，你觉得失烈门是什么心情，这无疑又制造了一项内部矛盾，这次不光吵吵架、打打架了，还动了刀兵，有人起兵争夺王位了，虽然这次战争规模不大，但还是上升到了战争的层面，顺便说一下，那位起兵的大汗的叔爷爷斡惕赤斤在贵由汗坐稳了皇位之后就被杀掉了，这次皇位继承，比上次，血流得多了些。

贵由汗在位的时候想干一件事，就是把不支持他的，术赤汗国的大汗拔都搞掉，于是就秘密踏上了西征拔都的路。虽说是秘密，可是托雷的妻子唆鲁禾帖尼知道了，大汗的这位婶婶马上让自己的儿子蒙哥去通知拔都，拔都得到这个消息以后马上投入战斗状态，并且深深地感谢唆鲁禾帖尼的帮助，要不然自己岂不是被瓮中捉鳖了？可是这位贵由汗也是不幸运，走到半路竟然病逝了，而且没来得及说谁来当大汗。

这下又到了皇位继承的关键时候了，贵由的皇后海迷失当然有发言权，她主张确立失烈门，毕竟先皇虽然没有主张可是先先皇有啊，这样失烈门就有了一票，但是另外重要的一票就是忽里台会议了，唆鲁禾帖尼，这个女人不寻常，在贵由汗在位的时候就偷偷笼络好了几位有实权的大将，注意，从这个时候起，有军权的蒙古大将也加入了忽里台会议的议程，和东道诸王，当然西道诸王里的拔都也是全力赞成唆鲁禾帖尼的儿子蒙哥的。察合台宗王和窝阔台宗王当然是反对的，不过在忽里台会议上是少数，少数只能服从多数，另外就武力而言，蒙哥也是参与过西征的，比失烈门的军功强一些。这样，失烈门有太后指定，一票，蒙哥有军功和武力，一票。唆鲁禾帖尼的外交显然比海迷失皇后的外交做得好一些，于是忽里台的关键一票投给了蒙哥，于是，蒙哥当上了大汗。你以为这一次就尘埃落定了？没这么简单。

失烈门一听大汗又不是自己的，生气了，第一次就该是我的，结果被我大爷抢走了，这回又该是我的了吧，结果被我堂叔抢走了，这怎么能咽下这口气，于是决定，暗杀！

暗杀的计划是，在蒙哥刚当上大汗庆功的时候，闯进大帐，杀死大汗。计划是挺缜密的，蒙哥也确实没有防备失烈门会暗杀他，于是放心地与支持他的皇族庆功，可是失烈门的暗杀计划在实施中出了意外。

这个意外是一个名叫克薛杰的人引发的，这个克薛杰是个蒙哥汗的养鹰人，这天晚上，养鹰人回到家发现自己家的骆驼丢了一只，于是本该睡觉的他大晚上出去找骆驼，结果碰到了一些人赶着大车往大汗的营地走去，说来也巧，有一辆车坏在了路边，有一个小孩在看车，克薛杰是个热心人，于是过去帮着修车，小孩还以为克薛杰是他们的人，于是与克薛杰聊了起来，克薛杰于是问，车里装的是什么？小孩随口说，跟别的车一样，都是武器。都是武器？！估计克薛杰当时脑袋嗡地就大了，大晚上，这么多车武器运往大汗的宫帐，去干吗？不言而喻。但是这个养鹰人挺冷静，假装什么也没发生，帮着小孩修好车，然后找了条小路迅速赶回宫帐把这件事告诉了蒙哥。

后来的事情就不用说了，做好了准备的蒙哥一网打尽了背叛者，然后召开了一次给全国人民直播的公审，审判的结果是有七十七名皇族和贵族被处以死刑。这次公审完备后，这次皇位继承才顺利完成。

好了，现在看看主导这次皇位更迭的人和事，包括皇后海迷失，忽里台的诸王和勋贵们，被认可的武功。结果是，诸王的矛盾更深了，虽然最后妥协出了结果，不过会议开得时间很长，基本上分成两派，会议开完，一场阴谋的暗杀和一场轰动的审判，以及一次血腥的刑戮为这次皇位更迭大戏画上了句号，不过这次更迭，让察合台诸王和窝阔台诸王与大汗的矛盾变深了，这次更替虽然没有引发战争，但暗流汹涌得有些可怖。

蒙哥大汗在位的时候几个弟弟都很有能力，但是能力的表现却各不相同，忽必烈很善于管理汉地，因为忽必烈很早的时候就在身边聚集了一群汉族文人武将，这就是著名的金莲川幕府，所以蒙哥让忽必烈去管理漠南汉地。旭烈兀绝对继承了祖父成吉思汗的血统，在战争上表现出了惊人的天赋，旭烈兀征服的最远的地方达到了今天的匈牙利，主要的根据地在今天的伊拉克的巴格达。然后在那里得到了伊尔汗的册封，做起也克蒙古兀鲁斯的附属国伊尔汗国的实际统治者。最小的弟弟阿里不哥，却是极善于外交，本来蒙哥汗登上汗位以后，察合台汗国和窝阔台汗国已然跟蒙哥大汗产生了极大的裂隙，可是这两个汗国却跟阿里不哥关系极佳，似乎忘了阿里不哥也是托雷的儿子、蒙哥的亲弟弟一样。这就是蒙哥汗的三个强势的弟弟，一个善于理政、一个长于军事、一个善于外交。

当然，不能不说，蒙哥汗自己的能力也是很卓著的，当上大汗之后迅速地坐稳了自己的位置，就开始继续蒙古帝国的征服事业了。可是这个事业刚刚开始，蒙哥汗就遭遇了不幸，他在攻打南宋的钓鱼城的时候突然死了，究竟是怎么死的，历史上众说纷纭，有说是水土不服病死的，有说是被南宋的炮击中而死的，也有说是被击中然后得病病死的，金庸先生写个故事说是被杨过打死的。当然，这个历史谜案我们就不探究了，总之蒙哥汗是死了。这不，皇位继承的问题又出现了。

这时，蒙哥汗没来得及指定接班人，蒙哥汗的妈妈，那位伟大的女性唆鲁禾帖尼也已经去世了，蒙哥汗的妻子也先于蒙哥汗去世了，也就是说，先皇、太后、太皇太后都没什么发言。那么现在起决定作用的就是武力军功和忽里台会议了。

蒙哥的儿子们还小，显然不适合做大汗，我们上节分析过，要是中原王朝，宗法制明确，儿子再小也得是儿子当，大不了找个人辅政嘛！不过蒙古可不这样想，大汗嘛，要能继续成吉思汗的事业，小孩怎么行，蒙哥的儿子太小，可是弟弟牛啊，那就在弟弟里面选吧。

现在对比一下三个弟弟，首先说说旭烈兀，这位弟弟可是军功卓著，武力强悍，要是他来参与竞争，必然很有说服力，可是旭烈兀在中东地区做大汗做得很舒服，不愿意回来，于是主动放弃了竞争。现在竞争就在忽必烈和阿里不哥之间展开了。忽必烈有什么优势呢？相比于从未离开过斡耳朵的阿里不哥，忽必烈是有军功的，毕竟忽必烈灭了大理。阿里不哥有什么优势呢？阿里不哥是小儿子，按照幼子守灶的制度，阿里不哥继承了大部分家业，实力雄厚，就差一个大汗的头衔。好了，又是一个一比一平，那么现在关键的就是忽里台会议了。

忽必烈有什么打算呢？两步走，第一步，稳固优势。自己的优势是军功，要让这个优势更大一点儿，此时的忽必烈正在攻打南宋的鄂州，忽必烈是想自己先打下鄂州，这样自己就完成了蒙哥汗未完成的使命。第二步，带着这份光荣，去联络诸位宗王，求得支持，召开忽里台会议。

阿里不哥是什么打算呢？就一步，自己现在和忽必烈是一比一，只要争取到忽里台会议的支持，自己就可以当大汗了，于是，马上去联络西道诸王，并且这时候阿里不哥展现了一个外交官的眼光，西道诸王为什么要支持他呢？他比忽必烈有什么更值得支持的呢？有！他更爱蒙古祖制，汉化得少，西道诸王都远离汉地，要是告诉他们忽必烈被汉化了，这些附属汗国的大汗们怎么可能支持一个汉化的蒙古人，而不支持一个纯纯的蒙古人呢？确定了既定方针，阿里不哥开始行动了。这次外交斡旋非常成功，西道诸王，钦察汗国、窝阔台汗国、察合台汗国一致拥护阿里不哥。

留在草原的忽必烈的妻子察必着急了，鄂州那么难打，忽必烈的计划僵持在第一步前进不了了。而阿里不哥已经顺利地得到了西道诸王的支持，再要是晚了，忽里台大会一开，忽必烈就没有希望了，于是察必赶紧派人联系忽必烈。忽必烈接到消息，大惊失色，形势一下子从一比一变成一比一点五了，忽里台有一半人支持阿里不哥了。于是忽必烈迅速派人和南宋议和，正好南宋的贾似道巴不得赶紧不要打仗了，于是双方议和了，这次议和的结果是南宋向蒙古帝国割地赔款。这样忽必烈虽然没办法说自己完全打了胜仗，但总算是个胜仗，对于割地赔款嘛。这个贾似道赶紧向南宋的皇帝汇报，不过汇报内容隐去了割地赔款一项，就说自己凭着三寸不烂之舌吓退了忽必烈的雄兵，这还了得，人才啊！于是，贾似道当上了南宋的宰相。

再说忽必烈回到今天的内蒙古的时候，阿里不哥已然召开了忽里台会议，西道诸王共同拥护阿里不哥当了大汗。忽必烈一看，这还了得，自己还没动已经输了？仔细一想，还有一线生机，虽然忽里台会议开了，可是忽里台不应该是全部皇族都参加才算数吗？东道诸王可没参加呀，自己的弟弟旭烈兀也没参加，好！你能办忽里台，我也可以。于是忽必烈邀请东道诸王和弟弟旭烈兀参加了自己的忽里台，这样的忽里台自然推戴忽必烈为大汗。

蒙古帝国出现了两个大汗，两个人二比二，忽必烈有战功、有东道诸王的忽里台推荐。阿里不哥有祖制、有西道诸王的推荐，怎么办？只有打了！于是忽必烈和阿里不哥兵戎相见了，这一打就是五年，由于是场消耗战，忽必烈所在的汉地给养丰富，忽必烈自然取得了胜利，阿里不哥投降，忽必烈把他软禁起来，一年后阿里不哥死了，怎么死的？不得而知。这次皇位继承才尘埃落定。

看看主导这次大汗继承的因素：军功武力、幼子守灶、忽里台会议。可惜忽里台还分裂了。这次传位的结果呢？表面上看，引发了一场旷日持久的战争，血流成河，阿里不哥兵败身死。深层次呢？是汉化多一点儿的东道诸王和不愿意汉化的西道诸王彻底决裂，从阿里不哥死了的那一刻起，其实也客蒙古兀鲁思名存实亡了，东边的这部分变成了慢慢有些汉化的元朝，西边的部分变成了几个慢慢有些伊斯兰化的汗国。如果说前几次传位是疾风暴雨，这一次无疑是龙卷风了，如果前几次是个小地震，在蒙古诸王之间震出点小裂纹，这次简直就是七级以上的巨大地震了，在中原的元王朝和西道的诸汗国之间直接震出一道不可逾越的鸿沟。

不过这次忽必烈和阿里不哥的战争还有另一层好玩的内涵，那就是两个世界性的文明，伊斯兰文明和中华文明交汇了，也许，这是另一个怛罗斯之战。具体关于这场战争，我们在后面的一节说。

忽必烈应该说是元朝诸皇帝里面比较积极使用汉法的，因为自己已然失去了西道诸王的支持，根据地在中原汉地，所以对汉法感情自然好些，于是忽必烈准备采取汉法实现一次继承，选择了自己的长子真金，立为皇太子。这似乎准备放弃草原上的习俗，完全承袭中原王朝了，嫡长子继承制，皇位的继承老皇帝说了算。可是这一打算落空了，因为真金太子在忽必烈之前就去世了，也许是老年丧子的打击，让忽必烈消沉了，也许是始终难取得西道诸王的支持，让忽必烈颓唐了，也许是创造一个蒙、藏、汉、回四法兼用的稳定帝国的计划失败，让忽必烈沮丧了。总之，太子死后忽必烈开始酗酒，暴饮暴食，体重的迅速增加伴随着疾病的增加，而忽必烈似乎也没有打算再立个新太子，任由事情发展吧，他把真金的两个儿子派去北方与叛乱的西道诸王之一的海都作战，当然这是为了增加两个儿子的军功和武力，显然忽必烈比较属意这两个孙子即位，但是既没给其中任何一个明确的说法，也没给其中一个以任何的暗示，就这样不明不白的，忽必烈走完了他 79 年的人生，当然不得不说，他在古代帝王里算是长寿的了。

又一次到了元王朝的皇位继承，这次能参与这场竞争的是忽必烈的两个孙子，也就是真金太子的两个儿子，这两个皇孙在海都叛乱的时候进入忽必烈北方军事布局，这个布局就是让北安王那木罕总领北方军区的所有民政后勤事务，然后将北方军区一分为二，一个是西北军区，由长孙甘麻剌任司令，另一个是东北军区，有最小嫡孙的孙子铁穆耳任司令，当然忽必烈还有一个嫡孙，不大不小中间的答剌麻八剌，不过对这个孙子忽必烈似乎并不是很喜欢，所以也没给他什么职务，不过这个人的儿子在后面不久就会登上历史舞台，当然现在先不说。

忽必烈去世了，甘麻剌和铁穆耳就纷纷离开工作岗位返回大都了。谁来继承皇位成了个问题，甘麻剌说，我有军功，我是西北军区司令，铁穆耳说，我也有，我是东北军区司令，好了，一比一平，甘麻剌说，我是嫡长孙，按照中原王朝的规矩不应该是嫡长孙继承么？铁穆耳说，我是最小的孙子，按照我们蒙古的规矩，难道不应该是幼子守灶么？二比二平。这时候大家别忘了元王朝的特点，太后也有发言权啊，忽里台也有发言权，可是这时候的忽里台上已经没有了西道诸王的影子，为了弥补这个问题，忽必烈生前指定了几个辅政大臣，这些人可以进入忽里台会议。那么现在忽里台的会议就由太后、辅政大臣和东道诸王中剩下的人参加了，注意这里为什么要说东道诸王剩下的人呢？因为忽必烈在位期间，东道诸王当中有几个人叛乱了，当然被忽必烈一一削平了，现在东道诸王的数量大大减少了。

现在的太后就是太子真金的母亲阔阔真，也是两位继承人候选人的亲妈，阔阔真比较喜欢小儿子，想让小儿子即位，可是都是自己的儿子，说出这句话比较难，于是阔阔真想了一个办法，甘麻剌有些口吃，铁穆耳的口才比较好，忽里台大会一开始，阔阔真就说了，哎呀，我看呀，要当皇帝么，总要很熟悉太祖的祖训吧，你们俩既然互不相让，那么谁能把成吉思汗的扎撒背出来谁就当皇帝吧。口才好的小儿子铁穆耳当然没问题啦，一口气流利地背出了扎撒，甘麻剌就比较窘迫了，本来就口吃，一着急更严重，自然就坑坑巴巴背不出来，忽里台会议的参加者们一看，哦，似乎按照太后的评价标准，铁穆耳胜出了，那我们就投铁穆耳一票吧。于是忽里台会议支持了铁穆耳，三比二，铁穆耳胜出。但是甘麻剌心里不爽了，这不是耍我吗？知道我口吃还让我背扎撒，我不服！甘麻剌一表示异议，参加忽里台的三位忽必烈指定的辅政大臣不爽了，怎么？你不服忽里台，于是大臣伯颜，注意这位是那个平宋的功臣伯颜，不是前面说的权臣，拔出剑说，忽里台是我们祖宗留下的，怎么着，晋王你不服？玉昔帖木儿也说，你看其实忽必烈是更喜欢你弟弟的，你爸生前的皇太子宝你有吗？你爷爷给了你弟弟保存，不就是让他即位吗？你就不要挣扎了。甘麻剌想想也是，于是只好翻身下拜，铁穆耳继承了皇位，元成宗诞生了。

这次皇位继承中，有影响力的是太后阔阔真、军功武力、蒙古旧制、汉地新法和忽里台会议，这次即位较前几次平和了不少，似乎没有出现流血事件，不过事情的表象和背后总有些出入，虽然甘麻剌表面上是服从了，不过心里呢？一定是满怀怨恨，这种怨恨被他的子孙继承了，为以后的流血事件种下了种子。另外还有一点值得注意，这次忽里台发生了本质的变化，原来忽里台上最有发言权的是那些也克蒙古兀鲁思的附属国的汗王们，也就是东道和西道的诸王，现在，西道诸王不玩了，东道诸王太弱了，实际左右忽里台的人是那些手握重兵的权臣，中原王朝能给大臣的最高权限：废立之权，在元朝，通过忽里台会议的形式，变得合法化并且常态化了。

成宗铁穆耳在位13年，活了42岁就去世了，成宗本来打算像他祖父忽必烈一样立个太子，结果太子却也先他而去，这样成宗死的时候没有儿子，成宗也没有指定继承人。在这样的情况下，诸王开始蠢蠢欲动了，大家的机会来了。此时有发言权的，当然第一是成宗的皇后卜鲁罕，卜鲁罕想了想选择了成宗的堂弟阿南达，这个阿南达是真金太子弟弟的儿子，一直在西北军中，有一些军功和军事影响力，可以说是个继承皇位的人选，至少现在已经占了两票，一票是太后支持，一票是有些军功，有这么两票的情况下本来可以比较顺利地当皇帝了。可是在成宗朝就已经出现的权臣可以参加忽里台的情况给阿南达的继承造成了障碍，主持忽里台会议的是权臣哈剌哈孙，哈剌哈孙可不希望阿南达继承，要找一个可以抗衡他的人来阻止他，谁合适呢？哈刺哈孙的目光注意到了远在塞北的海山。

这个海山是谁呢？记得我们前面讲元成宗的时候说过，成宗铁穆耳和他的大哥甘麻刺争夺皇位，可是铁穆耳还有个二哥，这人叫作答刺麻八刺，这个答刺麻八刺去世很早，没有机会加入这场争夺战，但正因为这样，成宗铁穆耳当上皇帝后，对自己这位死得很是时候，不给他添麻烦的二哥的家人特别好，而且自己的儿子英年早逝，二哥的两个儿子海山和爱育黎拔力八达倒是生得很有才能，成宗不禁对这两个亲侄子产生了对儿子一样的感情。

正好自己回来当皇帝了，这个东北军区的司令员空缺，换了好几个都干不好，海山侄子去试试吧，一试，嘿！还真灵，海山干得风生水起，屡立战功。成宗真是大加赞赏。

哈刺哈孙一看，你看，海山合适吧，论军功不次于阿南达，另外阿南达有皇太后支持，海山还有先皇的喜爱的，勉强占个二比二平，可是要是开个忽里台，有胜算吗？参加忽里台的人一半是我的人，一半是太后的人，这个忽里台开了就是二点五比二点五呀，还是难分胜负啊，这怎么办呢？有了！他阿南达是孤军奋战，没有内应，我选的海山可是有的，海山的弟弟爱育黎拔力八达就在大都，可以里应外合威逼太后就范。计议已定，哈刺哈孙在召开忽里台会议前就先向海山和爱育黎拔力八达兄弟发出邀请。两兄弟一看，好呀！干一票大的，于是海山领着三万蒙古铁骑直奔大都，军事威逼，爱育黎拔力八达利用自己皇侄的身份，哈刺哈孙利用自己右丞相的职务，海山和爱育黎拔力八达的母亲答己利用自己先皇嫂子的影响，迅速控制了大都的卫戍部队。皇太后一看，哟呵，外有海山的大军，内有爱育黎拔力八达控制着京畿卫戍，哈刺哈孙控制着民政大权，自己看来是没什么胜利的希望了。为了自己的堂小叔子阿南达把自己的命丢了不合适，于是迅速转变态度说，哎呀，成宗一直是喜欢海山的，我也是，全力支持海山即位！一场政变之后，形势逆转，阿南达退出了皇帝的竞争，皇位该是海山得了吧？结果却并没有这么明朗。

在大都的答己现在成了皇太后了，因为皇帝要在海山和爱育黎拔力八达中产生了，这两个都是亲儿子，可是答己太后似乎觉得还是有区别，她更喜欢小儿子爱育黎拔力八达，于是找了个算卦的，来说她大儿子命不长。当妈的找人算这种卦，想想也是挺奇特的，既然你命不长不如让你弟弟当皇帝。海山一听生气了，什么玩意！我带着兵进城才逼得阿南达退出，怎么现在不让我当了？不行！我要当皇帝！

完了，现在又僵持住了，按照蒙古制度，幼子守灶，即位的自然是爱育黎拔力八达。按照中原王朝的制度，长子继承，即位的自然是海山。按照太后的意思，自然是爱育黎拔力八达即位。要是论起军功武力自然是海山。要是开忽里台，这次一半人是答己太后的，一半人是哈剌哈孙的，答己太后属意爱育黎拔力八达，哈剌哈孙更看好海山，还是难分胜负。这怎么办？不能再来一场政变吧？结果哈剌哈孙出面了，我说，大家别为难了，这个太后你不是说海山命不长吗？既然命不长，就先让他当两年，等他死了给他弟弟不就好了？太后一想，也对，就这么办吧！于是海山当了皇帝，然后立自己的弟弟爱育黎拔力八达为皇太子，其实放在中原王朝应该叫皇太弟，不过既然两位当事人觉得太子之称并无不妥，那就称太子吧。答己如愿当上了皇太后，而且下一任皇帝上任之后，她也是皇太后，可以说是连任皇太后。哈剌哈孙也继续当自己的右丞相。这次皇位继承似乎平静了不少，不过大都内有政变，外有强兵，虽然没有大规模流血，不过想想那几日大都的老百姓也一定过了一段担惊受怕的日子。

武宗海山真的像他母亲预言的那样没活长，活了30岁就去世了，当了四年的皇帝，留下一个"三滥"的名声。什么叫三滥，滥行赏赐、滥授官职、滥授爵位。总之就是宽纵的老好人，当然这么"滥"，官员王爵倒是舒服了，百姓的赋税可就重了，而且政府机构也变臃肿了，不过四年后，海山一死，他弟弟爱育黎拔力八达继位了，这次即位可以说是目前来讲最顺利的一次了，因为先皇指定、太后赞成、军功也有、幼子守灶。总之爱育黎拔力八达没有经过什么动荡就当上了皇帝，这就是元仁宗。

仁宗皇帝可以说是按照汉法继承皇位的，完全符合立储制度，兄终弟及，这可是中原汉地的做法，相应的，这位皇帝也汉化比较深，可以说是元朝皇帝里汉化最深的。积极推行汉法，推崇儒学，恢复了科举，然后，这位汉化的皇帝也准备按照中原汉地的方法传位，什么忽里台，军功，太后，统统不算数，我立我的长子当太子，将来就是皇帝。

仁宗去世以后，自己的儿子硕德八剌继位了，可是这次即位让所有人不满了，权臣贵族们想，怎么没有经过忽里台同意就继位了，我们的发言权呢？武宗的旧部想，咦？不是兄终弟及么？那不是应该传回给武宗的儿子么？怎么仁宗自己的儿子当皇帝了。好了，一场大暴风雨酝酿起来了。

英宗的即位本身就让蒙古贵族们很不满，结果英宗的作为让蒙古贵族们更加不满，英宗上台后就开始推行他的新政，所谓的新政就是在仁宗汉化的基础上进一步汉化，仁宗不是开始科举了吗？英宗就大量地任用儒臣，儒臣上来干活了，蒙古官员没事干了，怎么办？回家去吧。这还了得，你硕德八剌本身就不是这些贵族推选的，你一上台就让这些贵族回家，不满的阴云瞬间笼罩在所有蒙古勋贵权臣的头顶上。

在英宗当皇帝的第三年八月的一天，英宗按照祖制去上都巡幸完，准备回到大都，当夜天色已晚，英宗就驻跸在南坡这个地方。当晚，英宗一定想不到他的御史大夫铁失和知枢密院事也先帖木儿以及大司农失秃儿和一帮被他贬斥的蒙古勋贵正在等待这样一个前不着村后不着店的夜晚。就在南坡的密林里，政变发生了，政变的形式相当简单粗暴，就是铁失直接闯进英宗的营帐，将英宗杀了，这就是南坡之变。南坡之变有两个后果，一个是之后的元朝皇帝在汉化上变得缩手缩脚了，是呀，谁想到英宗的故事不会心有余悸？第二个是，皇位之争变得更加激烈。

　　铁失他们杀了英宗，这种事在中原王朝不论出于什么原因都是大逆不道、以臣弑君啊，可是铁失却一点儿也不怕，为啥？铁失心想：立新皇帝可是忽里台说了算，现在诸王都支持我，那么忽里台上让谁继承皇位不也是我说了算么？但是要想想了，让谁即位才能不追究我的责任呢？咦！有了，让甘麻剌的儿子，当年甘麻剌因为口吃输给了弟弟铁穆耳，没当上皇帝，心里不是一直怨恨铁穆耳吗？结果铁穆耳死了，明明没有儿子，却把皇位给了自己二哥的两个儿子，甘麻剌的儿子却没有得到任何好处，这一代代的，甘麻剌的子孙不应该一直恨着自己的堂兄弟吗？现在我把英宗杀了，替他们出了口恶气，又把皇位拱手送给他们，他们没道理不对我感恩戴德呀！而且别人继承皇位都有些顺理成章，不一定会念着我的好，可是甘麻剌的子孙离皇位原本很远，给他们这么大的惊喜，他们不感激吗？最后，甘麻剌家族在大都里面势力小，让他们家人来当皇帝，容易控制。就这么办。

　　于是铁失迎接在西北当军区司令的甘麻剌的儿子也孙铁木儿回来当皇帝。也孙铁木儿是甘麻剌的儿子，是海山和爱育黎拔力八达的堂哥，是英宗硕德八剌的大爷，这个大爷继承自己侄子的皇位，总觉得怪怪的，于是他要写一封诏书，表明一下自己为什么当皇帝呢？为什么呢？这位蒙古皇帝说得倒是极简单，用的都是大白话：我是忽必烈的嫡重孙，真金太子的嫡孙，甘麻剌的儿子，我有军队，有钱，结果我叔叔，堂弟，侄子轮流当皇帝，我也没啥意见，还是安分地做臣子，这你们都是有目共睹的，谁知道我侄子升天了吗，诸位宗王也觉得没人当皇帝哪能行，我血统最高贵嘛，大家都让我做皇帝嘛，哥哥弟弟侄子们也没有个来跟我争位置的，那就我做吧！

　　铁失看到也孙铁木儿当了皇帝，心里高兴了，这下我该加官晋爵了吧，谁知道这个如意算盘打错了，也孙铁木儿一当皇帝，马上下旨，谁杀了我侄子，反了你们了，再怎么说那也是我侄子，弑君者一律处死，家产全部籍没，子孙也都杀了。铁失万万没想到，偷鸡不成蚀把米，不但没有荣华富贵，还身死族灭，不过历来政治上的投机分子都没有好下场，尤其为了投机还犯罪的人，更应如此，不过这位莽汉铁失应该没怎么读过历史吧。

也孙铁木儿是从西北草原回来的，跟蒙古本部和西北的各个汗国的联系比跟中原的宗主国要紧密许多，于是一上台，什么汉化，大部分不要，蒙古贵族的势力大大抬头了。不过有些东西还是要的，比如仁宗、英宗留下来的汉族大臣还是要善待的，不然这些人写文章骂我可不好，最重要的是太子制度比较好，这样可以保证我儿子，并且是我喜欢的儿子继承我的位置。于是也孙铁木儿立自己的儿子阿速吉八为太子，这时候的也孙铁木儿想，这回传位一定是稳定的吧？我已经笼络好了蒙古宗王，忽里台上他们一定支持我儿子，我也预先立了太子，从蒙古法、汉法，都应该是我儿子当皇帝了吧。不过事情总是难以预料的，原本以为是最稳定的一次，却成了元朝历史上最不稳定的一次。

在当了五年皇帝之后，也孙铁木儿在上都去世了，他的儿子阿速吉八在左丞相倒拉沙的拥护下即皇帝位，可是这时候在大都的右丞相燕帖木儿却是明武宗海山的旧部，这个人心里念着跟随武宗南征北战的情谊，当然还有武宗对他的宠幸，这时候突然说，不对呀，这个武宗海山和文宗爱育黎拔力八达是约好了兄终弟及的，结果弟弟死了怎么没把皇位还给哥哥的儿子而是给了自己的儿子？给就给吧，那英宗死了总要把皇位还给他堂哥吧？怎么也没有呢？哪里八竿子打不着冒出个堂伯即位，我看不对，也孙铁木儿即位就不合法，他儿子即位就更不合法，我看还是让海山的儿子来即位吧！倒拉沙一听，气就不打一处来，呵呵，你觉得也孙铁木儿即位就不合理你当时说呀，你当时装得挺像，现在说不合理了，我看你才不合理。

左丞相和右丞相僵持不下怎么办呢？只有打仗了，又一次争夺帝位的战争爆发了，这就是两都之战。

后面的事情我们在伯颜一节说过了，伯颜带着海山的小儿子图帖睦尔从湖北向北走，海山的大儿子和世瓎带兵从南往北走，两面夹击，战胜了阿速吉八和倒拉沙，阿速吉八战后失踪了，倒拉沙被杀了，然后和世瓎和图帖睦尔又开始为了谁当皇帝而争执不下，图帖睦尔考虑自己实力弱，就假意让哥哥当，当然在哥哥刚即位的时候毒死了哥哥和世瓎自己当了皇帝。

这次皇位继承发生了两次战争。一次是阿速吉八对和世瓎、图帖睦尔兄弟的两都之战，一次是和世瓎和图帖睦尔之间的半冷半热的战争，战争持续一年多，死伤无数，国力耗费，生灵涂炭自然是不必说的。但是还有另外一项重大的意义。元朝在皇位继承问题上发生了两次大战，一次是阿里不哥和忽必烈的汗位争夺战，另一次是这次的两都之战。阿里不哥和忽必烈的战争的结果是蒙古的西道诸王、察合台汗国、窝阔台汗国、钦察汗国跟东道诸王和漠南的蒙古决裂了。也克蒙古兀鲁思一分为二。而这次两都之战，是让漠北和西北的蒙古诸王与中原的元王朝决裂了，蒙古再次一分为三。所以到了清朝，其实再也找不到统一的蒙古了，中东有一批伊斯兰化的蒙古人、中国有漠北蒙古、漠西蒙古、漠南蒙古。这道分水岭，在这两次皇位争夺战中就划定了。

再后来发生的事，前文也是叙述过的，文宗图帖睦尔去世时良心发现，要求确立被自己毒死的哥哥的儿子即位，而哥哥有两个儿子妥懽帖睦尔和懿璘质班。有发言权的太后要求秉承文宗意志，在这两人里选，燕帖木儿想控制皇帝，利用忽里台和幼子守灶的制度，确立了小儿子懿璘质班，当然懿璘质班幼年早殇，妥懽帖睦尔继位了，这就是元朝最后一个皇帝元顺帝，在他之后元朝便没有了，我们自然也就对他的继承问题不做讨论了，不过值得注意的是，元顺帝在活着的时候就和儿子搞得乌烟瘴气，关于这一点，我们在讲元顺帝的一节中再细细说。

到此，我们把元朝关于皇位继承的故事都说了一遍，元朝短短一百年，每次一到皇位继承时就血雨腥风，这些血雨腥风使当年骁勇的马背民族彻底分裂，治国政策彻底混乱，国力大量消耗、锐气顿减、疲态环生。可见一个稳定的继承制度对一个封建王朝的影响是多么重要。最怕的就是杂糅，杂糅了氏族部落元素和封建王朝元素的混合版继承制度自然带不来稳定的政权更迭。当然封建帝国如是，其他政体亦如是。

十四、闲话元朝士大夫

　　士，一个特殊的阶层，是统治阶层的最底层也是被统治阶层的最高层，生活在统治阶层与被统治阶层的夹缝中。在中国先秦时代，确切地说是周朝，在分封制度下，统治阶层是由天子、诸侯、大夫、士所组成的。士是中国特有的吗？显然不是，只要是在分封制度下，就会有士的存在，比如中世纪的欧洲，分封的体系也是国王、诸侯、士，日本的分封体系是天皇、将军、大名、士。看来封建制度下都会有士，这个士还都在平民之上，可是这个士在各个体系中却又有差别，差别是什么呢？我们先来闲话。

　　士就是一种底层贵族，没有丰厚的家产，没有深厚的背景，但是有本事，靠着自己的本事和能力替上层贵族效力来得到名声、财富和更高的地位。这一点各国是共通的。可是士究竟靠什么本事来效力呢？中世纪的欧洲比较简单，靠的是忠诚于基督教和领主的品格和自己的作战能力，所以他们叫作骑士。日本的士靠什么呢？靠的是忠诚于武士道和领主的品格和自己的武力，所以他们叫作武士。那么中国的士是什么样呢？中国有点儿复杂，易中天先生曾经专门撰文分析过，这里可以引用一下。中国的士在先秦有各种各样的，比如儒家的孔子是个儒士、道家的庄子是个隐士、墨家的墨子是个侠士、法家的申不害是个谋士、还有一些术士、武士、兵士。

这些士遵从的理念不一样，为统治阶层效力的能力也不同。可是秦朝统一、汉朝独尊之后，这些士就慢慢地变了，侠士肯定是被打击了，隐士当然不能提倡。于是渐渐地中国的士开始统一了，都成了文士，这些士靠着自己对道德和皇帝的忠诚和自己治国理政的能力效忠于某个王朝。

好了，现在可以总结一下了，在欧洲，士是骑士，效忠领主和宗教，能力是作战能力。在日本，士是武士，效忠领主和武士道精神，能力是武力。在中国，士是文士，效忠皇帝和传统道德，能力是治世能力。

可是元朝又不一样了，元朝没有开科举呀，没了这个途经自然不好选拔文士。于是元朝开始了自己的"仕途"。首先，文士还是要的，既然没有科举了，怎么办？靠名气嘛，只要你有大名气，出了很多书，教了很多学生，然后有自己的学术成果，皇帝就任用你，像许衡一类的大儒就是这样开始仕途的。可是这样找到的文士还是太少了呀，科举考试可以保证文士源源不断地来，你这样偶尔找几个名气大的，肯定不够啊？怎么办？元朝皇帝靠骑士来弥补。

蒙古族作为一个马背上的民族，自然也对骑士情有独钟，于是，元朝也有自己的骑士团。这就是怯薛军。怯薛军的开始就是皇帝的禁卫军和宫廷侍卫，成吉思汗组建了自己的万人怯薛，交给自己最信任的四个将领领导，然后轮流宿卫大汗。但是怯薛可不是谁想当就可以当的，是所有蒙古贵族送一个儿子作为质子来当怯薛，这就赋予了怯薛贵族的血统，然后因为跟在大汗身边，打仗时作为精锐官兵，直接为大汗效力，自然就容易立功，容易立功自然也就容易晋升，再加上容易被大汗注意到，自然就更容易晋升。再再加上都是青年，属于国家青年预备干部，自然前途无量。后来大汗发现这么大一支常备军仅仅用来保护自己的安全，在没有战争的时候可是有点浪费，那么就来充当宫廷服务人员吧，就叫怯薛歹，比如管理大汗的马匹、鹰，管理大汗的食宿，等等。再到后来，随着元朝的建立，皇帝忽然发现国家管理需要人才啊，这个文士又跟不上，怎么办？咦，自己身边有这么多忠诚的青年才俊，很好！他们可以用，于是怯薛里职位比较高的自然晋升为皇帝的机要秘书，这些机要秘书参与所有国家大政方针的谋划，一旦皇帝觉得怯薛成熟了，就可以派出去充当政府官长了。这样的选士制度，首先怯薛晋升靠的是自己的作战能力了，忠诚于皇帝本人，对儒家道德并没有什么效忠的义务，这样看来，等到怯薛变成了士，显然就是中国版的骑士了。

现在有了文士、有了骑士，元朝皇帝的政府官员该够用了吧？还不够，这个文士们由于一直受儒家道德教化，放不下义利之辨，对于道德有崇高追求，但是对于金钱比较鄙视，觉得老谈钱就俗了。这个骑士们精于战争，虽然不鄙视钱，可是也确实没啥管钱的经验。这就麻烦了，元朝的皇帝们对于理财有着极大的热爱之情，又由于出身游牧民族，觉得国家财政可是收入的一部分，要好好打理，现在我的文士、骑士们都不给力呀，怎么办？商人不是会管钱么？让商人里会管钱的来当官，给我管理帝国的财政，于是元朝出现了一个特殊的阶层——商士。这些人靠着对皇帝的忠诚，靠着自己的理财手段登上仕途，前面说的阿合马就是这样的典范，后来的卢世绾、桑哥都是这样。最有趣的是卢世绾，这个人担任宰相时的宣言没有体现什么致君尧舜啦、国泰民安啦这些传统文士的诉求，也没有体现开疆拓土、建功立业这些传统骑士的诉求。竟然是保证要在五年之内，让国家财政收入翻一番，非常像企业经理人的做派，当然，元朝皇帝这个董事长是非常喜欢他这番保证的，于是卢世绾就做了宰相，不过卢世绾后来被杀了，被杀的原因，就是五年内，国家财政收入没有达到他保证的数额。看来经营元朝这家企业收益大，风险也大，失败了就掉脑袋了。

这样，文士、骑士、商士就成了元朝的主要的士，但是由于元朝皇帝并不满足，正如我们前文所说，元朝皇帝有极大的实用主义倾向，文士、骑士、商士可以治民、征伐、理财。可是皇帝要是有一些隐秘的疑问呢？需要找人咨询一下呢？于是在中国乱世才会出现的谋士，在元朝的安定局势下也层出不穷。刘秉忠就是一个谋士的最好的例子。又因为蒙古皇帝治下的臣民信仰宗教的很多，总要有人来管理宗教事务吧？让宗教人士来管理最好，所以要给有威望的宗教人士封个官，于是教士也活跃在了元朝的政治舞台上。

就这样中国的士从宋朝的文士，变成了元朝的各种士，各种士好不好呢？马克思教育我们要辩证地看问题，好的地方当然有，骑士自然比文士会打仗，商士自然比骑士会理财，这样可以让专人专用。但是不好的地方呢？这些专人都是士，自然都是统治阶级，自然都要靠百姓的赋税养活，这样百姓需要养活的人就多了，再加上这些专人的使用也没有形成制度，这样难免遗漏了有本事的士，任用了庸士。所以辩证地来看，也是有利有弊。

元朝结束后，明朝自然对商士、骑士失去了兴趣，朱元璋说"朕养兵百万，不费百姓一粒粟"，当然，因为这些兵也已然不是骑士了。中国又回到了文士的时代，不过明朝的文士们很有气节、有意思。

十五、开河变钞祸根源

元代有首小令，叫《醉太平》，作者没有留下名字，所以查诗词词典，这首小令的作者是无名氏。虽然用了"醉太平"这个曲牌，可是这首小令既不是写醉，字里行间也全无太平，写的是对元朝为什么灭亡的总结，这个无名氏先生抑或女士是怎么说的呢？头两句就是"堂堂大元，奸佞专权"。这个问题我们在说伯颜的时候说过了，下一句就至关重要了："开河变钞祸根源，惹红巾万千。"一句话说出了红巾军起义的根源，那就是开河变钞。什么是开河变钞，又为什么说它是祸根源呢？我们慢慢来说。

首先说说开河，"开河"是个什么东西呢？元朝至正四年，黄河大泛滥，出现了特大水灾，在中国古代，政府是没有公共安全预案和应急反应机制的，大灾之后救助缓慢、瘟疫横行、民生困顿。而且黄河的泛滥也直接影响了朝廷的财政收入，于是元顺帝决定治河，怎么治呢？大臣们提出了两种方案，第一种，咱们简单修理一下大坝，做一个简易工程，可以支撑个几年，而且成本低，用不了多少民力。第二种，咱们彻底整修黄河，给黄河疏浚一条河道出来，这样就是几十年上百年都不会再有问题了，可是这个方案成本较高，是个大型公共工程。选哪个？元顺帝在权衡再三之后选择了后一个，于是任命大臣贾鲁去治理黄河，这次治理黄河用了民工三十五万，兵工两万，整修黄河。当然这么大的工程自然闹得民怨沸腾，然后各级官吏发发国难财，这个贾鲁又是个非常急功近利的人，为了这个政治工程，大大压缩了工程时间。于是河是开好了，元朝却灭亡了。

再说说"变钞"，前面说元朝的金融政策的时候就说过，王文统设计了一套纸币系统，当然纸币要想坚挺就要跟黄金、白银等贵金属挂钩，王文统也是这么执行的，于是元初，货币币值是稳定的。可是后来的皇帝和财政大臣有好多都不明白其中的原理，国家储备的黄金被提取了很多，而国家缺钱的时候就开始发行钞票，反正印纸币是方便得多。但是如果少量印发呢，引起的通胀就是温和的通货膨胀，老百姓对通胀还是有一个承受能力的。可是到了元顺帝呢，直接发行了比原来多一倍的钞票，这些就引起了50%的贬值率的剧烈通胀，物价翻一倍，老百姓手里的钱就只有原来一半的价值了，这怎么行？老百姓还不跟你拼命？于是红巾军起义就爆发了。

好了，说到这里就只是介绍了一下历史史实。现在再来对这两件事进行分析，传统上的分析呢，往往把开河和变钞分成了两件事，大致上来说就是觉得开河就是像秦始皇修长城、隋炀帝修运河一样，人民太苦太累，民怨沸腾了。这个变钞是个腐败的变相税收，让老百姓生活水平变低了。如此说来，这两件事之间似乎没什么关系，但是如果以现代经济学的观点来看，这两件事关系重大，而且应该是一个连锁反应，所以这不是两记重拳，而是一记组合拳。为什么这么说？我们细细说来。

首先，要想说清这个问题，我们就要介绍两位经济学家，一位叫作萨缪尔森，一位叫作索洛。学过经济学的人对这俩人不会陌生，一个是现代经济学之父，一个是我们现在最常用的经济增长模型——索洛模型的创始人。为什么要介绍他们呢？因为他们发现了一个重要问题，就是失业率和物价上涨的关系，什么关系呢？如果主要产品的产出跟人力投入是成正比例关系的话，那么失业率高的时候，物价就下降，失业率低的时候物价就上升。这个关系至关重要，中国的主要产品是什么呢？当时毋庸置疑是农产品，农产品符不符合产出跟人力投入成正比例关系呢？毋庸置疑，这是最符合的。

好了，现在就出现这个问题了，农民是可以保持潜在自愿失业的，什么意思呢？如果这家里壮丁多了，每个人出的力就少了，看似是都在工作，可是从劳动效率看，有些人就是失业的。那么如果物价涨了，农民就会加大这种自愿失业，让物价水平上涨的速度减慢一些。说得简单一点就是，现在不是物价上涨了吗？然后买东西都贵了吧？那我们每个人就少干点活，然后不那么累就可以少吃点东西，这样可以节省买粮食的钱，大家不去抢购粮食，粮食的价格上涨就会慢一点儿。可是元朝违背了这个规律，在物价上涨的时候，它决定进行大规模的公共工程建设，结果就是潜在失业彻底消失了，失业率大幅度减少，那么物价就一定要上升了。套用我们前面的简单例子就是，本来国家有一吨粮食，然后物价上涨了，消费者决定我们要少干点儿活，少吃点儿饭，这样大家不去抢粮食，粮食价格涨得就慢。但是你政府这个时候偏拉着大家去修水库，那干重活就要多吃饭啊，所以大家都去抢粮食，物价上涨得就更快了。

现在物价上升了，应该想办法抑制通胀，但是元朝的贵族们发现物价贵了，那就多印钞票吧！于是物价进一步上升，一旦这种物价的上升进入了一个通道，就再也停不下来了。

现在我们看到了吧，开河导致了物价上升，物价上升促进了元朝政府变钞，变钞之后物价进一步上升，最终人民困苦不堪了。这样看来开河变钞确实是祸根源，而且又是互相促进的祸根源。

历史是面镜子，倒映着过去和现在，任何同时兴建大规模工程却不注意金融稳定的行为，确乎是危险的。

十六、元代皇陵在哪里

中国的王朝，皇帝都有规模浩大的皇陵，从秦始皇陵的兵马俑到明十三陵的浩大地宫。厚葬是中国的一个传统，既然厚葬是传统，那么作为最高统治者的皇帝，自然要更加的厚。于是中原王朝一般都有壮观的皇陵群。那么元朝的皇陵在哪里？很抱歉，没找到，史书上有记载，在起辇谷，可是起辇谷在哪里？不知道。有人肯定要问，今天内蒙古的伊金霍洛旗不是就有成吉思汗的陵吗？但是，那并不是成吉思汗的埋葬地，而是成吉思汗的祭祀地。为什么我们找不着元代皇帝的皇陵呢？我们还要从蒙古的丧葬习俗说起。

蒙古民族是个游牧民族，逐水草而居，如果弄一个陵寝，将来整个部落搬走了，陵寝搬不走就不太方便了，不如把埋葬和祭祀分开来，这样祭祀就可以不在陵寝祭祀了，既然不用再在陵寝祭祀，最好就连陵寝都不要，因为这样免受敌人的破坏。如是，如果一个蒙古平民去世了，就找一块空地，然后埋入一顶帐篷，逝者坐在帐篷的中央，在他面前放一张桌子，桌子上放一盘肉和一杯马奶，然后埋入一匹母马，再杀一匹公马，吃了马肉，在马皮里塞上稻草，然后配一副鞍鞯，再埋入一把蒙古刀，这样就保证死者在另一个世界有肉吃，有马奶喝，有帐篷住，有马可以骑。埋葬完毕后就用马踏平坟头，然后就可以离开了。至于祭祀，自然是逝者家人在家里供个牌位就可以祭祀的，不用再回到丧葬之地了，至于盗墓嘛，也不用害怕，因为没什么可盗的。

当然，埋葬皇帝的时候就要隆重一些了，棺椁就不能再是一个帐篷了，而是一棵树，一劈两半，中间掏空，然后把皇帝的遗体放进去，再用黄金做成圈儿，把两半木头箍住。送到北方的起辇谷，路上一般都是保密的，要是有不走运的人，正好看见了皇帝遗体的运送路线，就要被杀掉了，到了起辇谷以后，依然是挖个大坑，把棺椁放进去，然后就会发生一件有特殊意义的事，皇帝最宠信的仆人会被扔进大坑，等一段时间，人们会把仆人拉出来，让他喘两口气，然后再扔进去，如此往复三次，如果仆人还活着，那么他很幸运，就不用殉葬了，并且成了大汗家族重要的人，在很多事情上享有发言权了。但是如果他身体并不是很好，就此死了，那么他就会用来殉葬了。等到皇帝的尸体埋好了，就开始用万马踏平，撒上草籽。然后带来一头刚生产的母鹿，在皇帝的坟前杀死它的幼崽。第二年，草长莺飞，自然就看不出皇陵在哪里了，不过，这只母鹿就可以派上用场了，它会自己找到当年杀死它幼崽的地方徘徊，这样，蒙古贵族们就在这里祭祀一下先帝，当然，等到这只母鹿死了，就没有人到皇陵祭祀了。于是蒙古各位皇帝的皇陵到底在哪里？就成了一个谜团了。

说到这里就又有一个问题了，既然蒙元王朝的统治者们不流行厚葬，那么他们统治下的汉人可以厚葬吗？开始的时候，元朝的统治者采取不管的态度，自然是蒙古人用蒙古人的丧葬方法，色目人有色目人的丧葬传统，汉族人有汉族人的丧葬习俗。不过渐渐地蒙古贵族就开始管理了，起初管理的范围是公职人员，国家官员不能太厚葬啊，皇帝都不厚葬你们葬那么厚干吗？来，国家统一制定个葬礼标准。于是官员们不能厚葬了。到了至元年间，元朝的礼部突然发出命令，民间丧葬要烧纸钱、糊纸房子、纸人纸马，太破费了，以后只准烧纸钱，不许弄房子、纸人纸马什么的。后来干脆说禁止厚葬了，禁止厚葬总要有个理由吧？理由是什么？因为朝廷经常见到厚葬的坟茔不是被后世的不肖子孙挖开寻找财宝，就是被盗墓贼打开，这样死者就暴骸露尸于荒野，很是可怜，于是以后不许厚葬，只许有衣冠棺椁，不许有金银财宝，要是违反怎么办？违反就按不孝治罪。这样的礼部命令真是绝无仅有，厚葬反倒是不孝了，恐怕元朝的广大人民是比较难理解了。当然除了礼部表面上的理由还有没有其他理由禁止民间厚葬呢？我看也是有的，我们看欧洲各国基本都是不厚葬的，为什么呢？近代以前，欧洲的物资不是很充裕，比如黄金很稀缺，你用黄金陪葬，以后黄金的使用量就会减少，当时元朝禁止民间厚葬，大概也与社会物资不充裕有关。此外，商业社会，商品流动和使用量是一个很重要的经济指标。但是中国传统社会并不是商业社会，财富是用来积累的，不是交换和流通的。只不过，在元朝社会，财富的流通变得重要起来了，因为这个王朝的商业氛围比较浓，这可能也是元朝后期礼部禁止民间厚葬的一个原因。

如今，蒙元王朝的皇陵在哪里还是没有人知道，不过不知道也好，蒙古的皇帝们认为自己来自草原，自然死后要回到草原，草原哺育了他们，自然死后要反哺草原。不得不说的是，蒙元王朝的皇帝的葬礼无疑是最环保的。

十七、闲话北京元大都

说文明就不能不说城市，城市是人类文明的标志。沐浴农业文明的地区都有城市，古希腊有雅典，古埃及有孟菲斯。有的国家就是城市，古希腊就是这样，所以古希腊有很多城邦国家，而不是领土国家。有的国家是好多城市构成的，如古埃及，所以古埃及是领土国家。城市是用来干吗的？用来防御的，是古文明用来抵御入侵的，所以古城一定要有墙，这样打不过敌人的时候就可以躲起来了。游牧民族有城市吗？没有，为什么？不需要，游牧民族到处跑，有了城市不方便，况且游牧民族打不过敌人的时候一定是跑，不是躲，这样就不需要城市了。可是蒙古这个游牧民族进了中原，成了农业帝国的统治者，入乡随俗嘛，就要有城市。这个城市的典型就是元大都。所以说元朝，就不能不说说元大都。

为什么说元朝一定要说大都呢？因为正如前面所说，城市是人类文明的标志，所以不同文明、不同文化就会有不同的城市。比如雅典就有议政厅，因为人家实行的是直接民主嘛，自然要有开会的地方，中国就没有了。但是我们的国都一般都有庞大的皇宫，体现皇权的神圣嘛。那么元大都，这个本来没有城市的游牧民族建设起来的城市，又有什么不同呢？

首先我们要说，元大都，是元代新建的城市，有人说不对呀？在北京这个地方原来不就有金中都吗？难道不是改金中都为元大都？这个还真不是，金中都偏南，由于城市居民很多，动迁是不易的，所以元朝没有采取大面积拆迁和改造的方法，而是直接在金中都旧址的北面建了一个新城市，这个新城市就是元大都。

元大都的建设有几个"首创"，什么首创？第一个就是钟鼓楼的设计，钟楼鼓楼是用来报时的，现在北京还有明清鼓楼的旧址，钟鼓楼通常是高楼，这样在上面敲钟打鼓才能让更多人听得见。似乎世界上的大城市都有钟鼓楼，只不过在西方，钟楼都是在教堂里，也难怪，西方城市一般最宏伟的建筑就是教堂嘛，所以钟楼自然是在教堂里。中国的钟鼓楼在元代以前一般都是用城楼来代替，宏伟的城墙一定有高耸的城楼，用来当钟鼓楼最合适了。但是元朝不打算这么干了，元朝单独建了一座钟鼓楼，这样的好处有两个，一是增加了城市的景观，二是方便确定城市的中轴线，于是元大都以后的城市就都有单独的钟鼓楼了。

第二个首创是围着水建城市，游牧民族对水有着天然的好感，逐水草而居嘛。既然在草原上是需有水，建个城市也需要有水，所以整个元大都是围绕着太液池建设的，然后有郭守敬设计，引惠通河的水进入太液池，这样做一举两得，哪两得呢？首先太液池的积水可以有效补充大都的地下水资源，第二，由于有了河水，商船就很方便地进入了大都，沿河两岸就构建了非常完善的商务区，可以说河岸两边就是元大都的CBD。看过《倚天屠龙记》的朋友们一定记得，赵敏经常邀请张无忌吃火锅，想必吃火锅的地方在河岸边不远。

元代建立大都的时候充分使用了测绘学知识，利用现在的卫星就不难发现，元代大都的中轴线和上都的中轴线竟然在同一条经线上。这是极高的测绘学知识的体现，毕竟内蒙古正蓝旗和今天的北京相去还是很远的，保证中轴线在一条直线上，在当时，比较难。利用这样的测绘学知识，大都的兴建还保持了极大的"处女作"热情，大都是一个极度对称的矩形，正中间有一个中央台，当然不是 CCTV，应该叫 CT，central table。这个中央台是在建立城市的时候先设立起来，然后向东南西北对称延伸。所以大都就变成了一个规矩的矩形，矩形的对角线交叉点就是中央台。然后大都的道路被设计成了标准的棋盘格，主持建造者还对道路的规格做了明确的规定：大街二十四步阔，小街十二步，胡同六步。可以说元大都是个规则的几何图形。到了明朝，就没有这么"处女作"了，徐达觉得大都北边太空了，就把城墙内缩了，对称有什么用？还是实用一点儿好。这一定是当时徐达的想法。

　　除了几何学的造诣以外，大都的建造者还在玄学上下了功夫。一般的城市的门都是对称的吧，一面三个门，四面十二个门，可是元大都偏偏只有十一个门，为什么要少一个呢？因为大都就是个哪吒，三头六臂两只脚，一共就十一个门嘛，为啥要修成个哪吒？因为北京缺水，修成哪吒可以震慑一下龙王，保证风调雨顺。另外大都的门的名字都是很有趣的，南边的一个门叫丽正门，为啥叫丽正门？因为《周易》有句话"日月丽乎天"，所以这个门叫作丽正门，东边的门叫文明门，不是为了倡导精神文明，而是《周易》有句话"文明以健"。西边的门叫顺承门，是因为《周易》有"至哉坤元，万物滋生，乃顺承天"这句话。剩下的门都是取自卦象。可谓做足了玄学的学问。不过也难怪，就连元朝的国号都取自易经中的"大哉乾元"。可见忽必烈对易经的重视与热爱。

　　这是一件颇为奇怪的事情，虽然忽必烈是元朝皇帝里汉化水平较高的一位，也对儒学有些兴趣，可是并没有发现他对除《易经》外的儒学经典有着这么高的热情，比如我们从来也没发现他给什么东西命名的时候采用了《论语》《孟子》《诗经》《尚书》里的词，要知道，别的中原王朝可是很爱这么做的。比如清代故宫三大殿里有三块匾，分别是太和殿"建极绥猷"

匾，中和殿"允执厥中"匾，保和殿"皇建有极"匾，这三句话就都出自《尚书》，那么为什么忽必烈对《易经》情有独钟呢？又是谁把高深的《易经》介绍给这位蒙古皇帝的呢？这个人还真要好好说说，因为这个人正是元大都的总设计师，这位总设计师姓甚名谁，干了什么？我们下节再说。

十八、低调谋士刘秉忠

每个王朝开创的时候，总会涌现一批能征惯战、决胜千里之外的名将和一批究天达人、运筹帷幄之中的谋士。这样的名士，商周有姜太公，秦末有张良、陈平，汉末有孔明、司马懿，元末有刘伯温。元朝开国的时候有这样的名士么？很多人想来想去觉得没有，是真的没有吗？其实不是，而是这位谋士颇为低调。

元朝有两个"祖"，太祖铁木真，世祖忽必烈。碰巧，明朝也有两个"祖"，太祖朱元璋，成祖朱棣。明朝这个太祖开国，首都在南京，成祖呢，打了场靖难之役，打败了自己的侄子，自己当了皇帝，把都城迁到了北京。元朝这个太祖呢，也是开了国，把都城定在了漠北草原，世祖呢，也打了一场仗，打赢了自己的弟弟，把都城迁到了大都，当然也是北京。要说明成祖这个帝王的奋进之路上有没有一个出谋划策的身影呢？还真有，这人少年学得屠龙术，一直暗中襄赞明成祖的帝业，这人是个和尚，叫作姚广孝。那这个元世祖的帝王之路上有没有这样的身影呢？也有，这人年少学得安邦策，一直背地帮助元世祖的霸图，这人也是个和尚，叫作刘秉忠。姚广孝很低调，刘秉忠也很低调。明成祖当了皇帝之后，姚广孝祭扫了一个元代大臣的墓，还写了一篇文章，高度赞扬了这个大臣，这个大臣是谁呢？刘秉忠！历史就是这么有趣，也许，在姚广孝心里，刘秉忠曾经也是偶像之一吧。可是刘秉忠又太低调，以至于《元史》里匆匆几笔就把他带过了，你也许没留心他，不过不要紧，我们现在就来认识认识这个刘秉忠。

刘秉忠出生的年代，中国的北方比较混乱，辽、金、西夏、北宋、蒙元，这些王朝在中国的北方此起彼伏的战争中导致了安土重迁的中国人经常搬家，也导致出现了历侍几朝的士大夫家庭。刘秉忠大致就是这样，他的祖父是在辽代当官，父亲是在金朝当官，自己则在元朝当官，而且刘秉忠的祖籍历史上没记载，记载的是因为他父亲到邢州当官，所以举家迁到了邢州，他自己也是在邢州长大的，所以在忽必烈的幕府里，以刘秉忠为首的一批人叫作邢州术数家集团。

刘秉忠原名叫作刘侃，刘侃本来应该是个官二代，因为他爸是金朝的邢州地方最高长官，而且刘侃是个帅哥，《元史》不吝笔墨地形容了一下他长得很帅。可是在他少年的时候，金朝被蒙古的木华黎攻灭了。不过好在木华黎没有对前代的官员们进行清算，于是刘侃的父母就在邢州过起了普通百姓的生活，但是有点儿不同的是，这样的普通百姓并不普通，属于重点观察对象，于是他们的儿子刘侃必须被送到帅府来当人质。

刘侃应该是个天才少年，很小的时候就可以背诵长篇文章，于是木华黎让刘侃去当邢州节度使的令史，也就是高级文秘，这样离家也近，可以照顾父母，就这样刘侃走上了自己的公务员生涯，而且是在家乡做市长办公厅的主任，这样的安排对于一般人来说应当很满足了，可是刘侃心里很不爽。为什么不爽？刘侃觉得自己大材小用了，有一天刘侃终于忍不住了，把笔一摔说，大丈夫不能建功立业，难道要一辈子做小吏吗？这个场景还是有些熟悉的，因为汉代的班超也说过这样一句话，然后呢，班超就去当将军了，这就是"投笔从戎"。刘侃这么说完去干吗呢？当隐士！于是刘侃当即辞职，世界这么大，我想去看看，于是刘侃去了武安山隐居了起来。

　　刘侃在武安山这几年做了什么？没人知道，他没写日记，别人这时候也不会关心一个负气出走，隐居山中的毛头小子。几年之后，刘侃再次出现在人们的视线中的时候，就不是小帅哥和小公务员刘侃了，而是出家人刘子聪。可以肯定的是这几年隐居的生涯里，刘侃没少读书，读的什么书？秘密！不过总之这时候再出来的刘子聪可是精通《易经》和《经世书》，很会算卦，精通佛学，精通数学，精通天文学。一下子会了这么多"武学宝典"真是不可思议，如果要写一部文学作品，我们大可以展开想象，刘侃在山中隐居遇到了世外高人，世外高人稀奇古怪，刘侃自然谦虚谨慎，最终高人在弥留之际将所有武学秘籍都传给了刘侃，刘侃改名刘子聪，然后出山，成为一代大侠。当然，这是文学创作了。

　　总之，精通了很多当时并不是主流学科的刘侃，拜了天宁寺虚照禅师为师，改名刘子聪，到处云游。随着云游，他的名声也渐渐传播开来，最后到了云中，刘子聪在南堂寺住了下来。此时的刘子聪怎么想？是真的想做陶渊明？还是想学姜太公？不好推测，不过时局可没有让他做陶渊明。

　　我们现在经常听到某些明星讲自己的经历时说自己是陪自己的朋友去面试，然后自己被导演看中了，于是自己就莫名其妙地成功了。这样的故事在刘子聪身上还真实上演了。蒙哥大汗即位后，任命自己的弟弟忽必烈总领漠南事，既然要总领漠南，总要依靠些人才吧，于是忽必烈开始招募人才组建他的金莲川幕府。这时候海云禅师接到了忽必烈的邀请，于是去金莲川见忽必烈，路过云中的时候听说刘子聪在这里，海云禅师便邀请刘子聪一起去。

　　到了金莲川，忽必烈与来的人分别座谈，跟刘子聪谈完，忽必烈简直觉得刘子聪就是神人下凡，至于他们谈了什么，现在不知道，因为忽必烈在谈话完毕之后，明确命令刘子聪，今天的谈话内容不许外泄，刘子聪也很听话，一生都没有谈起他和忽必烈的秘密谈话内容，当然这样的秘密谈话，今后还有很多，据忽必烈自己隐约透露，每到有什么疑难不决的事情的时候，就与刘子聪密谈，刘子聪就会为他预言今后发生的事情，每每都是准确的，所以刘子聪大受信用。当然忽必烈的观点是刘子聪懂得易经，可以预知未来。我们也可以认为刘子聪掌握了事情的发展规律，所以预测事情极其准确。不过不管什么原因，海云禅师见过忽必烈以后就继续回去住持寺庙了，刘子聪却被留了下来，改名为刘秉忠。

好了，现在刘秉忠要开始自己首席谋士的生涯了，作为首席谋士，一定要提出整治规划，就像诸葛亮的隆中对一样。提出规划，并且执行规划的谋士，叫总设计师，没有规划，只是有事的时候被咨询的谋士，叫顾问。刘秉忠当然要做总设计师。于是刘秉忠开始了他的规划。

第一步，先要摆正也克蒙古兀鲁思的定位。刘秉忠告诉忽必烈，你的爷爷成吉思汗是伟大的，他继承了秦汉唐宋的地盘，统一了中国，是中国的一位伟大的皇帝，但是中国的伟大皇帝，除了继承地盘之外，还要继承尧舜禹的文化，不继承文化就不是天下共主。好了，短短几句话，说明了用汉法、行汉化是必然的，也是应该的，还是伟大的。

第二步，要摆正忽必烈的地位。刘秉忠说了，这个我们中原王朝，有打天下的，有坐天下的，周武王打天下，他弟弟周公打理天下。放在今天你哥哥蒙哥汗打天下，你可以做好打理天下的准备。寓意再明确不过了，你要准备好做周公，刘秉忠当然没有预料到蒙哥大汗的英年早逝，但是刘秉忠告诉忽必烈要做好准备，你哥哥一去世就要你说了算。当然这话不能明说，于是用周公和武王做个比喻，至于你这个周公是好好辅佐你侄子还是取而代之，也不用明说，反正就是现在积攒实力，等着将来做周公。

第三步，怎么做周公？刘秉忠说了，君主的大事不外乎是任命文臣武将。你可以任命贵族子孙之中有能力的人担任文臣武将。这是干吗？抓军权，人事权，外加笼络人心，否则为什么要任命贵族子孙？当然，这也不必明说。

第四步，建立根据地。你忽必烈不是总领漠南吗？你就要把中原汉地作为你将来争夺权力的根据地，你就不能只在这里烧杀抢掠吧，要建设。

第五步，就是怎么建设的问题。刘秉忠详细地做了分析，首先要增加人口，增加劳动力才能有收入，第二，要增加储备，建立粮仓，这是长久之计。第三，要建立学校，培养人才。第四，要尊重孔子，尊重读书人，这样可以吸纳人才。第五，要建立养老院，减轻赋税，笼络百姓，得民心者得天下嘛。最后，要听得进话，接受更多更好的意见。

好了，一篇刘秉忠版的"隆中对"出炉了，这就是刘秉忠为忽必烈谋划的发展规划。忽必烈看完之后的表现是什么样呢？百分之百同意，执行起来是什么样呢？百分之八十执行，虽然打了折扣，不过刘秉忠依然是百分之八十的总设计师。

做完规划之后，刘秉忠就隐藏在幕后了，没有担任任何重要职务。可是不要以为他没起作用，上到宰相王文统，下到各级地方官，只要是汉人官员，十有八九是刘秉忠推荐的。但纵然如此，刘秉忠依然每天穿着和尚的衣服待在忽必烈身旁，后来是别的汉族大臣实在受不了了，觉得如此高规格的谋士只穿着僧服，他们自己则穿着大红大紫的衣服，似乎有些不尊重刘秉忠。忽必烈想想也是，就勒令刘秉忠还俗娶妻。但是刘秉忠依然愿意待在幕后，并不亲自担任任何重要职务。

刘秉忠低调得有些不可捉摸，同时刘秉忠对忽必烈的了解程度也不可捉摸。忽必烈作为刚从氏族部落走出来的领袖，对各种神秘的事物还充满了好奇和信任，刘秉忠似乎对这点深刻了解，但凡有建议，就会套在易经上，这让忽必烈往往言听计从，比如刘秉忠建议蒙古该用一个汉文的国号，从"大哉乾元"一词中摘出"大元"二字作为国号，忽必烈便欣然答应。刘秉忠把大都修成"三头六臂"，忽必烈就拊掌称好。不过不得不说，刘秉忠的数学水平也是很高深的，不然如何在上都和大都之间找到同一条经线？

刘秉忠虽然作为忽必烈的首席谋臣加总设计师，却低调得让历史都容易忽略，他一直生活简朴，而且从不把自己和忽必烈的密谈泄露，而且不光活着的时候低调，就连去世也去世得异常低调。

至元十一年，这一年忽必烈似乎已经完成了刘秉忠给他的所有规划，当上了皇帝、汉地已经变为根据地，元朝进入了华夏王朝的序列。八月的一天，没有任何疾病的刘秉忠决定在午饭后打坐一会儿。然而这次打坐时间有点儿长，当家人准备叫醒他时，发现他已经面带微笑地去世了。圆寂，可能这个词更适于刘秉忠的这种去世方法。

忽必烈听到这个消息以后也是大为震惊，因为刘秉忠没有任何迹象地离开了。忽必烈对于刘秉忠的最终评价是这样的：他很忠诚，其实我们谈了很多隐秘的事情，我不让他跟外人说，他就从没提起过。所以，他的学问到底有多深，你们是不知道，只有我明白！刘秉忠到底学问有多深？看来是不可考了，我们看到的他的数学知识、文学知识、天文学知识也许都只是他学问的一小部分，因为还有很多只有忽必烈知道的事情，历史没有告诉我们。

这位低调的谋臣死后变得不再低调了，忽必烈追赠他为太傅，封赵国公，谥号文贞。元成宗即位后追赠太师，改谥号文正。元仁宗即位后进一步封其为常山王。这样的哀荣，元朝仅此一份。

今天看来，我们不能不说，忽必烈在统一中国的过程中采取了"不杀人"的政策，跟他的爷爷成吉思汗的屠城策略完全不同，这中间，刘秉忠应该是功不可没的，尽管他很低调。

本节，我们这样结尾，我们来一起看看文学家刘秉忠的一首小令，也许，这中间透露了这位低调谋士的一些心声，是什么？恐怕要每位读者自己体会了。

望乾坤浩荡，曾际会、好风云。想汉鼎初成，唐基始建，生物如春。东风吹遍原野，但无言、红绿自纷纷。花月流连醉客，江山憔悴醒人。

龙蛇一曲一还伸，未信丧斯文。复上古淳风，先王大典，不贵经纶。天君几时挥手，倒银河、直下洗嚣尘？鼓舞五华鸑鷟，讴歌一角麒麟。

十九、现代观点看通胀

前面说货币和变钞的两节里，我们都说到元朝出现了通货膨胀。这一点不稀奇，因为元朝的贵族消费水平极高，对奢侈品、舶来品有着很高的需求，而且有元一代，战争不断，打仗自然是要钱的咯，这都增加了需求，需求增加的同时如果生产也增加，自然不会有通货膨胀，可是生产要增加，需要技术的改进，比如发生一次工业革命，或者退而求其次，有一次生产力提高，可惜的是元朝没有，这就必然引起通货膨胀。这是经济学原理，也是历史共识。

共识是共识，可是这个共识很模糊，因为通货膨胀是危险的，可是危险程度不一样，甚至适度的通胀还有利于保证就业，刺激经济。元朝有通胀，这是一个历史共识。有多危险的通胀？这在历史研究中是模糊的。是一直有还是一段时间有？这在历史研究中也是模糊的。

更有一个问题，到现在都没理清，元顺帝要搞金融改革，有的历史学家就说了，正因为有通胀才要搞改革嘛。也有的历史学家说了，你看，一改革老百姓就觉得生活不好了，就造反了，可见是改革促进了通胀。到底是哪种呢？这种陈年旧账我们还能不能理清呢？别急，咱们还真能理清。

要清账就要有工具，一个是账本，有没有？有，《元史》里有各种改革变钞的依据，第二个，计算器。好了，我们就左手账本右手计算器地来算账。

首先，我们来梳理一下元朝的金融历程。中统元年，忽必烈在王文统的帮助下开始使用钞票，这就是中统钞，由于王文统比较注意本位制，中统钞都是与金银挂钩的，所以币值在开始的时候是稳定的。但是也有不少阻力，很多人不明白，有人管王文统要钱，王文统说你拿金银来换，这人就质疑王文统：以金银为本，岂若以民为本？这个貌似正义的说法，实则是混淆概念了。不过姑且不论，但是王文统死后，钞法就慢慢乱了，国家需要钱，政府就印钱，但是忽必烈这个草原皇帝似乎懂一点儿金融知识，他跟王文统的后继者桑哥说，这个钱嘛，体现了国家的信用，不能发得太多。嗬？这句话颇有金融常识啊，可是桑哥并没有好好执行，当然这么说话的忽必烈也没有好好监督，于是钱发得多了就不值钱了，怎么办呢？发行新钱，这就是至元宝钞，至元宝钞的价值定价为中统钞的五分之一，也就是说这时候物价基本涨了五倍，从中统钞的发行到至元宝钞的发行，中间有十四年。二十年后，元武宗即位了，元武宗发现钱又贬值了，没事，发行新钞票，新钞票就是至大银钞，至大银钞的价值又是至元宝钞的五分之一，说明物价又涨了五倍，从至元宝钞的发行到至大银钞的发行，中间有二十三年。到了至正十年，元顺帝说，钞票又便宜了，我们再来发行新钞票，于是发行了至正交钞，这时候是一比十地兑换，从至大银钞的发行到至正交钞的发行，中间有四十一年。好了，换了新钞票以后，元顺帝干吗呢？修河、打仗、做游戏，结果怎么样呢？两年以后至正交钞就大面积贬值，四年以后，就物价增长了一倍，再过一年，老百姓放弃了使用钞票。

排除一些干扰因素，我们可以得到一个比较准确的通胀率。在忽必烈统治前期的十四年中，通胀率大概在每年 12% 左右，在忽必烈统治后期加上武宗海山统治的前期的二十三年，年通胀率大概在 7.2% 左右，在顺帝改革前的四十一年里，通胀大概在 5.7% 左右。我们发现通胀率是下降的，为什么？好理解，元代的皇帝对远征的兴趣一代一代地减小了，所以打仗的需求有下降，通胀率也有所下降一些，而元顺帝改革后的四年间呢？通胀率在 18.9% 左右，一年后货币不能流通了，这样的事情表明其后的一年货币贬值更加严重。

知道这些数字了，我们现在能回答前面的问题了吗？可以了，我们来一一回答。

首先我们来给通胀分个类，按照一般经济学的观点，通胀分为三类：通胀率在小于 3% 的时候叫作爬行的通胀，老百姓基本上没什么感觉，还是可以接受的。通胀率在 3% 到 10% 之间，叫作温和的通胀，老百姓有感觉了，可能比较不满了，但是老百姓的不满还在温和期。10% 以上就是奔腾的通胀了，这时候老百姓的怒火估计也就快要奔腾了。最后如果通胀率在三位数的时候，就是极大的恶性通胀了。当然这个标准要因时而异、因地而异。古代中国是个农业社会，经济增长慢，通胀也慢，老百姓对通胀的接受程度应该低一些。另外中国的老百姓大部分是温和的农民，不会动不动就起来打仗，那么对通胀的忍受度就高一些。什么叫接受度低、忍受度高呢？大概意思就是如果现代商业社会 3% 的物价增长率老百姓体会不到物价涨了，那么传统社会的老百姓在 1% 的时候已经体会到了。美国人民要是遇到 10% 的通胀，估计就撸胳膊挽袖子上街游行把总统轰下台了，但中国传统老百姓可能遇到了 15% 的通胀还要掂量一下造反值不值得。

好了，明白这些，我们就来回答第一个问题，元朝的通胀危险吗？忽必烈的时候比较危险，因为用钱的地方多，但是元朝挺过来了，之后危险系数降低了，但是到了元顺帝，一改革，完了，潜在的危险变成了实际的危机。第二，这个通胀一直有吗？还真是一直有，只不过这个通胀走了个"耐克"型。最后，我们不得不说，这次改革本身存在着巨大的问题，元顺帝在通胀率 5.7% 的时候开始改革了，不过这次改革既没有金融知识的准备，也没有金融资源的准备。改革的目的似乎也不是稳定货币，而是满足巨大的公共开支，满足巨大的消费需求，这次改革的结果是，通胀迅速上升到老百姓忍受的极限，农民起义了。

耶律楚材曾经跟窝阔台汗说，生一事不如省一事，为什么？因为兴一利必有一害。如果是在民主制度下，大家大可以权衡讨论一下利大还是害大，做还是不做；但是在独裁体制下，很难完全评估，这就有可能利小害大。元顺帝的金融改革，明显是利了穷奢极欲的达官贵人，害了小民百姓，而且害得不轻，当然最终为整个元王朝敲响了丧钟。

读到这里你一定觉得元顺帝就是个无所作为，惹是生非，穷奢极欲的末代皇帝咯？恭喜你，答对了百分之五十，那么另百分之五十呢？我们下节再说。

二十、鲁班天子游乐忙

如果我跟你说，有一个皇帝少年即位，13岁时"历经坎坷"当上皇帝，亲政不久就扳倒权臣独掌乾坤。你一定会说，了不起，少年英才。如果我告诉你，一个刚刚掌权的皇帝，就决定要挽狂澜于既倒，改革痹症，希望创造一个中兴盛世。你也会说，这是个有理想有作为的皇帝。我如果说有一个皇帝，在位期间天怒人怨，灾害频仍。你可能觉得这个皇帝不咋样了。但我要是再说，这个皇帝面对这一切，反倒饮酒作乐，忙于自己的手工作坊。你可能要大大地摇头了，这是个昏君啊。如果我再说这个昏君不但治国无方，治家也无方，最后太子险些逼他禅让。你一定要鄙视这位皇帝了。可是我刚刚说的这些，全都是同一个皇帝的作为。这个皇帝就是元顺帝妥懽帖睦尔。你一定有些奇怪了，人可以这么矛盾吗？其实，可以！这一节我们就来认识认识这个妥懽帖睦尔，不过不是从传统的亡国皇帝的角度看，而是从一个人的角度看，看看这些矛盾背后是什么，而且为了看得清楚，我们可以使用一些现代心理学知识。

元顺帝的性格很奇怪，现代心理学告诉我们，性格的形成在童年时代，所以我们要从他的童年聊起。元顺帝叫作妥懽帖睦尔，就是铜锅的意思。注意，这没什么歧视意味，蒙古人起名字比较随意，一般是见到啥就以啥为名，比如成吉思汗叫作铁木真是因为他爸爸抓了个俘虏叫铁木真，这个俘虏比较难抓，那我儿子就也叫这个名字了。妥懽帖睦尔为啥叫铜锅，不得而知了，有可能他出生的时候他爸爸看到了煮奶茶的铜锅。

　　妥懽帖睦尔的爸爸是元明宗和世瓎，但是妥懽帖睦尔并不是生在皇宫内院的，我们前面讲继承的时候讲过，如果你没有印象了没关系，我们可以来简单说说，明宗和世瓎的爸爸就是元武宗海山，海山和他弟弟，也就是妥懽帖睦尔的叔爷爷爱育黎拔力八达一起搞定了皇位，约定兄终弟及，叔侄相继。海山死了，将皇位给了弟弟爱育黎拔力八达，如果按照约定，爱育黎拔力八达死了就应该是和世瓎即位了，可是爱育黎拔力八达死前却并没有遵守约定，而是将皇位给了自己的儿子硕德八剌。这下和世瓎和他弟弟图帖睦尔就麻烦了，这不成了人家的眼中钉了吗？图帖睦尔就跑到南方去了，和世瓎就跑到西北去了。元代的西北其实就已经接近现在的几个"斯坦"了，和世瓎跑过去被察合台汗国的大汗收留了，毕竟都是亲戚嘛，而且海山还当过西北军区司令。这时候的察合台汗国基本已经伊斯兰化了，于是这里有很多信仰伊斯兰教的贵族，这些贵族中的一个叫作阿尔斯兰，他的后裔中有一名美丽的女子，叫作迈来迪，正在避难的和世瓎看到迈来迪这位具有西域风情的中亚女子，不禁大大地动心了，于是就强娶了迈来迪，不久之后就生下了妥懽帖睦尔，可是这位迈来迪却在妥懽帖睦尔生下来不久就去世了。

　　就在和世瓎觉得继承皇位已然无望，准备过"老婆孩子热炕头"的生活的时候，自己的堂弟硕德八剌竟然让人暗杀了，这下有机会了吧？和世瓎刚准备起身回国的时候，消息传出，他的堂叔继位了？怎么着？什么时候轮到堂叔了？和世瓎觉得不爽，估计当时有相当一部分人深有同感，于是，在和世瓎身边聚齐了一股反对堂叔的势力，而且这股势力受到大都内的丞相燕帖木儿的支持。

　　堂叔泰定帝一死，支持堂叔儿子的左丞相倒拉沙和支持和世㻋的右丞相燕帖木儿就打起来。燕帖木儿给和世㻋发出邀请函，邀请他前来当皇帝，和世㻋带着两个儿子（现在妥懽帖睦尔的弟弟懿璘质班也已经出生了），兴致高昂地回大都。在路上先听到了一个好消息，这个燕帖木儿已然打败了堂叔的儿子，和世㻋觉得自己的皇位是十拿九稳了，非常爽。可是第二个消息紧跟着来了，让和世㻋的心情马上晴转阴了，原来燕帖木儿的邀请函发了两份，和世㻋的弟弟图帖睦尔比和世㻋先赶回大都，已然当了皇帝。怎么办？要么谈，要么打！

　　好在弟弟好像很恭顺，表达了要把皇位让给他，这下好，你让给我，我可以封你为太子，咱们再来一个兄终弟及，叔侄相继。不久图帖睦尔就带着传国玉玺来了，当晚真是兄弟友爱，亲族和睦呀，大家欢颜笑语，估计图帖睦尔一定是一脸谦卑，和世㻋也一定是一脸的洋洋得意。图帖睦尔端起一杯酒，敬给了哥哥和世㻋，祝他万寿无疆，和世㻋自然欣然接受，一饮而尽。那个夜晚，本来应该是大家酩酊大醉，各自安歇。可是图帖睦尔却带着燕帖木儿连夜奔回了大都，第二天早上，大家发现和世㻋死了，图帖睦尔自然以皇太子的身份在大都重新继承了皇位。

　　可是，图帖睦尔其实是皇太弟呀，真正的皇子是妥懽帖睦尔和懿璘质班，妥懽帖睦尔这时候9岁，懿璘质班3岁。图帖睦尔心中一定权衡了一下，9岁的孩子已然懂事了，这一切一定会在他心中埋下仇恨的种子，3岁的孩子还不太懂事，可以教育！于是这样一想，兄弟俩的命运就不同了，懿璘质班被接进了皇宫，有叔叔皇帝亲自教育。妥懽帖睦尔，哼，你母亲不是我们蒙古人，而且又是你父亲强娶的，估计是已经怀了孕才嫁给你父亲的，你可不是和世㻋的儿子，对于这样的出身，流放，监禁！流放到哪里？朝鲜的干活！这样，9岁的妥懽帖睦尔就从皇子一下子变成了囚犯，过起了囚犯的生活。

在朝鲜大青岛过了几年流放生活的妥懽帖睦尔还是不能让叔叔图帖睦尔放心，图帖睦尔心想：如果我的这个侄子跟朝鲜国王勾结起来一起反对我可是大大的不妙。于是，图帖睦尔将妥懽帖睦尔移居到了静江软禁了起来，静江就是今天的广西桂林。在桂林，妥懽帖睦尔是住在庙里的，这个庙叫作大圆寺，庙里的长老叫作秋江长老，秋江长老似乎并没有把妥懽帖睦尔看作犯人，而是给了他极大的关爱，教他书写汉字，读《论语》和《孝经》，并且向他传授宫廷礼仪，妥懽帖睦尔这时候也表现出了孩子该有的气质，比如玩尿泥、爬树捉鸟，玩打仗。妥懽帖睦尔在这几年的生活中终于享受到了正常孩子该有的童年乐趣，不过这段日子是短暂的。

在妥懽帖睦尔 13 岁这一年，他的叔叔图帖睦尔病入膏肓了，晚年的图帖睦尔开始信奉佛教，相信因果报应，想到几年前谋杀了自己的哥哥，心中充满了不安，于是图帖睦尔决定传位给哥哥的儿子。可是图帖睦尔去世之后，权臣燕帖木儿就不干了，一定要坚持立图帖睦尔的儿子燕帖古思，因为燕帖古思这时候还小，易于控制，可惜皇太后坚持要完成丈夫的遗愿，燕帖木儿拗不过皇太后，但是此时在 13 岁的妥懽帖睦尔和 7 岁的懿璘质班中选择，自然是懿璘质班更加符合燕帖木儿的口味咯，于是 7 岁的懿璘质班登上了皇位。可惜这个懿璘质班的身体不好，刚刚登上皇位八个月就得病死了。于是燕帖古思笑了：皇太后，面子上的事做足了，你看和世㻋的儿子命短，我们也算完成了文宗皇帝的遗命，还是让你儿子燕帖古思登基吧！结果执拗的皇太后说道，我丈夫说让和世㻋的儿子登基就要让和世㻋的儿子嘛，和世㻋的小儿子死了，不是还有大儿子在静江吗，接回来接回来！于是燕帖木儿没有办法，只得派人去接妥懽帖睦尔，妥懽帖睦尔的命运开始转折了。不过此时的妥懽帖睦尔根本不知道前面等着自己的是个阴谋还是皇位，父亲被邀请当皇帝却命赴黄泉的事情在他幼小的心里还是挥之不去的，那一夜，他一夜未睡，带着眼泪辞别了秋江长老，踏上了未卜的旅程。

到了北京，燕帖木儿去迎接了这个 13 岁的年轻人，当然，迎接是为了说明一些问题。燕帖木儿跟妥懽帖睦尔一边骑马一边说，年轻人啊，你知道你是怎么当上皇帝的吗？都是因为我啊，是我说服了大家，说服了忽里台会议，让你当皇帝的啊，知道吗？这个时候妥懽帖睦尔还处在害怕和紧张中，这个紧张与害怕的青年面对这番表功的言论竟然不知道该说些什么，只能默默地点头。这让燕帖木儿大为光火，什么意思？不领情？你既然不领情，那我看你的皇帝也就别当了！就这样，妥懽帖睦尔回到了大都，可是再次被软禁了起来，大家开始了一场长达六个月的磋商会议，到底要不要妥懽帖睦尔即位。

六个月后尘埃落定，由于没有更合适的人选，忽里台的大多数人支持妥懽帖睦尔即位了。现在我们来看看这位皇帝的童年，这位皇帝的童年经历了从王子到皇子，然后瞬间沦落为阶下囚，朝不保夕，担惊受怕，并且被人怀疑其血统。最后迅速地变成了拥有绝对权力的天子。现代发展心理学告诉我们，这样的人很大可能性具有一种叫作隐性自卑的东西，隐性自卑最大的表现就是极端刚愎自用，极端不愿意采纳别人的意见，这种隐性自卑在明朝的末代皇帝崇祯身上体现得淋漓尽致，在妥懽帖睦尔身上也有么？当然有，我们往后说，就明白了。

此时的妥懽帖睦尔虽然是皇帝了，可是却没有什么实权，权力掌握在两个权臣和一位太后手上，两个权臣，一个是燕帖木儿，一个是二号权臣伯颜，太后是文宗图帖睦尔的妻子卜答失里。燕帖木儿在妥懽帖睦尔即位大典还没有举办的时候就纵欲过度而死了，太后也因为自己的儿子燕帖古思被元顺帝立为皇太子而渐渐地放弃了一些权力，当然伯颜这位权臣就一家独大了。伯颜的故事我们前面一节讲过了，面对一位如此强悍的权臣，妥懽帖睦尔怎么办呢？无所事事，每天在宫里玩耍，然后伯颜的一切命令，妥懽帖睦尔都照准，只有那个杀尽汉人五大姓的提议，因为太荒唐被否决了，不过估计妥懽帖睦尔否决的时候也是战战兢兢的。当然妥懽帖睦尔这个无所事事的样子明显是表面文章，暗地里，妥懽帖睦尔尽可能联系一切反对伯颜的人，这其中最卖力的是伯颜的侄子脱脱。

　　妥懽帖睦尔是极有耐性的，这可能也和他少年时代习惯了忍耐有关，这一等就是六年，至元六年的春天，机会终于来了，伯颜邀请皇帝去打猎，而皇帝假装有病似乎也没有被伯颜识破，于是伯颜带着燕帖古思去打猎了。这时，政变启动了，妥懽帖睦尔坐镇皇宫，一道道地发布诏书，脱脱亲临前线，指挥关闭城门，收缴兵权，抵抗伯颜。伯颜一定没想到，他的侄儿和平时俯首帖耳的皇帝同时变成了反对他的力量，而且如此的干练和雷厉风行。皇帝的秘书杨瑀对皇帝说，诏书我写好了，看到诏书当日，所有军队各自回到兵营，不再听从伯颜号令。妥懽帖睦尔平时总是睡意绵绵的双眼今天突然炯炯有神，毅然地说道：当日？早晨也叫当日，晚上也叫当日，这样不严谨，改成看到诏书两个小时内！杨瑀当时一定也很震惊，这位皇帝平时的漫不经心原来都是装的，一装六七年，这位皇帝真是不简单。

　　驱逐伯颜的行动十分迅速果决，当然，然后就是后续活动，什么呢？燕帖木儿死了，伯颜倒台了，太后您是不是也该歇歇了？赐死！文宗皇帝，你不是说我不是和世瓎的儿子，不正宗吗？我觉得你这个弟弟毒死哥哥当皇帝才不正宗，撤销你的宗庙。你不是流放了和世瓎的儿子么？现在和世瓎的儿子也要流放你的儿子，燕帖古思，玩去吧！好了，除旧工作结束，现在来布新。妥懽帖睦尔任命脱脱，这个反伯颜的老搭档担任中书省右丞相，全面负责经济政治事宜，改元至正，宣布"天下更始"，就是要开始全面改革了，这时候的妥懽帖睦尔一扫阴霾，决定大展宏图，在他的梦想中，自己将会成为中兴大元的君主，和历史上那些中兴的君主站在一起接受光荣。

　　改革的开始是顺利而卓有成效的，妥懽帖睦尔和脱脱这对搭档决定首先进行文化方面的改革，要依赖汉族儒生，这些人道德良好，变成伯颜这样的权臣的机率比较低，于是恢复了科举考试，对山林隐士开始征召。另外既然要重用这些儒生，就要做出个样子来，比如祭祀太庙、祭天这种中原礼节，妥懽帖睦尔统统照做。文化改革可以解决人才问题，有了人才干什么呢？搞经济改革，减免税收，主要是对盐的税收，这样可以调整国家和居民之间的分配问题，居民有了钱还需要技术，于是国家颁布《农桑辑要》，就是农业生产标准化作业和新技术普及读物，这样广大农民有了技术改进的资金，即减免的税收，还有了技术指导，农业生产有了发展。然后反腐，伯颜在位的时候用了很多亲信，吏治自然比较败坏，所以要进行反腐。最后，要以史为鉴嘛，现在开始编修辽、金、宋的史书。可以说妥懽帖睦尔进行了一次大面积的改革，这次改革成效怎么样呢？赢得了广泛的赞誉。这时候妥懽帖睦尔和脱脱都很兴奋，他们觉得自己在成功的道路上又前进了一步，似乎大元中兴就是唾手可及的事情了。

可是就在改革进行得如火如荼的时候，改革的设计师脱脱竟然萌生了退志，官方的理由是脱脱多病，这当然是事实，但还有更深层次的问题：脱脱是信奉萨满教的，而萨满告诉脱脱流年不利，不应该再在政治的舞台上活跃了。于是脱脱退休了。摆在妥懽帖睦尔面前的首要问题成了，谁能继续帮助自己实现改革，于是，妥懽帖睦尔先后起用了阿图鲁、别儿怯不花、朵儿只、贺太平等人。但毋庸置疑的是，这些人都不是改革家，只是平稳政策的执行者，而且每个人都无力进一步控制官场，更不能遏制腐败。妥懽帖睦尔也渐渐地意识到，改革的政策在中央的制定和在地方的执行上存在着偏差，这是广大执行官员执行不力的结果，为什么执行不力？因为腐败。好了，怎么办？我们前面说的妥懽帖睦尔的隐性自卑起现行了，我要强力扭转腐败的局面，怎么扭转？靠我自己！可是我一个人监督不了这么多官员，派我的亲信去！于是妥懽帖睦尔成立了巡视团，这巡视团由二十四名受到皇帝信任的官员组成，巡查全国的腐败问题，这些巡视团官员具有高度的权力，可以全权处理地方事务，也可以直接任免地方官员，甚至可以对地方官员进行刑事审查。

这种制度好吗？不好！因为不受监督的权力的衍生品是腐败，这种权力越大，衍生的腐败问题也越大，而妥懽帖睦尔给了二十四个人以绝对的不受监督的权力，而这种授权竟然是为了遏制腐败。结果可想而知。而产生这种制度的心理原因就是妥懽帖睦尔的隐形自卑，因为他内心深处觉得自己眼光挑选的人可以绝对放心，以此可以展示自信掩饰自卑。

好了，二十四名奉旨监察出了大都，结果是什么？是换来了老百姓"九重丹语颁恩至，万两黄金奉使回"的评价，是"奉使来时，惊天动地；奉使去时，乌天黑地。官吏都欢天喜地，百姓却啼天哭地"的景象。于是这项行动根本没能扭转腐败的现象，可是话又说回来，在封建独裁的时代，又有哪个皇帝可以真正杜绝腐败呢？元顺帝的奉旨巡查、朱元璋的剥皮实草、海刚峰的表率作用、雍正帝的养廉银子都不可能杜绝腐败的产生。能杜绝腐败的办法其实也有：让官员的服务对象，也就是民众拥有监督的权利和执行监督结果的权力，那么腐败自然也就无所遁形了，可是封建皇帝当然不会把这项权利给民众，因为他们更愿意让官员做"父母"官，而自己是所有官员的君"父"，既然不能让自己的这些臣"子"监督自己这个爸爸，自然也就不能让"子"民监督他们的爸爸了。

当然，如果妥懽帖睦尔遇到的情况就是目前说到的这样，那么他还不至于做个亡国之君，就其政治改革来讲，似乎还让元朝的情况好了一点儿。可是让妥懽帖睦尔始料未及的是，历史进入了灾害多发期。关于灾害多发期，是气象学、地质学等学科近年来研究的热门，科学发现，我们的自然环境是有周期性的，在一个周期的某一段灾害比较少，环境比较好，到了另一段就开始灾害频仍，如此往复，形成了一个个的周期。世界历史上第一个有记载的灾害多发期应该是公元前 21 世纪，这时候，中国有大禹治水之典故，西方有诺亚方舟的传说。似乎全世界都在发洪水。而元顺帝时代，又是一个灾害多发期，这时候西方开始爆发黑死病，欧洲大陆一片荒芜，而中国开始遭遇特大洪水、旱灾、瘟疫。为了治水，妥懽帖睦尔就开始进行大量的公共建设，为了满足建设资金，解决财政收入不足，就开始搞币制改革，因为币值改革，造成了物价飞涨，因为物价飞涨，大量农民起义，因为农民起义，国家财政受阻，因为财政受阻，朝廷收入减少……如此的恶性循环，让这个希望做中兴之主的皇帝备受打击，原来中兴之主不好做，不光要有雄心，还要有能力，更要有运气。可惜妥懽帖睦尔似乎雄心有余，能力一般，运气很差，这样一综合，中兴看来是没什么希望了。

现代心理学告诉我们两件事：第一，一个具有隐形自卑的人，在遇到失败的时候，喜欢把问题推给别人。所以崇祯皇帝死的时候说群臣误我，责任是大臣的。妥懽帖睦尔这时心里一定是把失败的原因归结为运气不好了，因为确实赶上了特大洪水和灾害。第二，一个有雄心壮志的人，觉得自己因为运气差而不能实现雄心壮志的时候，可能会自暴自弃，然后患上抑郁症，症状的表现为：酗酒、失眠、逃避现实、沉浸在自己的爱好和事务上，不愿意与他人接触。这些症状，妥懽帖睦尔有吗？除了失眠历史上没有记载，剩下的，都有！

逃避现实的妥懽帖睦尔自然不愿意再进一步管理朝政了，于是改革所取得的一点儿成果也面临崩溃，严重的自然灾害和不力的政策，导致了小规模的农民起义。对于这些，这时已然患上抑郁症的妥懽帖睦尔不愿意去应对了，但是他还有一个人可以依赖，这人就是他的老搭档脱脱，于是，不管你是病了，还是流年不利，你都必须给我回来！就这样，脱脱第二次拜相了。

脱脱拜相以后，妥懽帖睦尔似乎更加放心地不理朝政了，但是一个抑郁症患者还需要借助其他方式来逃避现实。妥懽帖睦尔选择了三样东西：酒、女人和做手工。妥懽帖睦尔开始了酗酒，当然这是蒙古皇帝的通病。然后宠信一个佞人叫哈麻，为什么宠信这个佞人呢？因为这个佞人为元顺帝提供了一种新鲜的养生之术，阴阳和合之术，当然，这个哈麻更是别出心裁地告诉妥懽帖睦尔：女人越多，这套养生术就越灵验。于是，妥懽帖睦尔开始了各种荒淫的游戏。除了酒和女人，元顺帝另一个逃避现实的方式是进行手工工艺。这一点和明朝的天启帝有点儿像，而且两人的手艺都是木工，且都应该算是全国杰出的木匠。有一点不同的是，天启帝喜欢的是做家具，妥懽帖睦尔喜欢的是做交通工具。妥懽帖睦尔曾经自己设计制造龙舟，大船下水后极其平稳，龙的眼睛还能随着船的行进不断转动，活灵活现。一个逃避现实的抑郁症患者就开始在他的手工爱好、酒和女人中消遣自己的时间了，他似乎完全忘记了自己的另一个身份——大元王朝的皇帝，也忘了自己即位之初的信誓旦旦和踌躇满志。

　　而此时元朝的朝政又怎样了呢？自然灾害的爆发，导致积蓄已久的矛盾瞬间激化了。这就有如一个已经感染了多种病菌的人，在外界环境的刺激下瞬间病倒了，对于这样的病入膏肓的病人，最好的办法是什么？当然是静养，慢慢治。但是妥懽帖睦尔和脱脱似乎没有意识到这个问题，他们准备下猛药，既然黄河泛滥是其他所有动乱的根源，我们就要治河！而且是彻底的治河！于是，我们前面一节分析的事情出现了，元朝开始大规模兴建公共工程，而金融体制又是那么混乱。结果是河水治好了，可是更大的问题来了，这个问题是什么？大规模的农民起义。于是刘福通、郭子兴、陈友谅、张士诚、方国兴、朱元璋，一批草莽英雄纷纷登上了舞台。

　　而此时的妥懽帖睦尔是没有心情应对这些的，他怒视着跪在前面的脱脱说，你不是说天下会很快太平吗？怎么现在红巾军都快占了半壁江山了？你这个丞相怎么当的！当然一个有隐性自卑的人绝对不会反省自己这个皇帝是怎么当的！脱脱当时汗流浃背，看来不得不下全力打击红巾军了，可是怎么打击？脱脱的想法是这样的：为什么我们战胜不了起义军？因为汉人得到了我们的内情。为什么汉人得到了内情？因为朝廷中的汉臣通风报信。为什么汉臣要通风报信？因为汉臣总是向着汉人的！于是，想镇压红巾军，就首先不能让汉臣参与军事谋划。可是蒙古人少，汉人多，以少打多总是不占便宜，最好是让人"捐献"一些兵力，于是脱脱大力鼓励汉族地主组织义兵。历史总是极其的相似，脱脱可能没想到，大概四百年后，另一个少数民族政权——清王朝，镇压太平天国的时候也采取了这一招。

同样的方法，任用地主武装，却带来了完全不一样的结果。清朝使用的地主武装的将领都是受过良好的儒家教育的，曾国藩、胡林翼、李鸿章都是科举正途，曾更是名著一时的理学大师。左宗棠虽然不是进士出身，可也是学贯古今，读书万卷的人。这些人都有一种儒家情怀，忠君爱国的思想使得这些人统领的军队不论湘军还是淮军，在早期都是有着效忠朝廷的愿望的。然而元朝所用的地主武装却不是这样，长期的废除科举，国家又没有任何的主流意志，导致地主武装并没有统一的思想行动指南。元朝大多数地主武装，起兵帮助朝廷的原因是能得到高官厚禄和更大的好处，这样的武装必然纪律松散，战斗力不强。第二个不一样的是，在明末清初，顾炎武提出了"亡国"和"亡天下"的理论：一个朝廷亡了是亡国，是一家一姓的事情，而儒学和中华民族的精神代表了天下，这个要是亡了，就是亡天下。顾炎武一定没想到，这一理论竟然给曾国藩等人率领的地主武装镇压太平天国提供了思想武器。清末，洪秀全的口号是诛灭清妖，在人间建立一个天国。曾国藩如果说自己是维护清朝当局，肯定有人拿"夷夏大防"做文章，而曾国藩巧妙地避开了这一点，而是强调，清朝也尊儒学，崇尚中华文化，所以清朝推翻明朝是亡了朱明的国，天下还在。而太平天国使用的是基督教的一些思想和洪秀全自己想象出的理论，不尊儒学，这样的朝廷推翻了清朝，就是亡天下了，所以要是不想亡天下，就要保清朝灭太平天国。而反观元朝，当朱元璋提出"驱逐鞑虏、恢复中华"的口号（注意，这个口号是朱元璋先提出的，孙文先生在五百多年后重新使用了），元王朝竟然没有合适的思想武器应对之。

好了，虽然过程都是起用了地主武装，但是清朝的地主武装，有批判的武器，也有武器的批判。而元末的地主武装，只有武器的批判，没有批判的武器。可是没有批判的武器作为前提，武器批判谁？这些地主武装的选择是批判谁能带给咱们更大的利益，咱们就批判谁。

混战开始了，一方面是出于维护统治和忠君爱国思想的脱脱丞相和一些同僚带着一些为了在战争中捞取利益的地主武装。另一方面是一些为政策所迫愿意解救人民于倒悬的起义领袖和一些机会主义分子。对，我们必须认清，在所谓"好"的阵营，农民起义军中，也是存在着一些机会主义分子的。在一贯认为的"坏"的阵营，腐朽王朝的军队中，也是有一些忠于自己的使命、思想、信仰的人，这才是辩证地看待历史问题。

至正十二年，元朝的大军在脱脱的带领下出发了，这支大军是一支混合军，里面有蒙古人、色目人、藏人、地主武装，这杂牌军能暂时团结一致有两个原因：一个是此时帮助朝廷似乎能获得更大的利益，另一个原因是脱脱的威望似乎足以控制这支混合军队，在这两个支柱的支撑下，大军浩浩荡荡奔赴徐州，这支军队的第一个对手是实力强大的芝麻李，脱脱的想法，应该是先打下一个厉害的，弱小的也就不敢动了，这叫立威。这一战实现了脱脱的预先设想，徐州的起义军被歼灭了，这件事极大地震动了当时的元朝，统治集团欢欣鼓舞，起义军进入心理的低落期。

这时候有隐性自卑心理的抑郁症患者元顺帝会怎么做？一个正向刺激会使普通人很开心，但是会使有上述心理的人极度兴奋，为什么？可以借此掩盖自己的自卑，并且展示抑郁的另一个极端，元顺帝是不是这样的呢？是的，对于这次战役的胜利，元顺帝开始大肆奖赏所有的有功人员，并且在徐州为脱脱立生祠，然后开始了一个大的政治规划，该立个太子了！

这些事在当时是不是合时宜呢？对于一个财政吃紧、金融混乱、战争仍在继续的政府来说，大肆地奖励和立生祠的举动必然会加重上述问题。而立太子的动议更是不应在此时提出，我们前面已经看到，在继承问题上，元朝有发言权的人太多，每次继承问题都是一次力量的博弈，会给这个王朝带来一次血雨腥风。现在这个王朝还处在风雨飘摇中，妥懽帖睦尔竟然想起了立太子。看来这位隐形自卑患者太想证明自己的王朝已经河清海晏了，他肯定没想到，他其实不太需要考虑什么太子，因为他将是元朝在中原统治的最后一个皇帝了。

现在要立太子了，谁有发言权，根据我们前面几节的论述，皇帝、皇后自然是有，蒙古诸王自然也有，权臣还有。此时的皇后叫作奇皇后，是皇帝在流放高丽期间娶得的朝鲜女子，与皇帝患难与共的妻子，皇帝和皇后立场一致地想要立奇皇后的儿子爱猷识理答腊当太子。蒙古诸王呢？此时不是忙于战争就是对中原的元王朝已然离心离德，不愿管到底是谁当皇帝了。再有就是权臣，此时权倾朝野的无非就是脱脱了，可是脱脱并不赞成爱猷识理答腊当太子。而在元顺帝和奇皇后身边的哈麻，希望借着太子的事情上位，于是，开始极力地挑拨脱脱和元顺帝的关系。于是外患没有肃清，内忧即将兴起了。

最后妥懽帖睦尔和脱脱选择各退一步，太子还是立了，只不过没有举行任何正式的"就职仪式"，比如敬告天地祖宗。而哈麻却得到了更大的宠幸，因为觉得自己已经是太平天子的抑郁症患者妥懽帖睦尔需要更大的可以转移注意力的事情，哈麻趁机说话了，皇帝是不是不开心啊？当然，一个抑郁症患者自然不开心。哈麻接着说，我可以让你开心啊，你虽然富有四海，但这都是浮云啊，你没有尝过大喜乐的滋味吧？皇帝自然很惊奇，什么叫大喜乐？于是皇帝开始了他的大喜乐活动，就是每次三个或者四个女人跟皇帝一起行男女之事，还安排精壮的帅哥和美丽的姑娘，表演给皇帝看，这下皇帝高兴了。于是对哈麻更加言听计从，是呀，没了哈麻谁来给他安排大喜乐呢？哈麻除了讨好皇帝，讨好皇后也很有一套，他把太子可以得到确立的功劳归于自己，把太子没有就职仪式的责任推给了在外统兵的脱脱。

　　此时的脱脱全然不知道朝廷的局势已经向着不利于自己的方向慢慢发展了，而他此时正在围攻高邮的张士诚，张士诚已经穷途末路、困守孤城了。哈麻此时动起了心思，自己与脱脱一向是意见相左，要是脱脱得胜回朝哪里还有自己说话的余地，不如趁此机会，除掉脱脱。于是一场阴谋政变酝酿了起来。哈麻先是利用皇后和太子的支持，指使自己的亲信弹劾脱脱的弟弟，这第一步是探探风向，没想到出奇的成功，元顺帝全面肯定了弹劾，于是脱脱的弟弟被罢官。而哈麻的亲信成了御史台的负责人，于是第二步开始，弹劾脱脱的奏章被交给了皇帝，哈麻深谙这个隐性自卑患者的心理，弹劾脱脱的奏章大致是这样写的，你看，给了你这么多钱、这么多兵，打几支农民起义军你都打不下来，是皇帝不圣明吗？不是吧？那就是你脱脱能力不行嘛！元顺帝一看！太对了，我要是不说是脱脱不行，岂不是就说明是我不圣明了吗？这可不行！脱脱罢相。

　　此时的脱脱是百万大军的统帅，此时这么做，很有可能逼反这个统帅，逼得他反戈一击。元朝的权臣这么做司空见惯。这无疑是个豪赌，我们不知道是妥懂帖睦尔太缺乏考虑还是他太了解脱脱，总之他这样做了，而脱脱深受忠君思想的影响，也完全照做，交出兵权了。此后脱脱辗转流放，最后在去云南的路上，被哈麻杀了。

　　而此时，原先由脱脱率领的这个拼凑起来的混合军团的一个支柱倒了，于是，独木难支，这支军团一哄而散各自为战了，而已经末路的张士诚却莫名其妙地发现自己得救了，柳暗花明，而更多的红巾军也大受鼓舞，于是从徐州战役之后形成的元军气势大震，起义军气势衰颓的局面彻底扭转，而扭转这一局面的人不是朱元璋、陈友谅、张士诚，而正是元顺帝妥懽帖睦尔自己。

脱脱被杀之后，元朝再也没有人可以领导起整个战争，于是变成了农民起义各自为战，地主武装也各自为战的局面。而隐形自卑症患者妥懽帖睦尔也更加沉沦，而哈麻也变得更加嚣张跋扈了。哈麻看到元顺帝沉迷娱乐，不理朝政，太子越来越多地掌握了朝政，不禁萌生出一个念头，如果自己能逼顺帝退位，禅位给太子，岂不是大功一件？到时候自己就是开国元辅。于是，一个政变计划在哈麻心中开始酝酿，当然，套用一句现在流行的话，不作死就不会死，哈麻的这个行为，也是为自己掘好了坟墓。

政变计划突然泄露了，泄露得很偶然，哈麻的妹夫为了邀功将整个计划告诉了妥懽帖睦尔。哈麻忘了一件事，妥懽帖睦尔虽然不是一个好皇帝，但不是一个智商低的人，只是心理不健康。于是知道这个消息的妥懽帖睦尔勃然大怒，雷厉风行，铲除了哈麻。不过此时的元朝已经是内外交困，陷入了制度性衰退和外在性衰退的双重问题中，一个哈麻的死并不能解决什么问题，之后的宰辅们在作为上，甚至不如哈麻，即使这时候还有谁想有些作为，恐怕也是无力回天了。元朝的外部环境是风起云涌的农民起义已然不可遏制，元上都被"破头潘"攻破，甚至连大都的粮食供应也产生了极大的问题。而此时元朝的内部呢？虽然哈麻企图逼妥懽帖睦尔退位的阴谋败露了，可是太子依然把持着朝政，也许是哈麻的想法鼓动了太子，于是太子和母亲奇皇后也酝酿起了秘密的政变计划。而蒙古诸王呢？采取了两种策略，要么独立出去了，反正自己有地盘，有兵有钱的，妥懽帖睦尔啊，你自己玩吧。要么开始蠢蠢欲动了，皇帝当得这么差，怎么对得起当年成吉思汗的功业？不如我来当！于是开始造反了。地主武装呢？这些各自为战的地主武装一方面在镇压起义，一方面在互相兼并，现在终于形成了两大派，一派是察汗帖木儿和他的外甥王保保，这一派大家耳熟能详了，因为金庸先生的《倚天屠龙记》给察汗帖木儿安排了个美貌的女儿赵敏。另一派是孛罗帖木儿的势力，两派一起镇压起义，却又水火不容。

终于，元王朝的丧钟敲响了，是内外共同作用下敲响的，而最重要的动力，来自内部。皇太子的政变开始了，皇太子的步骤是一步一步杀死或驱赶反对他的人，任用亲信，培植党羽，前面进行得很顺利，就连宰相贺惟一也惨死在太子之手，可是在太子清除妥懽帖睦尔的舅舅老的沙的时候，老的沙竟然跑了，跑到了孛罗帖木儿的营中，孛罗帖木儿跟老的沙很铁，拒绝了皇太子的交出老的沙的要求，皇太子一看，呵！敢抗命？于是鼓动元顺帝攻打孛罗帖木儿，孛罗帖木儿一看更生气，你家现在靠着我打农民起义军，结果还敢起兵打我？于是孛罗帖木儿转头攻打元大都，两次攻城之后，元大都陷落了，太子一看不妙，跑到了王保保的阵营中，王保保当然高兴了，可以挟太子以令诸侯了。孛罗帖木儿一听，你别扯了，我还可以挟天子以令诸侯呢。于是两边打了起来。顺道说一下，这时候农民起义军也没有闲着，朱元璋正在和陈友谅打得不可开交。这样看来就有意思了，都是元朝用来镇压农民起义的孛罗帖木儿和王保保在北方内斗，都是希望推翻元朝而起义的陈友谅和朱元璋在南方内斗。

再说说此时的元顺帝，突然变成了军阀手中的棋子，颇有点儿像当年的汉献帝啊，孛罗帖木儿有些像曹操，不过孛罗帖木儿没有曹操的智商，也没有曹操的手腕，而妥懽帖睦尔可是个搞政变的好手，早年就铲除过权臣伯颜，此时对付你孛罗帖木儿还不是小事一桩？于是妥欢懽睦尔就策划了一场暗杀行动，宫中的力士很快暗杀了孛罗帖木儿，剿灭了孛罗帖木儿的残部，王保保送太子回城，父子团圆，王保保获封右丞相，而此时的朱元璋也攻灭了陈友谅，张士诚，统一了江南。两边的战争都结束了，可是元朝方面是元气耗尽，行将就木了，而朱元璋方面却是气势如虹，喷薄欲出了。

两边现在在干一件事了，元顺帝任命了王保保为河南王，去剿灭在南方的朱元璋，而朱元璋也提出了"驱逐鞑虏"的口号，准备北伐了。一边向北打一边向南打，可是北伐进行得很顺利，南剿却不顺利。王保保还没有遇到朱元璋，就先遇到了其他军阀，这些军阀觉得王保保来河南，无异于抢地盘嘛，那怎么办？打呀！于是元朝的地主武装在河南大打出手。而此时的妥懽帖睦尔看到如此情形，有两个想法，第一这个王保保不打朱元璋怎么老是打自己人？一定是有异志了，怎么办？下令太子总领天下兵马，讨伐王保保！第二，要是打不过王保保怎么办？那就赶紧逃跑，不过妥懽帖睦尔想到的逃跑方向可不是回蒙古老家，而是去高丽，毕竟年少的时候自己在高丽住过一段时间，于是，妥懽帖睦尔命令高丽国王在济州岛为他营建宫殿。至正二十八年，朱元璋称帝，大明王朝建立，北伐一路高歌猛进，直抵大都。

大都中的君臣此时慌乱了，妥懽帖睦尔开始准备逃跑了，就在逃跑准备中，一位宦官站了出来，这位宦官叫作赵伯颜不花，这位亡国之际的宦官说出了一番很有气节的话：天下是世祖打下的天下，陛下作为世祖的子孙，自然应当死守，君王死社稷总比逃走强很多，我愿意率领军民人等和怯薛歹出城迎战。所有大臣望着高高在上的妥懽帖睦尔，妥懽帖睦尔茫然地看着大家，说了一句：我怎么能做宋徽宗和宋钦宗呢？于是，当晚，妥懽帖睦尔带着一众大臣、后妃逃出了大都的健德门。朱元璋不战而得到了大都，欣喜之至，认为妥懽帖睦尔知天顺命，所以妥懽帖睦尔被叫作了元顺帝。

而我们关于妥懽帖睦尔的故事到这里还没有完，妥懽帖睦尔逃亡的一路上看到了民生凋敝，突然焕发了当年要做一个好皇帝的想法，于是妥懽帖睦尔感慨道："我要是不出大都，怎么知道原来民生已经凋敝到这种程度？"于是妥懽帖睦尔开始不分昼夜地工作，虚心地向大臣请教，该如何恢复已经失去的疆土。这时候有人提出，王保保是不是可用？妥懽帖睦尔马上召见王保保，商讨如何恢复旧土，然后不计前嫌，任命王保保为元帅，开始了恢复战争。王保保迅速率军在韩店与明军进行了一场遭遇战，这场战争王保保大胜明军。这本身是个好事，不过对于隐形自卑症患者来说，可就不尽然了，妥懽帖睦尔一下子觉得：你看，我还是很牛的，我只是打了个盹儿，朱元璋才取得了现在的胜利，我稍微一振作，朱元璋就不行了！于是他命令王保保去收复大都！此时的王保保还没有实力在大都打一场攻坚战，于是这一战争的结果，王保保大败亏输，仅仅十八骑生还，元朝最后的回光返照结束了。而此时的隐形自卑症患者也彻底的消沉了，身体状况也每况愈下，在漠北草原上结束了自己五十一年的人生，太子即位，妥懽帖睦尔以惠宗的庙号载入了蒙古的史册。

现在要来看看这位皇帝了，作为元朝的末代君王，元顺帝是难以总结的，他不像汉献帝、崇祯帝这样的皇帝，接到手的就是个烂摊子，元顺帝即位的时候，元朝虽然已经在走下坡路，可是还没有出现任何末世的迹象，元朝是在元顺帝统治的二十多年里慢慢走向覆亡的，这样看来，元顺帝不是个合格的皇帝。但是从个人能力上来说，元顺帝又不是晋惠帝那样的弱智，在一系列权力斗争中和前期的治国理政上还表现出了一定的能力。从个人性格上来说，元顺帝幼年的际遇起伏造就了他隐性自卑的性格，这样的人是不是完全不适合做皇帝呢？倒也不一定，但一定不适合在一个多事之秋做皇帝。于是元顺帝把自己施政的不顺利全部归结于自然原因，把小小的成就过分夸大，就在这样的狂喜与消沉中走完了自己的一生，也结束了一个王朝的统治。当然元顺帝的自卑情绪主要是他的叔叔元文宗造成的，这位元文宗又是个怎样的皇帝？为什么他早年可以为了皇位毒杀自己的哥哥，而晚年又执意让自己哥哥的儿子即位？是什么导致了如此大的转变？又是什么让一个草原民族的皇帝得到了文宗这样的庙号？我们以后再说。

二十一、闲来把酒话桑麻

钱穆先生说，"我们国人治史于经济关注得少，于政治关注得多"。这话不错，不过也怪不得史学家，毕竟中国的历代史学家都是官方史学家，记录的都是些帝王将相的家事，自然就对老百姓的生活关注得少了，关注老百姓的生活少，经济问题自然也就得不到重视了，于是中国古代史料汗牛充栋，但是讲经济的史料就寥寥无几了，大概也就是每部史书的"食货志"略略地说说经济问题。之于元朝，更是这样啦，大家对成吉思汗的征服事业，蒙古铁骑的军事力量关注得多，对于当时的经济政策关注得少。但是作为一个经济学博士不谈些经济，笔者觉得说不过去，于是我们夜话元王朝就难免要夜话一些经济问题，这不，这一节，我们就来"把酒话桑麻"。

诸位学过历史，历史课上会讲中国的经济重心的南移，也会讲宋朝是这个南移中的一段关键历程。宋朝时，南方正式成了中国的经济中心。为什么会这样呢？因为从唐末到五代十国，中原战乱频仍，南方相对安定，那么中国这个以农业经济为主体的国家的经济繁荣自然需要政治稳定，于是南方经济就越来越超过北方了。后来北宋统一了，但是北方经常受到辽国的骚扰，北方的农业也就恢复不起来，再后来北方让金朝占了，女真人实行了"猛安谋克"制度，这个猛安谋克制说白了就是一种屯田制度，这样北方的农业变成了官方农业，而女真人对农业本来也就不感兴趣，官方农业很难发展得很好，于是北方的农业继续衰落着，那么北方农业是什么时候有所恢复的呢？元朝！肯定有人说了，不可能啊，蒙古族不更是游牧民族吗？怎么会对农业感兴趣呢？怎么可能恢复北方的农业呢？这个您别急，听我慢慢道来。

成吉思汗起初是对农业不感兴趣的，那时蒙古族对中国北方的征服也就是以烧杀抢掠为主，这是毋庸讳言的。但是后来蒙古来了一位契丹人，叫作耶律楚材，这个耶律楚材不得了，向成吉思汗和窝阔台汗建议，你说你们这么抢，抢一次就没了，不如让北方的老百姓种田，种完了你们收税，这样年年都有收入，还省得打了。这一个建议了不起，蒙古统治者开始对北方汉地进行正常的管理，征收农业税收，不再烧杀抢掠了，可是仅仅这样也不能保证中原农业的恢复和发展啊？顶多保证中原农业不进一步恶化了。但是，后来又有一个人开始起作用了，这个人就是忽必烈。

正如我们前面所说，到了忽必烈当大汗，他的主要根据地就已然不是蒙古草原了，而是中原汉地，而忽必烈又有一个各族知识分子组成的金莲川幕府，于是忽必烈开始经营自己的根据地——中原汉地，这一经营不要紧，竟然让中国北方的农业有所恢复和发展，还进行了几项经济制度创新。

首先从政府层面，元朝设立专门的机构来进行农业生产的规范指导，这个机构叫劝农司，劝农司是干吗的呢？就是专门到各地指导和督促农业生产，督促农业生产是监督职能。而指导呢，就很像我们现在的农科院找一些专业人士给予生产上的帮助。但是问题来了，要有专业人士的帮助首先要有专业人士，我们现在各个大学有专门的农学院可以培养专业人士，元朝怎么办呢？元朝也设学校，这个学校叫作农校，在农闲时节，农家的子弟要去农校学习，学习的内容有两个，第一读书写字，第二农业知识，你要是读书写字学得好的话呢，将来地方政府需要小公务员的时候可以直接聘用你，你要是农业知识学得好的话呢，正好你将来生产的时候用得上。但是还有一个问题啊？教学的话需要有教材啊？元朝有吗？你还别说，元朝还真的规范地编纂了一本农业知识的教材，这本教材就是《农桑辑要》，编好之后分送各地作为全国统一教材让人学习。

现在有了教材，有了学校，还需要考虑种什么。种什么呢？无非是与吃和穿有关的农作物，吃什么？传统的主食当然是米面咯，但是万一有饥年米面不够呢？到了明清这个问题好解决，因为马铃薯和玉米引进中国了，那时候就可以种马铃薯了，可是元朝还没有，于是元朝政府经过研究，种枣树！枣的产量比较高，到了饥年米面实在跟不上就吃枣吧！另一个问题是穿什么，中国到了元代，主要的穿着材料就是穷人穿麻，富人穿丝。那么种桑麻就是最好的选择，再加上元代对外经济很发达，丝织品是主要出口商品，当然要大量地种桑养蚕，这样既可以满足国内需求又可以满足出口经济，于是种桑在北方大规模推广开来，另外就不得不提一个伟大的中国妇女，上海（当时叫作松江）的黄道婆，黄道婆是元朝人，这个妇女在生产过程中改进了织机，使得生产更加高效，再加上元朝经济是出口外向型经济，丝织品在国外都是当作奢侈品卖的，于是黄道婆成了中国历史上为数不多的女企业家，当时黄道婆的织机生产的丝绸，可是国家免检的出口产品，也许追溯起来，黄道婆可是比路易·威登、乔治·阿玛尼更早的奢侈服装品牌。这也是中国历史上昙花一现的商业景观。但是既然桑蚕丝绸是奢侈品，是解决外部需求的，那么还需要依靠麻布解决内部需求，可是麻布有个问题，不保暖也不舒服！元朝的远征军可是到过印度的，在那里见过了另一种可以穿的东西——棉花！蒙古人从产量、舒适程度上一比较，嗯！棉花可以代替麻布成为普通的衣料作物，于是就在元朝，棉花大规模地在北方种植了起来，成了中国人的主要衣料作物。

技术问题解决了，作物问题解决了，可是农业组织怎么办呢？如何才能高效地组织农业生产呢？元朝政府决定改进一个制度——乡约制度，什么叫乡约呢？就是一个村的农民互助互利，自治直营。但是在宋朝这完全是农户们的自愿行为。元朝打算把这个制度变成国家制度，于是在元朝，出现了一个神奇的组织，叫作农社。什么是农社呢？就是五十户人家组成一个农社，要是村子比较小的话就20家组成一个农社。每一个农社要选出一个种田最有经验的长者作为农社长，每家在自己的田边树立一个小牌子，上面写上自己家人的名字，社长呢要经常去查看，要是觉得某家的田种得不好，就报告给政府，政府将这家的过错写成牌子挂在他家门口，你家就是"种田不积极不努力"户了，这样的牌子一挂，自然很丢面子，但是要是这家农户脸皮厚不怕丢面子呢？也没关系，政府还有后续惩罚措施，如果屡教不改，就必须在社里做苦工，谁让你懒呢？自己家的地不好好种，就只能在社里种公家的地了。看到这里你会说，哦！农社有监督职能吗！不忙，不止这些，农社除了有监督职能，还有互助功能，比如如果谁家生病了不能种地了，那么农社中的其他人要帮他家种地，如果这个农社中得了传染病，好多家不能种地了，其他农社要派人来帮助这个农社种地，另外农社还提供信贷服务，比如，社员家的牛死了，其他社员凑钱给他买头牛，等到以后这个社员分期偿还。不禁要说，元代的农社制度从文化学的角度上看是发挥了中国人守望相助，远亲不如近邻的传统，从经济制度上来看是一种比较好的合作制度的雏形。

而且农社还解决了三个重要的外部问题。一个是解决了融资问题，另一个是解决了备荒问题，还有一个解决了环保问题。什么是融资问题呢？我们都知道，但凡发展农业就要兴修灌溉的水利工程，可是单个农户很难有能力修，如果是五十户农户组成的农社呢？这个问题就很好解决，而且政府可以出钱贷款给农社，因为五十户农户总不至于集体携款潜逃吧，所以这样政府出资，农户出力，兴建工程，集体偿还，解决了公共产品的融资问题。另外，农社必须设立一个公共仓库，每人每年交米一斗，这样到了灾年就可以有备荒的粮食。最后一条，你可能觉得很有趣，什么叫解决了环保问题呢？因为农社有规定，每年每人必须种树十棵，最好是种枣树，可以备荒，要是当地不适合种枣树，那么种柳树也是可以的，要是农社的辖区内有池塘则必须养鱼养鸭子。现在我们再来看，田边种树，池塘养鸭，既可以防风固沙，鸭子的排泄物又可以肥田，这不正是现在提倡的典型的生态农业吗？这样看来，元朝的农社制度，直到现在都是一个值得研究的经济课题和制度。

历史总是这么有趣，在大多数人心中，元朝这个游牧民族建立的王朝一定是对中国北方农业破坏最大的，可是事实却是，这个游牧民族的王朝却是为中国北方农业的恢复和发展做了贡献的，你说有趣不有趣？

二十二、闲谈多变元文宗

要说元文宗，我们要先从一起剽窃案说起。明朝洪武年间，有一天皇帝朱元璋把亲近的大臣叫到一起，给每人发了一首诗，这首诗的题目是《自集庆路入正大统途中偶吟》，群臣拿起诗一读，诗的内容是：穿了毡衫便著鞭，一钩残月柳梢边。二三点露滴如雨，六七个星犹在天。犬吠竹篱人过语，鸡鸣茅店客惊眠。须臾捧出扶桑日，七十二峰都在前。嗨哟，别看我们皇上读书不多，这诗写得还是真不错。于是群臣一片赞扬之声。皇帝问了，这首诗好在哪里呀？有文学之士就说了，此作寂静中不乏朝气，和婉中不乏威严，太平天子的气象俨然，又有人也说了诗歌最后两句，不愧天子手笔，颇有威加海内万方宾服的气派，语气不同凡响！朱元璋很满意，这时候又有朝臣说了，不如把这首诗编到御制诗里面吧？朱元璋啊哦嗯地含糊过去了，大臣一看，哦！明白了，皇上谦虚，写了首好诗，不好意思炫耀，就含糊了，那我们应该揣摩圣意啊！好了，编进去，于是这首诗就进了朱元璋的御制诗，朱元璋当然很满意。可是御制诗是个出版物啊，于是读的人就很多，这里面有一些人酷爱诗歌啊，就发现，咦？这首诗不是元文宗写的吗？怎么在我们朱皇帝的御制诗里了？赶紧给编辑写信，发现个错误！于是负责编纂的大臣就跟朱元璋说了，您看，这个怎么办？朱元璋脸一拉，什么？说我剽窃？并没有，这就是个巧合，我莫名其妙地跟元文宗想到一块去了，再说这首诗本来就是根据辛弃疾的西江月改编的，我和元文宗的改编思路是一样一样的！好吧，既然皇上这么说了，那就这样吧，于是这首诗就不清不楚地躺在了朱元璋的御制诗集中了。

说到这里各位可能奇怪了，在大多数人的印象中，元朝的皇帝都是喝酒吃肉，挥金如土，杀人如麻的草原勇士，可能连汉语也不会说，怎么可能写出来诗词，还能引得后代皇帝剽窃？你还别说，元文宗还真的就不一样，这个皇帝不但能写诗，还能画画，对于他的画，许多大画家都认为属于上乘的佳品，另外这位皇帝还会写书法，临摹的是唐太宗的书法，从书体上讲是晋祠碑帖的风格。你可能惊讶了吧，元朝还有这么有文化的皇帝？但是更有趣的是这个皇帝不光有文化，性格还很多变，怎么多变呢？别着急，我们慢慢说。

我们前面在讲元顺帝的时候说元顺帝少年坎坷，其实顺帝的这位叔叔元文宗的人生也是坎坷的。元朝皇位继承制度一直很混乱，这我们前面讲帝位继承的时候已然说过，其中一段就是元武宗死后将皇位传给了自己的弟弟仁宗，本指望仁宗将皇位传回给武宗的儿子，可是仁宗却反悔了，将皇位传给了自己的儿子英宗，英宗当了皇帝自然比较担心自己的堂兄弟们，也就是武宗的儿子推翻他，于是将武宗的大儿子和世㻋发配到了塞北草原上，将武宗的小儿子图帖睦尔发配到了海南岛的琼州，这样看来图帖睦尔估计要以囚犯的身份了此一生了，可是事情有了转机，我们前文说过，英宗被刺身亡，谁来当皇帝？英宗又没有儿子，这时的图帖睦尔心中可能燃起了一丝丝希望，不过这一丝丝希望很快就破灭了，因为英宗的伯父泰定帝凭借自己的权势当了皇帝，不过泰定帝挺讲情面，把图帖睦尔放在海南岛实在是有些不近人情了，召回来吧！就这样图帖睦尔开心地离开了海南，踏上了回北京的道路，可是走到湖南的时候泰定皇帝突然后悔了，咦？我以前任皇帝的伯父的身份即位本来就名不正言不顺，现在把武宗的本来有可能当皇帝的儿子找回来，不是给自己找麻烦吗？不好不好！算了，你就在湖南待着吧，这下得了，回北京的计划又泡汤了，图帖睦尔一想自己估计与皇帝这个职位是无缘了，学习骑马射箭吧又好像太有野心，而且在湖南又不是在漠北草原，学习骑马射箭也没什么场所，算了，读书吧，看看汉人的书都写了些什么，这一读不要紧，图帖睦尔深深地喜欢上了汉文化，醉心于此，不久之后就琴棋书画样样精通了，而且还能作出工整的诗词，与元顺帝在坎坷的童年培养的隐形自卑不一样，元文宗反倒培养出一些贵族气息，为什么同样是流放的皇子，元文宗和元顺帝却培养了不同的人格呢？这还需要点儿心理学知识。

第一，元顺帝在流放期间顶着双重压力，一个是生活境遇的窘迫，另一个是元文宗说他不是父亲的亲生儿子的污蔑，这对一个青少年的心理健康是极其不利的。而元文宗自己却没有这样，他虽然被流放了，也被严加看管，但只是软禁，生活上是好的，而且所有人也都承认他是武宗的嫡出儿子，尤其是武宗的旧部更是对他礼遇有加。第二，元顺帝有个不好的对比，什么对比呢？元顺帝自己被流放了，而自己的亲弟弟却生活在北京，而且已然是以皇子的身份，同样是明宗的儿子，做人的差距怎么这么大呢？而文宗却无所谓，自己被流放到南方，哥哥不是也被流放到塞北了吗？这样一对比，兄弟一样！第三，元顺帝是本来有接班的权力的，作为明宗的长子，自己不是应该继承皇位吗？虽然元朝没有嫡长子继承制的传统，但是自己的弟弟还在襁褓之中，怎么着也该是自己即位呀？结果怎么就让叔叔捷足先登了呢？元文宗却没有这样的想法，要是论嫡长子，应该是哥哥即位，要是论权势，父亲的旧部都在北方，跟哥哥更近，所以可能也会支持哥哥，那还不是左右都当不上皇帝，有什么可悲伤的呢？最后，元顺帝是亲眼看着自己的父亲被毒死，然后毒死父亲的人当了皇帝，自己还被百般虐待。而元文宗呢？父亲是寿终正寝的，而且父亲自愿把皇位传给叔叔，虽然叔叔后来说话不算数，没给哥哥或者文宗自己，但是叔叔的儿子却被人刺杀而死，这样看来，如果自己当了皇帝被刺死的可能就是自己了，这么说还是逃过一劫。就在这样完全不同的心态下，两个皇帝在流放地养成了不同的人格形态，元顺帝极端刚愎、隐形自卑，元文宗却比较淡泊，艺术气质浓郁。如果元文宗的故事到这里再没什么变化，他很可能会做一个安乐王爷，醉心琴棋书画，然后成为元朝的著名艺术家。但是实际却是，风云突变，元文宗不自愿地走上了政治舞台。

　　致和元年七月十月，元泰定帝在上都去世了，一场血雨腥风的继承风暴开始了，按照元武宗和元仁宗的约定，应该是兄终弟及叔侄相继地传承，可是元仁宗破坏了这个约定，传给了自己的儿子英宗，而英宗被杀和英宗的堂伯父即位，都让即位变得更加混乱，这个时候泰定帝突然死了，那么谁来继承皇位？泰定帝自己的儿子肯定说得过去，父死子继么，可是武宗的旧部不干了，嘿！原来就该是武宗的儿子即位，怎么现在还不还回来？支持泰定帝儿子即位的是权臣倒拉沙，此人是泰定帝的亲信，在上都的泰定帝身边，这人的盘算是，现在扶植泰定帝的儿子即位，我就是佐命功臣啊，那还不是当朝第一人，权倾朝野了！另外一个人是在大都留守的另一个权臣燕帖木儿，燕帖木儿一看，嗨哟？泰定帝死了，他儿子不在大都在上都，要是即位了，我还有说话的份吗？不全是倒拉沙说了算了吗？不行！但是换种思维呢？我要是立武宗的儿子为皇帝呢？武宗的儿子不得对我感恩戴德么？而且还能控制在我的掌心之中，这才是赚钱的买卖。可是武宗有两个儿子，让谁当呢？算了，国不可一日无君呀，向两人同时发出邀请，谁先来到大都谁当皇帝，计议已定，这份皇帝邀请函就同时向着武宗的长子和世㻋和次子图帖睦尔发出了。

　　和世㻋远在大漠以北，交通不便，而且中间隔着拥立泰定帝儿子天顺帝的倒拉沙，自然慢一些，而弟弟图帖睦尔这里呢？快得很，图帖睦尔在江陵很快接到了邀请自己当皇帝的邀请函，可是图帖睦尔有些犹豫，而这时的河南行省平章事伯颜出现了，伯颜已经接到了燕帖木儿消息，要迎接图帖睦尔去当皇帝，自己要是能在这位新皇帝面前表现好一些，有个拥立之功，那岂不是万事顺意。于是伯颜一边准备粮饷，一边修路搭桥，还派了五千精兵去迎接图帖睦尔，见到伯颜准备得这么周到，而且还派了兵来，这位王爷觉得不走似乎不行，这个五千精兵说了是保护你的，可是你要是真的不走，绑架你，五千人还不是绰绰有余？得了！上路吧，可以说，此时的图帖睦尔并没有要当皇帝的理念，也没有十分强烈的愿望，就这么半推半就地上路了，但是到了汴梁，见到了伯颜，图帖睦尔这个蒙古文人见到一位真正的蒙古勇士，这位蒙古勇士粗鲁无文，却真的是骁勇异常，曾经跟着自己的父亲武宗海山出生入死，自己的父亲还赐给伯颜"巴特尔"的称号，伯颜见到图帖睦尔干了三件事，第一件，告诉图帖睦尔，自己是多么骁勇，自己手下兵士是多么强悍，有我保护你，没问题！第二，我是多么忠心，我随着你父亲出生入死，给你哥哥当过侍卫，再也没有比我忠于你们这一支的了。第三，开弓没有回头箭，你只能去大都当皇帝，不然将来要是天顺帝赢了，真的当了皇帝有你好果子吃吗？伯颜的这三件事给了这位文人王爷三样东西：第一，胆气，有了伯颜的兵强马壮，似乎是没什么可怕的了。第二，信心，看来我们这一支的支持者真是不少，我爸爸当年守边时一起出生入死的将士们现在都在重要位置上，有他们支持，我怕什么！第三，道路，图帖睦尔到现在为止都做的是个逍遥王爷，读书写字画画，全无政治经验，这时候一个行省平章对政治局势的分析让图帖睦尔豁然开朗，原来去当皇帝前途是光明的，不当皇帝死路一条！好的！上路！伯颜一看也兴高采烈，亲自披坚执锐护送图帖睦尔北上，这样快马加鞭，不久图帖睦尔到了大都，在燕帖木儿和伯颜的拥护下，黄袍加身成了皇帝，这时候的元文宗完成了第一次转变，从一个并不得志，远离皇位的读书写字的逍遥王爷，一下子成了大元王朝的皇帝，大蒙古的扎牙笃可汗。但是作为一个皇帝，他还是一个年轻的，政治经验不足的，风雨飘摇的皇帝，不过不管怎么样，这第一次变化是一个华丽的转身。

图帖睦尔当上皇帝两个月后，在燕帖木儿和伯颜的军事行动下，在上都的天顺帝和倒拉沙被打败了，元王朝重归一统，这重归一统之后的问题就来了，图帖睦尔的哥哥和世㻋也接到过当皇帝的邀请啊，现在天顺帝被打败了，和世㻋当皇帝的目标可以实现了，可是他和世㻋抬头一望：咦？怎么我弟弟已经坐在皇位上了？这可不行！于是和世㻋马上也宣布即皇帝位，并且通知弟弟。这下图帖睦尔和燕帖木儿为难了，先说图帖睦尔，权力这个东西有时候有点儿像毒品，沾了就会上瘾，以前只想当个快活王爷的图帖睦尔此时已经做了两个月的皇帝，这两个月的皇帝生涯让他越来越舍不得把皇位交出来，怎么能只做两个月呢？怎么想怎么不甘心，再说说燕帖木儿，这一切都是他引起的，因为是他挑起事端要立武宗的儿子当皇帝，也是他，向两个皇帝发了邀请函，如今怎么解决呢？燕帖木儿自我盘算了一下：两个人都是武宗的儿子，和世㻋还是长子，而且我确实是向和世㻋发了邀请函的，就是因为他走得慢就不能当皇帝了，显然是说不过去。另外和世㻋可是带着兵从塞北来的，虽然我的军事权力很大，但是刚刚跟天顺帝打完再跟和世㻋打，怎么想也不占便宜，而且和天顺帝打仗，名义上说得过去，是要还政给武宗的儿子，武宗这一派像伯颜这样的人是支持我的，但是现在要是和和世㻋打则师出无名，名不正言不顺啊！而对我来说两个人似乎也没区别，无论是和世㻋，还是图帖睦尔当皇帝，我的拥立之功没有变，我仍然可以是大功臣！想到这里燕帖木儿开始做图帖睦尔的工作了，怎么也应该是哥哥当皇帝更合理嘛！这样吧，你把皇位让出来，我派人去斡旋，让你可以当皇太子，当然更合理的称呼应该是皇太弟，不过有元一代的皇位继承人都叫皇太子，无论他实际跟皇帝是什么关系。图帖睦尔一看，这没办法了，我自己本身就没什么兵权，全仗着燕帖木儿，现在燕帖木儿也这么说了，那我能怎么办呢？只能乖乖把皇帝玉玺交出来，虽然迟早要交，但是能晚交一天就晚交一天，图帖睦尔开始拖延时间，磨磨蹭蹭两个月过去了，不得不交权的时间终于到了，图帖睦尔将皇帝的玉玺交给了哥哥，当然和世㻋也很大度地把一颗皇太子宝印交到了图帖睦尔手里。此时的图帖睦尔又一次变了，从皇帝变成了皇太子，我们知道，在中国古代史上，皇太子变成皇帝这是天经地义，皇帝变成了皇太子，这可是基因突变啊，不过这样的突变就发生了，发生在这位多变的皇帝图帖睦尔身上，这是他第二次转身。

公元 1329 年 8 月，河北张北县，也就是当时的中都的皇宫中举行盛大的欢庆仪式，元明宗（和世㻋）正式登基做了皇帝，此时正带着自己的皇太子也就是弟弟图帖睦尔和自己的两个儿子妥懽帖睦尔、懿璘质班大宴群臣，宫殿内一派祥和喜庆，兄友弟恭，元明宗举起酒杯，向自己的弟弟敬酒，在他眼中，这个弟弟依然是那么文弱，但是懂事，主动让出了皇位，避免了不必要的战争，紧接着，元明宗向燕帖木儿敬酒，如果不是这位"忠贞"的大臣力主立武宗之子，并且与天顺帝大战一场，也不会有自己如今身登大宝。两位被敬酒的臣子对视一眼，将酒一饮而尽，并祝元明宗万寿无疆，元明宗高兴地说："都是朕的好臣子！"说罢哈哈大笑，这是元明宗有生以来最开心的一晚，当然他不会想到，这也是他能开心的最后一晚。

其实被敬酒的两个人心里都有一本小九九，燕帖木儿主张把皇位还给元明宗，那是因为当时他还不了解元明宗，这几日的接触，燕帖木儿心里起了变化，这个元明宗一直在漠北草原，军旅生涯，戎马倥偬，比较刚毅果敢，这个图帖睦尔一直在江南之地，文采风流，温柔有余，勇武不足。如果自己想要当权臣，那必然是图帖睦尔比较好控制，和世㻋可能不是最佳人选。可是现在再说这还有什么用呢？木已成舟，只能悔不当初了呗！不对！燕帖木儿突然心中一动，图帖睦尔现在是皇太子啊，要是和世㻋一命呜呼了，岂不是图帖睦尔就又会荣登大宝？可是和世㻋正在壮年，也许还有好长时间的皇帝要做，怎么办呢？那就只好人为地让他去世了，计议已定，燕帖木儿将自己的计划向图帖睦尔和盘托出，此时的图帖睦尔已经不再是那个安居江南的安逸王爷，而是一个对权力上瘾的政治人物，他渴望着皇帝的位置，于是，没有犹豫地答应了燕帖木儿的计划。图帖睦尔在不知不觉中又完成了一次转变，从一个文采斐然的皇太子，变成了不择手段的刽子手。

中都大宴结束五天以后，和世㻋毒发身亡，图帖睦尔听说这个消息以后迅速奔入明宗的大帐，号啕大哭，我们现在很难知道，这个哭声有几分真几分假，也很难辨别元文宗的这个哭声到底是因为后悔，还是因为悲伤。总之就是群臣看到了皇帝兄弟情深，而燕帖木儿这时急于做的是另一件事，他拉起图帖睦尔说你是皇太子，现在太后，诸王都觉得你应该继承皇位，你来吧！于是将天子的玉玺又交还给了图帖睦尔，图帖睦尔又顺利地回到了皇帝的位置上，回到皇帝位置上需要干的第一件事就是对他当上皇帝功不可没的佐命功臣们做些奖赏了，图帖睦尔最该感谢哪些人呢？燕帖木儿自然是首功，其次就是那个督促、劝说、护送他的伯颜了，于是，燕帖木儿成了中书右丞相，伯颜成了中书左丞相，蒙古人尚右，所以燕帖木儿位置在伯颜之上，这样的安排，就开启了元朝后期的权臣格局，纷纷扰扰几十年，此是后话了。

图帖睦尔第二次登上了皇帝的宝座，此时他的心理已经不像第一次当皇帝的时候那么单纯了，毕竟他的即位是一个血腥的阴谋的结果。图帖睦尔对琴棋书画的爱好可能已经不能为他的内心赢得平静了，于是，图帖睦尔开始信奉佛教，成了一个虔诚的佛教徒，于是喇嘛的地位在元文宗的时代又进一步提高了，而且各地的佛寺也开始广泛地营建起来。而元文宗本人呢？也在帝师的主持下受戒，然后诏令免除一切僧尼喇嘛的税收。

除了笃信佛教以外，元文宗还真的对得起他庙号里的这个"文"字，元文宗首先在诏书中说要与民休息，所以停止了蒙古皇帝最喜欢的对外征伐，然后元文宗设立了一个机构叫作奎章阁学士院，并且升学士院的学士为正二品，这些学士要干吗呢？首先要给蒙古贵族上课，广泛地教授蒙古贵族们儒家的经典，其次呢，要广泛地收集书籍、音乐等文化产品，因为皇上喜欢这些，然后呢，就是广泛地把儒家经典翻译成蒙古文字，由于蒙古文字是拼写文字，这些蒙古文的儒家经典就很容易被使用拼音文字的西方国家和伊斯兰国家翻译，这很有助于儒家文化走出中国，走向世界。最后则开始了修书的工作，什么是修书呢？各个王朝在自己王朝初定以后都要把自己的典章制度呀、文化礼乐呀、建筑风俗呀编成一部书，唐朝编过《唐会要》，宋朝编过《宋会要》，只不过先前的蒙古皇帝们对中原文化没有太大兴趣，所以也对编书不上心，但是元文宗就不一样了，他可是对编书颇有兴趣，不但有兴趣，他甚至觉得，我们编的书要超过唐宋，这样才能体现我们是"大"元啊！于是元朝编的这本书并不是叫作大元会要，而是叫作《经世大典》，又叫《皇朝经世大典》。全书一共是八百八十卷，更重要的是，最早大臣觉得公文么都是蒙古语的，直译成汉语的就可以了，于是采取的都是直译，元文宗看完可皱眉头了，这样直白可太没文化了，都给我翻译成文言文的，再润色一下，才能加进《经世大典》中去！这样，在元文宗的命令下，文言文的儒家经典有了蒙古文版，蒙古语的各种文牍有了汉语文言文版。

除了国家制度方面，图帖睦尔在自身的学习上也没有放松精神，他写诗、写字、作画、下棋样样精通，写诗不用多说了，前面一开始从朱元璋剽窃元文宗作品就可以看出元文宗的诗写得好，写字呢？据说当时元文宗写了一幅字，没有署名就拿给大臣看，有些大臣以为是赵孟頫写的，就这件事看来，元文宗的书法造诣颇深，至于画画，元文宗的相马图可是颇受好评的，而且还有一个小故事证明元文宗画画画得好，故事是什么呢？还没当皇帝的元文宗有一次想起了大都的万岁山，就是现在北京的景山，越想越觉得美，就找了当时的著名画家房大年来，说你给我把北京的万岁山画下来，房大年犹豫了：这个万岁山我不太熟悉啊，我功力还没有高到不熟悉的东西也能画好的境地。元文宗想了想，自己拿起笔，铺开纸，画了起来，不一会儿就画了一幅《万岁山景图》，然后跟房大年说，你照着这个给我画几幅吧，房大年当然惊诧万分，万万没想到一个蒙古王爷竟然画得这么好。说完画画，再说说下棋，这就又有一个小故事了，元文宗非常喜欢下棋，可是他自己读的儒家经典里面说下棋是玩物丧志啊，这怎么办呢？有没有什么两全其美的办法，既能下棋又能不违背儒家经典呢？于是元文宗有一次问跟他一起下棋的汉族大臣，你说下棋是不是玩物丧志呢？大臣想了想说，下棋嘛是一种锻炼思考能力和智慧的东西，皇帝下棋可以培养全局眼光，政治智慧，怎么能说是玩物丧志呢？元文宗大喜过望，从此更加痴迷于下棋。

而政治上呢？元文宗干了三件事：第一件事，减轻刑罚，受到儒家道德影响的元文宗相信道德的力量，觉得严刑峻法不是好事。第二件事呢？就是祭祀天地祖先，之前的蒙古皇帝们可不干这种事，而元文宗熟读儒家经典，自然知道国之大事，唯祀与戎，所以也穿起了中原王朝的皇帝衣冠去祭祀了。而第三件事呢？就是不做事！为什么这么说呢，要知道燕帖木儿这个权臣为什么愿意帮着元文宗杀死他的哥哥而让元文宗当皇帝呢，不就是因为元文宗是个文弱皇帝比较好控制吗？现在元文宗当上了皇帝，这个权臣当然要发挥自己的权力了，而元文宗也知道，争是争不过人家的，还容易给自己造成危险，于是也就放手让燕帖木儿控制政权了。燕帖木儿是个好宰相吗？还真不是，这个人为人贪婪，任人唯亲，所以朝政日益腐败起来，而偏巧赶上元文宗这个希望放宽法律约束的皇帝，从严刑峻法到从轻发落，纵然一部分老百姓受益了，可是因为有了燕帖木儿这个权臣，更多的受益者是贪赃枉法的渎职者。

说到这里，元文宗又完成了一次转变，从一个为了最高权力不择手段，不惜毒杀亲兄弟的心狠手辣的皇帝，摇身变成了一个不问朝政、醉心文化的"太平"天子，不过太平两个字需要打个引号，由于燕帖木儿的贪赃枉法，天下真的不太平。不过，说他是个文采风流的天子倒是说得过去，这是元文宗的又一次转变。

在中国古代史中，儒释道三教一般都是文化人的信仰，很多中国古代文人都是兼信儒释道，给自己取个居士的名号，在家修行，元文宗既然已经受戒入教，更是对佛教信仰虔诚，而且随着年龄的增大，对佛教越来越笃信。笃信佛教的元文宗也越来越宽仁，宽仁是不是好事呢？我们通过一件事就可以看出来，有御史向元文宗汇报，陕西行省左丞怯列接受人家贿赂，什么贿赂呢？生口和一只鹦鹉，生口是什么呢？就是奴隶。元文宗听完以后说，当着国家的宰执，拿着国家的俸禄，竟然还要奴隶，真是野蛮。让他把奴隶放了，以后官员不准接受奴隶。这一句话就看出元文宗已经脱离了草原游牧习气，对奴隶制度已然决定放弃。同时这也是对奴隶的宽容。可是元文宗还说了后半句话，为了一只鹦鹉就怪罪大臣太苛刻了，以后要是有什么禽鸟之类的小事，就睁一只眼闭一只眼吧！这样做也是宽容，不过对贪官的宽容可就是对人民的残酷了。另外笃信佛教的元文宗还十分注意节俭，我们现在说蒙古族热情好客，元代的皇帝们同样很热情，他们赏赐功臣、勋贵的时候往往毫不吝啬。但是到了文宗，他终于意识到了国家财政和个人收入的不一样，制度化工资和赏赐也不一样，所以大大压缩了赏赐的规模。

　　皇帝位置坐稳了的元文宗就开始考虑一件事了，什么事呢？接班人！
这是每个皇帝都需要考虑的，元文宗的文化程度，让他决定不再像过去一
样让诸王推荐了，而是决定设立皇太子，谁来当太子呢？元文宗是有汉学
修养的，觉得最好的办法是立嫡长子，于是立了自己的长子阿拉忒那达拉，
并且举行了隆重的祭祀活动，祭祀谁呢？这位元朝皇帝破天荒地选择了祭
祀孔子和董仲舒。这可是让当时的儒家文臣欢欣不已。祭祀完之后元文宗
陷入了深深的忧虑，我的太子到底能不能顺利即位呢？有谁是太子即位的
障碍呢？嗯！对！我哥哥的儿子，元明宗可是我毒杀的，他的儿子要是知
道了这件事，难免要夺回皇位，所以不能给他们机会，可我要是对哥哥的
儿子太苛刻了，面子上可不好看，诸王们会怎么说？大臣们会怎么想？权
衡了一下元文宗计上心来，我哥哥可是有两个儿子的，他死的时候大儿子
九岁应该什么都懂了，小儿子不到三岁，对于那场血雨腥风应该没什么印
象了。所以我可以扶一个、打一个，对那个不懂事的小孩特别好，将来他
不就会对我这个叔叔感恩戴德吗？还会反对我的儿子吗？对于那个什么都
懂的儿子，就让他远离政治中心，这样他不就没机会反对我的儿子了吗？
而且这样大家也不会说我对哥哥的儿子不好，我对小儿子很好呀！计议已
定，元文宗的圣旨颁行了，第一个内容，哥哥英年早逝，哥哥的小儿子很
可怜，所以在宫里由他们夫妇亲自抚养。第二，大儿子妥懽帖睦尔的母亲
嫁给元明宗的时候就怀孕了，所以妥懽帖睦尔不是我哥哥的亲生儿子，流
放到高丽去。就这样，元文宗决定了日后两位元代皇帝元宁宗和元顺帝的
命运。

　　就在元文宗把这一切安排好后的第二个月，一件意想不到的事情发生
了，元文宗的太子，本来很健康的阿拉忒那达拉突然病死了。这让元文宗
惊讶不已，怎么会这样，自己刚刚立为太子的儿子，怎么就在毫无征兆的
情况下病死了呢？元文宗辗转反侧，终于，一天早晨，元文宗将自己的妻

子叫到身边，哀伤地说，佛家有言，因果循环，报应不爽，我以前不知道，听信了燕帖木儿的话，害死了自己的哥哥，夺了他的皇位，现在报应来了。看来我的儿子是不能当皇帝了，我死之后，皇位一定要还给哥哥的儿子，你记住了吗？当我百年之后，一定要让哥哥的儿子继承皇位。皇后卜答失里记住了这句话并且日后坚定不移地执行了。而元文宗，从此陷入了深深的悔恨和自责当中，此时的元文宗又一次转变了，从一个文采风流的文弱皇帝变成了一个伤感哀戚的悔过教徒。

又过了一年，在悲伤与悔恨中元文宗走完了自己二十八岁的人生。这个皇帝是如此多变，忽而善良，忽而狠毒，忽而软弱，忽而强悍。这个蒙古皇帝又是如此与众不同，他没有留下弓马娴熟的记载，却留下了诗书画作流传后世，有时候你很难觉得他是个蒙古皇帝，在江南度过了自己前半生的元文宗也许真的沾染了江南的风采。可是他在皇帝的位置上却没有作为，既没有像他之前的北魏孝文帝一样完成元王朝的蒙汉大融合，也没有像他之后的清朝皇帝一样建立中原汉人喜欢的文治制度。也许是他根本没有想过，也许是他短暂的生命使他没有来得及这样做，更也许是他所处的时代、地位，权臣的要挟、诸王的挟制不允许他这样做。但不论何种原因，他把一个已经越来越危险的江山留给了元顺帝这样一个皇帝，和燕帖木儿与伯颜两大权臣。而又不得不说的是元顺帝的性格形成和他的作为有着很大关系。除此之外，他留下的就是那幅现在也价格不菲的《相马图》，几首朱元璋也要剽窃的诗词和一部供我们在研究元朝典章时使用的《经世大典》，当然还有翻译成蒙古文后来又被翻译成阿拉伯文字，进而被传到西方的儒家经典。

二十三、文人消遣说元曲

说到元代，就不能不说说元曲。曲这种东西并不是在元代才出现的，却是在元代发展盛行起来的，就像词这个东西不出现在宋朝，但在宋朝却有着特殊的发展和辉煌。那么为什么曲这种文学形式会在元朝特别兴盛？而这种兴盛又有什么意义？我们这节就来好好说说。

在说元曲前，我们首先要说说中国古代的文学形式分类，文学形式该怎么分类呢？从最广的角度上说分两种，一种是韵文，一种是非韵文，顾名思义韵文就是有韵律的文章，诗、词、曲都是韵文，非韵文就是没有韵律的文章，散体赋、骈文、小说、传奇都是非韵文。知道了这个分类之后，我们就该说说文学的发展了。

先来说说非韵文，先秦、两汉的主流非韵文是散文，到了魏晋南北朝，靡丽之风盛行，非韵文的主流就成了骈文，四六为句，追求的是文辞的华美。到了唐朝，盛唐气象万千，带来了很多胡人的风气乃至外国的风气，开放而包容的心态，导致了唐朝对传奇有着特殊的热爱，于是唐传奇成了非韵文的主流。可是到了宋朝随着文化的温柔化、内敛化，渐渐地，传奇这种东西就不受欢迎了，而过分旖旎的文风也不是宋朝的风格，文化艺术总要跟经济挂钩，宋朝的经济形势使得宋朝比较务实比较保守，于是言之有物的古文成了宋朝非韵文的主流，产生了所谓的古文运动，元朝没有代表性的非韵文形式，到了明清，章回小说就成了主要的文学形式了，近代的主要文学形式就是白话文了。看到这里你有没有觉得有点奇怪，似乎写红拂女、虬髯客、聂隐娘等侠客的唐传奇和《水浒传》《封神演义》《三国演义》等章回小说更像，为什么中间却夹了一个跟这两种主流不太相似的古文？别着急，我们后面慢慢说。

看完非韵文，我们就要说说我们本节的重点韵文了，韵文也是有一个发展脉络的，先秦的时候韵文的代表作是"关关雎鸠，在河之洲"的《诗经》和"帝高阳之苗裔兮，朕皇考曰伯庸"的《楚辞》，到了两汉，由于承平日久和国家礼乐机构乐府的设立，古体诗、汉赋和乐府诗成了韵文的主旋律，于是就有了如"孔雀东南飞，五里一徘徊"的汉乐府和以"神龟虽寿，犹有竟时"为代表的古体诗。到了魏晋南北朝，乐府仍然是韵文的主体，而另一个主体是受骈文影响而产生的骈赋。到了隋唐，中国进入了空前繁荣和开放的时代，于是近体诗开始成了韵文的主流，无论是中国小孩的启蒙读物"床前明月光，疑是地上霜"，还是反映当时历史的"朱门酒肉臭，路有冻死骨"，无论是反映田园风光的"竹喧归浣女，莲动下渔舟"，还是反映边塞风光的"大漠孤烟直，长河落日圆"，近体诗在隋唐两朝发展繁荣，创造了中国文学的辉煌。到了宋代，主流由近体诗变成了词，也由于有文人的加入，词的文学造诣也极大地提高了，既可以低浅吟唱"寒蝉凄切，对长亭晚"，又可以引吭高歌"大江东去"。到了元代，曲的时代就来临了，"碧云天，黄花地"的杂剧和"枯藤老树昏鸦，小桥流水人家"的小令就登上了历史舞台。到了明清，韵文的主流就成了戏曲，这里有"莫吼威，往后退……惊了凤架理有亏"的秦腔，有"天上掉下个林妹妹，似一朵青云刚出岫"的越剧，有"良辰美景奈何天，赏心乐事谁家院"的昆曲，当然还有后来成为国粹的京剧。

　　说到这里，各位读者就不难发现了，中国的韵文是随着历史走出高阁的，是不断地走向民间的，也是不断通俗化的。《诗经》中的诗大部分是国君、家君祭祀用的曲子，也有描写民间风气情趣的曲子，但也是由文人整理。汉朝的乐府是皇家机构，所以可以想象，乐府诗的创作和欣赏也不是普通百姓的家常便饭，至于魏晋南北朝时代，创作骈赋更是文人雅士的娱乐。到了唐诗，就通俗化多了，文人雅士可以创作阳春白雪，一般人学习学习也可以写首打油诗，而且唐诗中有的作品有故事情节，比如琵琶行、长恨歌，有的作品很通俗，比如"鹅鹅鹅，曲项向天歌"。到了宋词，文人的雅趣和市井的生活结合了，因为词比诗更容易吟唱，每个词牌有固定的唱法，这样，大文豪写的词，市井小民可以根据词牌来演唱，这就使得词更加容易走进百姓的生活，"凡有井水处，皆能歌柳词"一方面说明了柳永的地位，可另一方面也说明了词在民间的普及程度。到最后，明清戏曲的故事性、通俗性和可表演性，终于使得欣赏韵文成了街头巷尾，普通百姓的休闲娱乐方式。听一位北京的老大爷回忆，几十年前漫步在北京的胡同，时不时就可以听见有人哼唱"包龙图打坐在开封府""我是既无埋伏也无兵"。足见韵文的普及程度。

　　细心的读者不难发现，这种转变的关键性里程碑是元曲，为什么呢？第一，您仔细看，宋词虽然可以唱，可是篇幅并不很长，如果要完整地叙述故事比较难，而元曲中的杂剧则不然，长篇大段叙述故事很简单。第二呢，宋词表演性不强，很少有分角色的宋词，但是元杂剧就不是了，有故事，而且有人物。第三呢，宋词还比较艳丽，元曲就很俚俗，所以郑骞说词和曲是兄弟，但词是翩翩公子，而曲是个纨绔恶少。这个比喻甚是妙，为什么呢？您想，要是一个翩翩公子文质彬彬，到街头巷尾找老百姓玩，老百姓虽然很喜欢他，但是可能也比较难亲近他。但是一个提笼架鸟的纨绔少爷到街上找人玩，虽然可能俗气了不少，但是能玩到一起的人也就多了。还有最后一点，宋词很少写套装的，元曲就不一样了，它是个套装的文学形式。什么意思呢？苏东坡写个《水调歌头》就独立成篇，没有续集，而你看《西厢记》第一折先来一曲"点绛唇"，再来"混江龙"，然后是个"油葫芦"，然后是个"天下乐"，它是用一组曲子组成一套故事，而且在曲子与曲子之间有时候还有两句念白。后来的明清戏剧也是这样。

这就有趣了，韵文是怎么从翩翩公子的宋词一下子变成了纨绔恶少元曲了呢？我们知道艺术形式的兴起和经济状况、政治状况、社会发展有着很大的关系，就像公元 2000 年以前全国的电影院还都不挣钱，现在的电影院则每天人头攒动，票房动辄数亿，这就和中国十几年的经济状况及社会发展分不开。那么元朝到底有什么经济、政治、社会变化让元曲兴盛了呢？涉及经济，就回归到了笔者的本行，笔者就来跟大家谈谈。

文学作品的产生与两个群体息息相关，一个群体是受众、另一个群体是作者。受众是需求方，作者是供给方。文学作品是什么样子的，取决于一个供给需求的平衡，供给方需要获得更高的价格。文学形式的一个大客户是政府机构，皇宫内院，以及民间艺术团体。文学形式的大的供给者就是知识分子。这样来看就有意思了，先秦的时候，天子诸侯大夫都要祭祀，祭祀不光要给祖先吃好喝好，还要给祖先表演文艺节目，于是他们对韵文需求就很高，知识分子如果掌握写这种韵文的才艺就可能成为诸侯大夫家管祭祀的人，报酬也高，于是诗辞就开始繁荣起来了。到了两汉、魏晋，文艺形式就不光是要给祖先看了，皇家和官宦人家也要看，于是就出现了乐府，乐府作为国家的专门机构，组织文人创作乐府诗、收集达官贵人在宴饮休闲娱乐的时候即兴创作的文学作品，组织演艺人员倡伎根据上述作品的内容进行演出，注意这里的倡伎是单人旁的，不是女字旁的，是有男有女的演艺人员。乐府自然能提供更高的报酬，也能通过倡伎来提升词曲的表现力，还能让曲子更加流行，那么知识分子自然也就要在乐府诗的创作上下功夫。到了隋唐，社会呈现出一派繁荣、多元化的气象，政府需要表达这种气象，而文人也需要抒发新时代的情怀，所以近体诗就开始流行，而且由于唐朝经济的发展，市民阶层出现了，市民阶层大有异于农民阶层，由于居住集中，空闲时间分散，他们对娱乐活动要求就更高了。民间经济繁荣、市民阶层富足和统治阶层的开阔包容以及娱乐需求（比如唐玄宗就是个大艺术家，如果没有他，李白的三首《清平调》也就没有了），这些因素促进了唐诗创作的多元化和繁荣。到了宋代，开阔没有了，从官方到民间趋于内敛，但是市民阶层进一步壮大了，而且文人地位有了空前提升，这就使得文学作品出现了一种小资的贵气，这也就是为什么郑骞说宋词是翩翩佳公子了。这时候的文人也出现了两方面的需求，唐朝的诗人的供给方还主要是官方，宋朝已经是官方民间并重了，大量的市民对词的需求导致了柳永这样专门满足市民需求的词人出现并增多。

然后，元朝到来了，元朝到来之后，出现了一个新的情况。官方文化水平大幅降低，这点是个事实，蒙古朝廷的达官贵人的文化水平都不高，有很多皇帝都不认识汉字，更遑论那些大臣了，那怎么办呢？如果说李白因写"云想衣裳花想容"令唐玄宗大为赏识，苏轼因写"拣尽寒枝不肯栖，寂寞沙洲冷"得到了高太后的赏识，那么如果元代的文人继续这么写，恐怕皇帝蒙古贵戚们要问：写的啥，俺们看不懂。所以上层的文学要通俗化一些，你写"枯藤老树昏鸦，小桥流水人家"是不是好理解一些？如果你再给蒙古权贵们讲讲故事，比如讲一个赵大夫被杀，程婴救了一个赵家孩童，后来这个孩童复仇的故事，蒙古官贵们是不是就觉得好理解一些，有意思一些，想要看一些了？所以给上层看的文学作品开始趋于通俗化。如果不好理解，那你想想慈禧老太后极度喜欢京剧，却对唐诗喜好程度一般，以此就知道为什么元曲这种韵文更能得到文化程度较低的蒙古权贵们的喜爱了。

　　说完了权贵再说民间，唐宋的时候有科举，科举考试本来有写诗的内容，于是写诗不仅是个文人的爱好，也是晋升手段，于是自然要写出统治者喜欢的诗，可是一到元朝，完了！科举没了，好久都没有，那写韵文就不是晋升途径了，咦！好在到了元朝，商人阶层空前地扩大了，商人无疑是市民阶层，而且是有钱有闲的市民阶层，商人对文学休闲的需求非常高，好了既然政府不能给我们提供晋升途径了，我们就在民间谋生吧！但是又有个问题，民间是民间，柳永写的宋词也是给民间用的，可是宋朝的市民往往是中原人或者江南人，且往往不是商人，而是官宦人家、没落的官宦人家和为这些官宦人家服务的市民，文化水平还是很高的。但是元朝的市民中一大部分是来自各个少数民族以及中亚各国的商人，你唱"对潇潇暮雨洒江天"可能有些商人是欣赏不来的，所以要俚俗一些，而且还要讲故事，于是"天也，你错勘贤愚枉做天"的《窦娥冤》就更受欢迎了。

　　这样看来，到了元朝，需求方都是要求韵文作品更有趣，更通俗。所以韵文很难再保持翩翩佳公子的做派了。可是不做佳公子，为什么不直接沦为市井小无赖而是变成了纨绔恶少爷呢？这就又和供给方有关了。

　　中国不是到了宋词元曲才有了民间艺术形式的，民间的韵文一直有，比如小曲小调，现在去中国的偏远山区，你依然能听到一些发着古韵的小曲小调，但是这些小曲小调为什么不能成为韵文的主流呢？原因有二：一是它们大多是被口口相传的，缺乏记录。第二呢，过分的俚俗，过分俚俗的问题是，可能出了这个村庄，外人就听不懂了，还有就是有些乐趣受众太小。所以这些民间韵文不能成为主流。到了宋代，开始有专业文人创作民间韵文了，比如柳永，科举不第，"奉旨填词"，虽然柳永写的是给民间娱乐的韵文，可是柳永确是高等知识分子，这样就让民间需求和高端供给结合了。但是宋朝这种文人还是不多，大多数文人写词不是给青楼乐工写的，而是为了文人之间的娱乐，所以，宋词还是翩翩公子。但是到了元朝，没有科举，大量的文学之士就不得不去给民间创作了，这时候，高端的文化人才为民间贡献的艺术作品开始大量的出现，像关汉卿这样的才子，将自己满腔的才华用在了创作民间文学作品上，在前朝可能不会出现。

于是，一个神奇的现象诞生了，文人的创作使得元曲还是一个少爷，有着高贵的血统，可是由于他不再出入于殿堂之上，文人之间，而是走入了街巷之中，混迹于酒肆商旅之中，他变成了一个纨绔恶少。在元朝这样一个特殊的历史背景下，元曲繁荣了，并且使得韵文完成了一个转身，从他的哥哥佳公子词少爷变成了可爱的、到处嬉笑玩闹的曲大爷，此处"爷"字是二声。

写到这，我却不知道如何给本节结尾了，也罢，不如找一个"恶少爷"来结个尾吧，您瞧他来了。

恰便似一池秋水通宵展，一片朝云尽日悬。你个守户的先生肯相恋，煞是可怜，则要你手掌儿里奇擎着耐心儿卷！

二十四、闲话京杭大运河

大运河？有人看到这个题目一定会疑惑，大运河和元朝有什么关系？大运河不是隋炀帝修的吗？这么说还真没错，那么如果我说京杭大运河是哪个朝代修的呢？很多人又要疑惑了，京杭大运河和大运河有什么区别？您别急，这个京杭大运河和大运河还真有区别。而且这个区别还影响深远，为什么呢？我们慢慢道来。

首先大运河是用来干吗的呢？无疑是用来运送粮食物资的，在工业革命之前，内河水运是各个文明最廉价高效的运输方式。但是由于我国西高东低的地势，必然缺少南北向的大河流，隋朝的东都在洛阳，前线边防重镇在北京，粮食主产地在江南，那么这么一个重要城市南北分布却没有南北向的运河的国家，着实让隋炀帝有些恼火，隋炀帝可是非常喜欢搞大规模公共建设的，于是，隋炀帝准备修几条运河，来沟通南北水系，组成一条以首都为中心，沟通南北的大运河。

隋炀帝首先修了广济渠，广济渠将西安，也就是隋朝的首都大兴城跟黄河联系起来，然后接着修了永济渠将洛阳和涿郡连起来，然后又修了通济渠将黄河和淮河连起来，接着修了山阳渎将淮河和长江连起来，紧接着又修了江南河将长江和钱塘江连起来，于是举世瞩目的大运河就修成了，下面这张图就是隋朝大运河的全貌。这时候它可是大运河，不是京杭大运河。因为这条大运河最重要的点是洛阳，所以你可以称其为京洛杭大运河而不是京杭大运河。

图4

可是到了元朝，首都变成了大都，也就是今天的北京，既然是北京，那么首先要延长一下运河，从涿郡延长到到北京，其次呢？为什么还要在洛阳绕个弯子？裁弯取直才更快啊？第三，元朝的官方好像也不需要往西安输送太多货物，那么广济渠也就没什么作用咯？于是广济渠被荒废了，元朝取而代之将大运河裁弯取直，然后修了会通河，通惠河等水道，将运河联通到了大都，这时候我们的大运河变成京杭大运河，而京杭大运河的长相便是下图的样子。

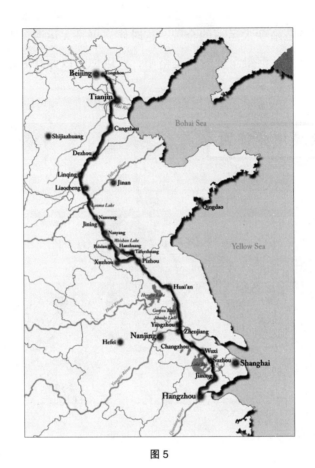

图 5

　　这时候我们便能回答本节一开始的问题了，谁修了大运河？隋炀帝，这条大运河应该叫京洛杭大运河。谁把京洛杭大运河改成了京杭大运河？元朝。

　　那么元朝这种把京洛杭大运河改成京杭大运河的做法有什么经济影响呢？这个好说，20世纪80—90年代中国有的农村会打出一个口号，"要想富，先修路！"交通往往有助于发挥一个地区经济的区位优势。对于发展，修路是一件非常重要的事。无疑大运河是一条无与伦比的"路"，隋朝这条路的最重要的点在洛阳，洛阳是运河的政治中心、地理中心和中转中心，这条"路"对中原地区的经济繁荣具有极其积极的作用，有利于洛阳、陕西作为国家的政治中心和经济中心发挥作用。而且以中原地区为中心保证了中国中部地区和东部地区的平衡发展，可以说京洛杭的运河可以推动中部地区和东部地区走向平等，从政治上说明以关陇贵族为统治阶层的隋唐对关中、中原地区所给予的重视的。

元朝的时候出现了一个新问题，对于元朝，帝国的中心不再是西安洛阳，而是北京，这是大运河为什么被裁弯取直的道理，而一旦大运河变成直的，那么关中和中原便不在运河经济带了，中国的经济发展从元朝开始变成了东部重而中部轻的格局与大运河的改道不无关系。

元朝的大运河重修虽然制造了一个经济的不均衡问题，可是更大程度上解决了另一个经济不均衡问题。隋唐的运河是由一个中心向两边延伸，那么这个运河最重要的部分是中心点的洛阳，到北京地区其实已经是运河的边缘，不能有效刺激经济了。这在隋唐还好，一是当时中国南北经济差距并不大，二是北京之于隋唐已经是边疆了。但是到了元朝，这个问题变了。由于唐朝以后北方成了主要战场，加上南宋以前频繁被少数民族入侵，北方经济渐渐凋敝了，而由于人口的大量南迁和先进技术的南迁，中国成了一个南北经济极不均衡的国家。到了元朝刚刚建立的时候大都人口是 50 万，除了这一个大城市以外，中国的北方再也没有一个人口超过 10 万的路。但是这时的南方呢？举个例子，扬州路人口 150 万，常州路 100 万，嘉兴路 225 万，人口在 25 万到 50 万的大城市比比皆是，在这样一个严重失衡的经济格局下，调整南北差距成了重中之重，那么原来的运河就出现了三个问题：第一，从洛阳到江南这一段质量比较好，从洛阳到北京这一段质量不够好。第二，年久失修的运河已经承担不起运输任务了。第三，这样一条弓背路线的运河对调整南北经济差距的效率比较低。于是元朝重新大修了大运河，一条更直接，路更短，北方水道更好的运河应运而生。这条运河的效果怎么样呢？元朝结束的时候，中国最保守估计应该有五个城市人口在百万以上，这五个城市是北京、南京、苏州、杭州和开封，这样看来，南北大城市的比例为2：3，基本实现了平衡。

元代的大运河相较隋代的大运河的另一个突出的不同点是，运送的物品不同，隋朝的大运河主要是运粮食，将江南的粮食运到洛阳的粮仓贮藏。所以沿大运河的都是粮食重镇。而到了元朝，由于我们前面所讲海运的兴起，很大一部分粮食采取了海运，但是元代又有了新的运输品，因为贸易的空前发达，许多贸易物品要源源不断地运到北京，这些贸易品包括各类奢侈品、舶来品和特产品，于是在大运河上活跃的就不光是国家的运粮船只了，还有往来的商贸船只。而大运河所连接的城市也由粮食重镇发展为多种多样的，比如景德镇这种瓷器生产地，苏杭这种丝绸生产地，等等。大运河在元代有了新的功用。

当然元代兴修的大运河是开始也是结束，说它是开始是因为元代对大运河进行了大规模改造和重修，元大运河奠定了以后明清大运河的基础，它在两次经济重心南移的中国历史上为消除南北差距开了个头。但是同时也是结束，因为只有元代是海运和河运并重。到了明代，由于海外贸易的迅速萎缩，海运技术的退化，海运退出了历史舞台，明清两代的大运河成了一枝独秀。到了清代末期，大运河的漕运功能消退以后，大运河也渐渐荒废了。元代的大运河有着非比寻常的意义，首先它是明清两代大运河的雏形，其次它并不是元朝的唯一运粮通道，最后，它的重心不在传统的中原地区，而在北京、江南，这两个唐以前中国的边境地区。当然，这些独特的、有趣的现象是元朝的政治、经济、社会情况决定的，但是除了这些情况以外，还有一个人对元朝的大运河有着重大的影响，说到大运河，我们就不能不说说他，他是谁呢？别着急，我们下节就开始讲述一个传奇人物的故事。

二十五、传奇之人郭守敬

郭守敬少年的时候就跟别的孩子不一样，在玩耍是第一天性的小孩当中，郭守敬显得比较另类，用《元史》和《国朝名臣事略》里的话来形容就是四个字：不喜嬉戏。但这个不喜嬉戏的孩子，有一个喜欢"嬉戏"的祖父。郭守敬的祖父叫郭荣，郭荣这个人据说精通四书五经但是最最精通的却是水利和数学。郭荣和元初的一批名士是志同道合的好朋友，经常一起旅游，这群人里就有我们前面提到过的低调谋士刘秉忠。

郭荣和刘秉忠是极好的朋友，而且郭荣深深地敬佩这位衷藏宇宙的朋友，于是就让自己的孙子郭守敬拜刘秉忠为师了。刘秉忠的教学环节现在已然不见记载，具体刘秉忠教给了郭守敬什么，怎么教的，我们就不知道了，但我们知道的是，教学内容里的主要部分应该是科学知识，而且教学成果显著，何以见得呢？

郭守敬十六七岁的时候在顺德城外游赏，然后有人跟郭守敬说，这个顺德城外原来有座石桥，不过后来兵连祸结、河道淤积，这座石桥已经被淤泥掩埋了，现在都不知道石桥在哪里。郭守敬略略看了看当地的地形，然后开始了一些身边朋友看不懂的运算，过了一会儿指着一块地方说，石桥就在那里的泥土下面。后来一挖，呵！桥果然在下面。郭守敬就这样第一次见于历史记载了，现在看来郭守敬的测绘学水平应该很高。

后来刘秉忠成为忽必烈的首席谋士，忽必烈对这位运筹帷幄的低调谋士甚是器重，于是让他推荐一些人来一起进入忽必烈的金莲川幕府。刘秉忠想来想去，推荐了自己的同学加好友，张文谦。张文谦甫一到任，忽必烈就问了他一个问题，我需要有人管理水利工程，你觉得谁合适？张文谦想了想说，刘秉忠的弟子郭守敬很合适，这个人擅长水利，且巧思绝人！忽必烈听完心里犯嘀咕了，怎么？刘秉忠推荐了你，你就推荐了刘秉忠的学生，这个郭守敬是真的有才呢？还是你们在这里结党营私呢？我需要见见这个叫郭守敬的年轻人。

于是，忽必烈在上都的一个便殿召见了郭守敬，这一年郭守敬三十一岁，古语说三十而立，这时候的郭守敬觉得自己应该抓住这个机会，立业了。当然机会总是留给有准备的人，郭守敬在之前的那些年里，已经做好了充分的准备。于是，在上都的便殿里，忽必烈笑呵呵地问道："年轻人，你对国家的水利工作有什么看法啊？"郭守敬微微抬起头，说道："第一，上都的漕运设施太旧了，如果把玉泉水引入漕河，每年可以节省数万的运输费用。第二，可以把达活泉引入城里来，然后分成三个渠引出城去，这样可以灌溉城东的土地。第三，泲河泛滥，淹没了一千三百余顷土地，把河道规划好，这一千三百顷土地就可以种了。第四，从滏、漳两河的交汇处挖开一条渠，可以灌溉沿线三千顷土地。第五，怀河和孟沁河的水利工程虽然开发了，不过太浪费，如果我们能很好地整修这个水利工程，就可以多灌溉一千余顷的土地。第六，从黄河孟州的地方开挖一条渠，在温县这个地方让它重新归入黄河，就可以多灌溉一千顷土地。"忽必烈听完这六条建议，眼睛已经睁得圆圆的了。这简简单单的六条不得了啊。首先，展示了郭守敬的全局观，作为一个无官无爵的年轻人，竟然早就把全国的水利规划图做好了。其次，体现了郭守敬的科学素养，很多人也想做全局规划啊，可是水利规划是需要专业知识的，郭守敬给出了精密的数字，每段河渠可以灌溉多少土地都是有据可循，这站在现在搞科研的角度来看也是精密测算规划，比好多干部拍拍脑袋说"这个好！我们做"要科学得多，郭守敬用数字说明了好在哪里，有多少好处，成本多少，有多少可行性。最后，郭守敬的理念很先进，考虑到了节约环保，这在当时更是难能可贵的，甚至现在的规划专家们也很少考虑这一点。为什么要整修怀河和孟沁河水利？不是因为原先的设施不好用，而是因为太浪费。有这三点，足以让郭守敬的形象在忽必烈心中瞬间高大起来，忽必烈于是给了这样一个评价："你说的都是当务之急，你真不是吃素的！"于是当即给了郭守敬一个官职，提举诸路河渠。也就是临时的全国水利总工程师。这对年仅三十一岁的郭守敬真是人尽其才了。

从三十一岁到四十五岁这段时间，郭守敬都是作为一个水利工程专家活跃在历史舞台上。上至王公贵族，下至普通百姓，都十分欣赏郭守敬在水利工程方面的天赋。也就是在这十四年间郭守敬规划、修建、完善了整个中国的北方水利系统，从北宋开始遭到战乱破坏的北方水网，在郭守敬的一十四年的兢兢业业的工作后得到了恢复，这时候这个传奇人士决定转行。

转行做什么呢？郭守敬先决定小转一下，还是没有离开水利专业，但是要做一些学科交叉。在郭守敬四十五岁这一年，忽必烈决定征讨南宋统一中国了，伯颜被任命为统帅。这时候伯颜提出要求了，打南宋要有水军啊，水军就要有训练场和运送水军去前线的河道，以及周转后勤物资的河道，这些条件我们现在不具备啊。怎么办？没关系，这时候郭守敬站出来了。我有一份地图，是我这么多年规划民用水利的时候画的，按这张地图疏通一下，军事问题就解决了。这一下让崇尚武力的蒙古贵族们大大佩服了，想不到这个水利学家还是个战略规划家！郭守敬就这样从民用科学家变成了军民两用科学家。

至元十三年，忽必烈统一了中国，在喜悦中的忽必烈忽然想起几年前刘秉忠跟他说过，现在的大明历是辽朝制定，金朝沿用的，已经有二百年历史了，错误很多，等到全国统一之后一定要重新修订历法。想到这些忽必烈忽然高兴不起来了，懂得天文历法的人，首推我的汉人谋士刘秉忠啊。可是这时候刘秉忠已经去世了。这可怎么办？忽然，忽必烈灵光一现，郭守敬不是刘秉忠的学生吗？不知道有没有学到天文历法的知识？可以让他试试！郭守敬听说了忽必烈的意向之后说："其实修订新的历法不很难。只要有科学的仪器就可以准确测量，所以我要做的第一步是完善测量仪器。"于是郭守敬开始了自己的"实验室"建设。现在我们普遍高度赞赏郭守敬的天文学成就，但是郭守敬对天文仪器的改进、完善却是他取得如此成就的基础。所以郭守敬不仅是个天文学家，还是一个精密仪器制造学家。从这个方面看，郭守敬真是神奇，可以和西方很多知名天文学家相比拟，因为这些天文学家都是既有天文观测成果，又有精密仪器的改进。要知道后来中国的落后有一个原因就是对工具改进的不重视，视之为奇淫巧计。从这个方面看，郭守敬对"工欲善其事，必先利其器"的认识应该是极其先进的。这样看，郭守敬又更神奇了。

四年之后，郭守敬将自己测算的新历法上交了朝廷，在这部历法里一年有 365.2425 天，一个月有 29.5 天。这与现行使用的公历几乎一样，但是比公历早了 301 年。忽必烈看到这部历法非常高兴，捋着胡子问道："这个历法好。叫什么名字？"有大臣说："既然是我大元的历法，就叫《大元历》可好？"又有人说："不好不好，这个历法是中统年间创立，应该叫《中统历》，不然如何体现当今圣上的功业？"忽必烈笑笑问道："郭太史，你有什么意见？"郭守敬心里当然是希望自己的历法可以垂范千秋，而一个王朝必然要灭亡，那让自己的历法带着一个王朝的名字自然不是一个好主意，于是郭守敬说："《尚书·尧典》里有一句话叫'敬授人时'，就是说要把历法授予人民，让他们不误农时。陛下想要做尧舜一样的皇帝，所以才命臣等做了这部历法，那不如就叫作《授时历》吧？"忽必烈听完哈哈大笑道："好好好！郭太史说得对！就叫《授时历》吧。"说来也奇怪，元王朝是中国王朝里汉化最弱的，可是偏偏想把国家的符号都烙上汉文化的烙印。王朝的名字取自《易经》"大哉乾元"一语，历法的名字取自《尚书》"敬授人时"之句，而这两个提议，一个来自低调谋士刘秉忠，另一个来自他的弟子传奇之人郭守敬。

元朝疆域辽阔，北到西伯利亚，南到南海，这就有一个问题了，各地的昼夜长短不一样。同时元朝鼎盛时期的势力范围东到库页岛，西到多瑙河。这又有一个问题，各地有时差。这个事情是个大问题，什么问题呢？比如皇帝下达个命令，全国出兵打仗，三更出兵，各地的三更可不一样啊，这样行动不就不统一了吗？再比如国家规定晚上 6 点不准出门了，可是夏天的时候，海南岛六点就天黑了，西伯利亚到八点还是白昼。这些问题迟早会引发一些麻烦，朝廷没有意识到，科学家郭守敬意识到了，于是郭守敬把这些想法告诉了忽必烈，大汗听完一拍大腿说，郭太史说得对，命你现在测算各地昼夜长短和时差。于是郭守敬在全国设立测量站，开始了测绘工作。一年以后，全国时区的测绘结果出来了，这是当时欧亚大陆上最精确的时差表，更进一步说是欧亚大陆上最精确的经纬度表。完成了这些壮举以后，郭守敬开始了自己的天文测绘，因为原来的星图上对星星的命名不全，有些星星没有名字，郭守敬一一测绘了这些星星的运行轨迹，然后为其命名。历史就是这样令人叹息，只要再前进一步，郭守敬也许就可以发现行星运行的奥秘，地球自转公转的道理，也许地理大发现就出现在中国了，也许……当然，这都是也许，历史不是科幻小说，不能做这样的假设，总之传奇人士郭守敬停在了这一步之前。但这对于郭守敬已经足够了，他需要的是后来人。正如郑和带着宋元留给他的航海经验在海洋事业创造了一个高峰后被闭关锁国的政策困住。中国在科学上的追求，也因为之后的八股取士戛然而止了，郭守敬，离启蒙差一步的科学家，没有赶在西方之前拥有后继者。

完成了时区测量和历法建立之后，忽必烈设置了一个叫都水监的职务，就是全国水利总工程师。并且点名由郭守敬来兼任。这样郭守敬就成了大元帝国天文台长兼水利总工程师。而这一干就干到了忽必烈去世，元成宗铁穆耳即位。成宗一即位就要在上都修一条渠，这自然是国家水利总工程师郭守敬的工作。郭守敬于是上交了一份详细的工程计划，设计了一个宽五十步的渠。国家财政官员一看皱眉了，怎么要这么宽？这多浪费！为了省钱，修小一点儿也无所谓嘛！于是缩减了三分之一。结果第二年春天大雨如注，这个小渠不能有效疏通水流，洪水泛滥，冲毁了好多牧民的蒙古包，冲走了好多牲畜，国家遭受了严重损失。元成宗决定视察一下灾区，到了灾区的元成宗马上意识到这个灾害源于国家财政官员将水渠缩减了三分之一，元成宗不禁感慨道："郭太史真是神人呀！可惜啊可惜，没有很好采用郭太史的方案！"好了，既然皇帝亲自发话了，郭太史是神人，从此郭守敬这个神奇之人得到了全国的公认。

大德七年，元成宗突然想到要建立官员退休制度，于是从那一年起，凡是年满70岁的官员一律退休，郭守敬一算，嘿！我正好七十岁，于是马上递交了自己的退休报告，没想到收到的回复是，满朝文武都可以退休，因为都可以找到替代品，可是你是不能的，因为除了你郭太史，别人都没有这个科学知识啊！于是郭守敬成了唯一一个不能退休的官员。

好吧既然不让退休，那总不能不退而休啊，还是要干活，干什么呢？郭守敬决定继续他的发明创造之路，郭守敬开始研究自鸣钟，对的，你没有看错，当后世的清朝皇帝痴迷于西洋自鸣钟的时候，他们绝对没有想到，自鸣钟的专利应该在中国。郭守敬发明的大型自鸣钟被元朝皇帝放在大殿上，每逢朝会，每个时辰自鸣钟就来报个时，自然方便把控朝会时间。

在中国，有一个俗语叫"一朝天子一朝臣"，所以你如果是两朝老臣，那你了不起了，诸葛亮不就得到了"两朝开济老臣心"的赞誉吗？如果你能经历三个皇帝，那你就是三朝元老了。郭守敬更不简单，元成宗去世后，元武宗即位，武宗觉得，我也离不开郭太史啊！于是郭守敬继续当太史。元武宗去世后元仁宗即位，仁宗觉得，我更离不开郭太史啊！于是郭守敬依然不许退休。就这样郭守敬经历了世祖忽必烈、成宗铁穆耳、武宗海山和仁宗爱育黎拔力八达。这样一个四朝老臣在自己八十五岁高龄之际，病逝在太史公的任上。也许那些征伐开拓的功业终将随着朝代的完结而完结。也许那些金戈铁马的光荣也终将随着时代的逝去而逝去。可是那全国性的水利工程却不仅让元朝受益，更让之后的朝代得利。那精准的《授时历》也不会因为朝代的改变而变化，至于那些精密的仪器，现在还静静地躺在国家天文台上诉说着当时郭守敬的奇思巧计。直到现在，当你仰望星空的时候，仍然有一颗叫作郭守敬的小行星不断在闪烁。

然而，郭守敬就像一颗孤星，虽然耀眼，却是孤独地在中国的历史的天空上明亮，中国的古代科学家们就是这一颗颗的孤星，虽然明亮，却又那么孤独。而郭守敬去世二百年后，西方的天空上却出现了一颗一颗的明亮的新星，他们或同时出现，或相继闪耀，共同造就了一片灿烂的星空。郭守敬望着身后的科学天空的一片黑暗，不知道这位传奇之人又会有怎样的感慨呢？

二十六、白釉青花一火成

前几年周杰伦在春节联欢晚会上唱了一首歌，歌名叫作《青花瓷》，瞬间红遍大江南北，一时间多少小青年都在哼唱："天青色等烟雨，而我在等你。"近几年古玩收藏在我国大火，一个元青花鬼谷子下山大罐卖了两亿三千万人民币（图6），一个萧何月下追韩信的元青花梅瓶卖出了6亿人民币（图7），不禁让大家咋舌。这些现象让我们蓦然发现，青花这种瓷器现在已经成了典型的中国瓷器。大到企业大厅摆的各种大瓶子，小到各家各户的餐具，每家总有那么几件青花瓷。青花，是怎么出现的？又是如何发展的？为什么讲元朝时我们要着重说说青花？别着急，我们一一道来。

青花瓷这种瓷器是什么样？我们现在都知道了，就是白底蓝花的瓷器。这种瓷器有个疑似阶段和一个成型阶段，疑似阶段是什么时候？——唐宋。这个时候也有一些青花瓷，但是底子并不怎么白，花纹也并不怎么蓝。而且烧造量也很小。为什么呢？不符合当时人的审美。唐朝之所以还有一些疑似青花瓷，是因为唐朝比较包容开放，于是有些"非主流"审美的瓷器还是会出现，无疑当时的唐青花就是这种非主流。但是到了宋朝，青花就更加看不到了。为什么呢？因为宋朝崇尚的是简约的、内敛的美，追求的是一种雨过天晴云破处的感觉，所以汝、官、哥、钧、定窑烧造出的精美

图6   图7

的简约文人韵文的瓷器成了当时的主流。

　　到了元朝，刚从草原上来的蒙古贵族的审美和宋朝饱读诗书的士大夫的审美可不一样。什么"雨过天青云破处"？我们怎么看不出来？这毫无花纹的素瓷器哪里好看？蒙古人觉得最好看的颜色就是"蓝蓝的天空白云飘"嘛！这么一看，哟，还真有一种以前实验过，但从没有大量生产的瓷器很符合这个审美，青花瓷。于是元朝政府开始在景德镇，当时的浮梁州设置浮梁磁局，专门烧制青花瓷。蒙古人的审美需求加上中原主流文化积淀，使一个神秘而美丽的瓷器品种——青花瓷，即将喷薄而出，焕发出极大的生命力了。

　　说起蒙古贵族的审美，就有几件事需要考虑了，首先是颜色，蒙古人对天、水都有天然的敬意，对这蓝白色的瓷器自然是特别喜爱，而且蒙古包就是白色的毡房，用一些彩色的布条装饰一下，而彩色的布条里面又以蓝色用得最多，所以蓝白色的青花瓷器放进蓝白色的蒙古包里，在蓝天白云下，给喜欢蓝白色的蒙古贵族们欣赏！嗯，相得益彰了！但是问题也就来了，唐代的青花之所以烧得不尽如人意就是因为这个蓝色不好控制啊，我们找不到好的釉彩、调试不出合适的温度。中国本土没有合适的青色颜料不要紧啊，蒙古帝国统治的地方比较广，商业氛围也比较浓，于是在全世界范围内找，看看能不能找到好的青色颜料。任何事情都难不倒勤劳勇敢的中国人民，不久之后，中国的烧瓷匠人们发现在伊朗、伊拉克进口的一些陶器上有青色的成分，这是什么呢？一打听才知道，原来在伊朗、伊拉克一带有一种很好的青料，比我国自己的青料更加透亮，更加鲜艳，我国工匠决定根据当地人的语言，把它命名为苏麻离青。既然发现了这么好的青料，就要进口啊。进口这个事情在别的朝代不容易，在元朝还是易如反掌的，元朝贵族一声令下，所有的斡脱商们纷纷行动起来，不久之后大量的苏麻离青引入中国，元青花终于开始从沉沉的蓝黑色变成了艳艳的天蓝色，好了，青花瓷所需要的原料诞生了。

解决了原料，第二步就是解决图案了，现在有了这种蓝色，画些什么呢？如果是依宋朝文人皇帝的品味，必然追求淡雅、简约的画风，可是现在皇帝是蒙古人啊，贵族是蒙古人啊，投资方和消费主体可能不喜欢淡雅简约的画风。于是工匠们开始琢磨了，这些蒙古贵族喜欢什么呢？后来发现，咦？这些人喜欢中国的历史、民间故事。于是，这些故事被画上了瓷器，这就有了今天拍卖了6个亿的萧何月下追韩信，有了文姬归汉瓶，有了周亚夫细柳营，有了昭君出塞。在瓷器上画故事为元朝瓷器开创了一个新的天地，我们有太多好故事可以描绘了，而这些描绘在瓷器上的好故事，也随着瓷器的出口，输入了世界各国。

当然，仅仅画些故事的瓷器还是单调的，瓷器还需要花纹的装饰，选择什么花纹呢？这可是个新课题，宋朝喜欢素雅的瓷器，所以装饰花纹不用太多，可是蒙古贵族们喜欢直观的美学，所以一定要有花纹，可是有花纹却不能艳俗，还要追求一定的典雅。于是受到青铜器上的云雷纹的启发，元朝工匠们发明了回纹。受到佛教文化影响，莲花纹出现了，受到了蒙古传统绘画的启发，云纹出现了……各种各样的纹饰出现在栩栩如生的故事图片周围。瓷器上除了纹饰还要画一些花才好啊，画什么呢？宋朝士大夫喜欢含蓄优雅有意义的花，比如梅兰竹菊，蒙古贵族们可不喜欢，他们喜欢开阔的，壮丽的，于是大量的元青花上画着大牡丹。

就这样，宋朝瓷器的秀气、素雅、庄严、温柔的气息不见了，取而代之的是直接、奔放、艳丽、开阔。青花瓷以一种异类的姿态占领了中国陶瓷市场。一直统治着陶瓷市场到现在。

关于青花瓷，有两件事情还是很有意思的，第一件是当时的士大夫不觉得它好看，比如曹昭这位元代著名收藏家就在自己写的《格古要论》里说，青花太艳俗，不如宋代瓷器优雅。但是曹昭没想到的是，正是这种艳俗，让青花受到了中国人和全世界人民的喜爱。第二件事是，到了后来，人们渐渐忘了青花是什么时候产生的了，于是到了清朝的时候，人们以为青花是明朝产生的，只有明青花，没有元青花。对这件事的澄清，还要感谢一个叫张文进的人，为什么要感谢张文进呢？这个人是谁呢？这个人是元朝至正年间的一个佛教徒，他当时订制了两个青花的花瓶，一个青花的香炉，然后献给了当地的寺庙。关键是他在订制的时候在青花瓶口上写了一段话，明确说明了，来自哪里的张文进于哪年订制一对花瓶和香炉，献给了寺庙，希望佛祖保佑。这件物品现在在英国，正是这件物品，确定了原来青花是元朝就有的，于是才有了后来大量的对元青花的研究。

作为本章的收束，我们来讲一个关于元青花的有趣的故事吧。在英国的一个小乡村里，有一位老绅士，家里有一个他爷爷从中国花了十英镑买的青花葫芦瓶，这个瓶子就一直放在他家的地上，在他心目中可能这就是个十英镑的装饰品吧，后来有一天一个朋友来他家，说哟，你这是个好东西啊，值好多钱呢，我们拿去拍卖吧？老绅士一听，嗯？原来这个还能拍卖？那试试吧，结果拿到拍卖场一鉴定，元青花，当场拍卖了三百四十四万英镑。老爷子当场傻眼，原来自己全家的资产都不及这个瓶子的价值。

你看，这就是元青花的魅力，在世界上的魅力。

二十七，汉人丞相史天泽

　　蒙古帝国建立初期发动的战争大多是只攻不守的，得到了土地就将当地的财物抢劫一空，然后扬长而去。可是随着帝国的发展，有人意识到问题了，这样不行啊，土地是个好东西，辛辛苦苦打下来，抢劫一下就跑了，然后土地留给别人了，这样恐怕不合适啊？那怎么办呢？经营起来吧！于是成吉思汗的右手万户，太师国王木华黎开始经营他所管辖的汉族地区，而当时天下大乱，纷争不断，好多汉族大地主为了自保，都建立了自己的武装集团，当上了土皇帝。怎么处理这些人呢？木华黎觉得，这样不是正好吗？反正我们也不太会管理汉族的地方，他们会，那就让他们管，给他们官职和权力，而好处呢就是他们的武装也就成了蒙古国的了。再打仗还可以让他们帮忙，一举两得嘛，何乐而不为呢？于是一大批汉族豪强就被招降了，得到了官职和实权，而且这些官职还可以世袭，所以他们有了一个响亮的名头"世侯"。这些世侯中有一些人官做得极大，在元朝初年的历史上留下了浓墨重彩的一笔，其中有一个人甚至做到了丞相，是元朝第一个汉人丞相，这个人是谁呢？他又有怎样的故事呢？别着急，我们慢慢道来。

　　在当时的河北，有一户家喻户晓的财主，就是永清史家，这家发迹于一个叫史伦的人，这个史伦由于经营得法，变成了一个财主，当时又正好赶上金朝末年，这个史伦看到乱世景象不禁心生感慨。钱有什么用？还不如拿出来救人，于是广泛地周济乡里的穷人，建立了很多私塾教乡亲的子弟读书。

史伦家里殷实，人又仗义，很快就得到了乡里乡亲的信服和赞赏，形成了一呼百应的局面，这点很像《水浒传》里的宋江。为了保卫乡亲百姓的安全，自然史伦也组织了地方武装。到了史伦的孙子辈的时候，史家的当家人是史秉直，这个史秉直跟祖父一样乐善好施，且风流倜傥，更是得到了乡亲们的信赖和拥戴，不久一个消息传来，成吉思汗的大将木华黎要来攻打河北。这让众乡亲慌了，蒙古人是什么样的？是不是像金朝宣传的一样，杀人不眨眼？要是真是那样，那乡亲们还有好？一时慌了手脚的乡亲们都去找史秉直商量。这时候史秉直首先估计了一下自己手下的武装力量和木华黎的大军实力，显然，抵抗是没有什么好结果的，那就不如投降，可是如果木华黎真的杀人不眨眼，那带着乡亲们投降不是带着乡亲们送死么？这怎么能行？于是史秉直派了一些探子去打探一下木华黎征服的地区的场景。回来的报告，让史秉直安心了，所有人都报告说木华黎是一位仁慈的将领，对于投降的地区，他秋毫无犯。在这样的情况下，史秉直带着乡亲们投降了蒙古的木华黎国王。

投降宴会上，木华黎异常高兴，史秉直的投降不仅仅可以让河北不攻自破，还说明木华黎以汉法治汉地的政策是很有效的，比成吉思汗身边其他大将主张的烧杀抢掠更好。喜不自胜的木华黎拍拍史秉直的背说："我要给你个大大的官职，让你当世袭罔替的万户！"本以为会得到一口应承和千恩万谢，没想到史秉直却鞠了一躬道："谢大王赏识，不过我不想当官，也不会当官啊！"木华黎并没有生气，笑笑道："看来你不愿意做蒙古人的官，那么让你的子弟做如何？你有没有适合当官的儿子啊？哈哈哈！"史秉直忽然觉得眼前这个蒙古人直爽得有些可爱，于是就推荐道："大王要是一定要赏赐个官职，我的大儿子史天倪年少好学，日诵千言，但是科举不第，他常说给他数万人马，功名唾手可得。"木华黎一听哈哈大笑道："好好好！是条汉子！我们蒙古人就喜欢这样的汉子，快快叫上来！"

史天倪走上前来，木华黎一见就欢喜得不得了，果然是个奇伟的男子。对于史天倪的相貌，《新元史》上记载了四个字：姿貌魁杰。木华黎有心考查一下史天倪的才华，笑笑道："现在金朝皇帝迁都到了汴梁，想借助黄河抵抗我大蒙古国，你觉得这是个好主意吗？"史天倪一笑答道："辽东是金朝的发源地，金朝要是能据守大宁抵抗大蒙古似乎还有救，现在跑到汴梁去，无疑是自取灭亡了！"木华黎一听哈哈大笑道："果然有见识，难怪你爸爸让我赏赐你个官职呢，我这就送你去见大汗！"就这样，史天倪见到了成吉思汗，成吉思汗自然也欣赏这个"姿貌魁杰"的年轻人，于是赐给他金符，封为马步军统领，给了他二十四万户，让他跟着木华黎去攻打北京。

这个史天倪说起来也真是英雄得很。他先是随着木华黎攻打了高州和北京，攻克了北京之后，成吉思汗要把北京的居民迁一部分到漠北，谁来干这个事情？成吉思汗选中了史秉直，史秉直当然很同情自己这些要被迁徙的老乡，于是散尽家财，护送着这些老乡北上了，到达漠北之后没一个人饿死，大家当然十分感谢史秉直。而史秉直的儿子史天倪，此时正在率领大军攻打大名。大名城是一座坚城，史天倪带领的将领看到大名城之后，纷纷得出一个结论，这个城太坚固了，只适合围困，不适合强攻，史天倪围着城墙绕了几圈之后，命令自己的劲旅猛攻西南角，他自己带头冲锋，不一会儿，史天倪就登上了城头，这使得大名的守将武仙不得不投降了。这又是大功一件。

随后，史天倪又连战连捷，攻克山东若干郡，更妙的是，史天倪军纪出奇的好，部卒中有偷老百姓一头猪的都被当众斩首了。这下山东人民和守将们高兴了，金朝的统治者告诉他们的可是蒙古人杀人不眨眼，攻下城就屠城，所以很多城才会死守，现在大家一看史天倪，满不是金朝说的那么回事啊，史天倪的部队秋毫无犯啊？于是各州纷纷投降，一年间木华黎就占领了整个山东，这怎么能不让木华黎喜上眉梢呢？当然木华黎也毫不含糊，连连赏赐，一时间，史天倪成了木华黎眼下的第一红人。

不久之后，木华黎就给了史天倪一个大官职，首先是个荣誉头衔，金紫光禄大夫，然后给了个实职，河北西路兵马都元帅。还给他派了个副将，这个副将就是之前投降的武仙，而史天倪有一个弟弟叫作史天泽，史天泽现在已经成年，而且也是十分英武，于是史天倪就让弟弟当了帐前军总管。

史天倪当上这个都元帅后的第一件事是给了木华黎一个建议：不要抢掠，当然话说得非常好听，说木华黎国王是奉大汗之命来解救在金朝统治下水深火热的百姓们的，如果纵兵抢掠，肯定就体现不出吊民伐罪的正义了，木华黎也很高兴地接受了这个建议。从此木华黎部队的整体军纪更好了，对中国北部统一进程也大大加快了。

这时候的史家可谓是辉煌一时，其乐融融，但是有一个人看到了一丝不祥。这个人就是史秉直，史秉直把儿子史天倪叫到身边说：木华黎国王让武仙当你的副将，可是我看武仙这个人说话的表情语气，心里可不是真的想投降，也不会真的为你所用，我看你不能不防着点这个人！史天倪一听皱起了眉头，说道：父亲大人不教导我要信任别人，反倒教我怀疑别人，这样不好吧！说罢起身离去了。史秉直一听也是气不打一处来，我吃的盐比你吃的米都多，好心提醒你，你竟然说我教你怀疑人？于是老爷子一气之下带着自己的孙子回老家了。留下自己的老婆和两个儿子在真定府。

这边史天倪史天泽兄弟俩一合计，老爹一怒之下回家了，老娘留在前线也不是个事啊，这样吧，史天泽护送老娘回家吧。史天泽前脚刚出发，史天倪就接到了武仙的邀请，说是下属设宴请都帅吃饭。按说史天倪想到父亲说过的话应该有点防备才对，可是史天倪却什么防备也没做，孤身前往武仙处赴宴了。后面的事跟大部分历史演义记载得一样，酒酣耳热之际，摔杯为号，刀斧手齐出，史天倪就殒命于此了。

这边史天泽刚走出去不远，忽然有家人追上来说，武仙杀了史天倪，现在史天倪的部属都在逃散。怎么办？这时史天泽有两种选择：第一，赶紧跑，这样可以保证自己的安全，第二，召集逃散部属，为兄报仇，显然，史天泽选择了后者，史天泽回马道：兄长被杀，这个仇就是死也要报，何况也不一定就会死！走！随我为兄报仇！就这样，史天泽一面召集逃散的部属，一面向真定府杀来，等到了真定府，已经召集了几千人的部队。于是，史天泽一面让人围住真定府，防止武仙逃走，一面向蒙古国王勃鲁请求援兵。题外说一句，这个勃鲁就是木华黎的儿子，以后我们还会说到。

勃鲁一听，两个反应，第一，武仙好毒辣，杀了上司然后造反。第二，史天泽好样的，没有逃跑，回兵为兄报仇，是个好样的。既然这样，武仙该罚，史天泽该奖。于是，勃鲁首先让史天泽继承了他哥哥的都元帅的职位，其次派蒙古兵三千援助史天泽。这一下，史天泽兵力大盛，当晚便夜袭真定。当然很快就攻克了，但是遗憾的是，武仙逃走了。这时候就面临一个问题了，武仙手下的士兵该怎么办？蒙古将军的意见很简单，这都是叛军，杀了了事！史天泽的意见却不甚相同。他觉得这些人不过是被武仙裹挟的百姓，应该放了他们。在史天泽的争取下，勃鲁同意了这个意见，于是这一批人得到了释放。说到这里我们不难发现，元朝初期，中国北方由于权力真空，出现了军阀混战的场面。但是军阀中良莠不齐，史家与别的军阀有一个显著的不同，便是爱民。从史秉直护送乡民去漠北，到史天倪劝木华黎停止杀戮，再到史天泽释放武仙的随从。这一系列的善举，奠定了史天泽在日后的军阀混战中胜出并被蒙古统治者依赖的基础。所以军事力量固然是一种力量，人心有时更是一种力量。

在史天泽担任真定都督不久之后，成吉思汗就去世了，窝阔台汗，也就是元太宗便登基了，元太宗做了个决定，把汉人的军队也按蒙古人的军制，划分为三个万户，找三个万户统领。万户，这可是位高权重的职位啊，谁合适呢？窝阔台第一个想到的就是史天泽，于是马上招史天泽入朝觐见，一番"考查"之后，窝阔台决定了他的三个汉人万户，分别是史天泽、刘黑马和萧札剌。然后派出这三个万户前去与金朝作战。金朝的将领完颜合达率兵十万前来，三万户领兵相迎。这三个人刚被封为万户，总要在窝阔台面前表现表现吧，于是一个个摩拳擦掌，急于立功。但俗话说，欲速则不达，甫一出战，刘黑马和萧札剌便败下阵来。这也难怪，三万户所率领的军队毕竟都是地主私人武装，保卫家园的时候还算尽心尽力，但是现在真正出去与金朝的正规军作战，很难获胜也在情理之中了。史天泽很快发现了这个问题，正面作战肯定是赢不了的，那不如背后袭击。于是史天泽带兵绕到完颜合达之后偷袭了完颜合达，完颜合达觉得以往跟蒙古人作战，蒙古人多采用骑兵冲击的战术，很少采用背后偷袭的战术，自然也没做防备，于是被史天泽一举击溃。得！三个汉军万户，只有史天泽的表现得到了窝阔台的青睐。史天泽在元朝统治者心中又加了一分。

三年后，窝阔台汗准备大举进攻金朝了，亲率蒙古大军渡过黄河，过河之后第一件事就是诏史天泽前来。金朝一见蒙古大军前来，马上让徐州行省完颜庆山努迎敌。这一战结果自不必说，蒙古大军气势极盛，完颜庆山努自然是不能抵挡，但是完颜庆山努却不是被蒙古大军擒获的，而是马失前蹄被史天泽的汉军擒获了，完颜庆山努被押上来一抬头有些懵了，怎么是个汉人？我不是在跟蒙古大汗的亲兵作战吗？于是完颜庆山努被俘后说的第一句话竟然是：你是谁？史天泽笑道，我是汉军万户史天泽。完颜庆山努一听也是哈哈大笑道：我听说过你，你是个仁慈的人，我是不会投降的，你也不用劝我，但是你一定要以生灵百姓为念，不要伤了他们。史天泽也是会心一笑。这是一次战胜者和战败者的默契，虽然各为其主，但他们内心中想到了同样的事情。

一年之后金朝就在覆亡之际了，但是覆亡前的金朝还想做最后一搏，于是金朝皇帝令他的元帅完颜白撒去袭击新卫，而驻守新卫的就是史天泽，金朝大军倾巢而出，最后被史天泽俘虏、斩杀八万人，完颜白撒也不知去向了。金朝已经再无力抵抗了，于是金朝皇帝出亡到了蔡州，蒙古大军也包围了蔡州，史天泽负责围困蔡州北面。这一战，蒙古军大获全胜，金朝就此灭亡，当然史天泽能打仗、会打仗、打胜仗的名声也更进一步地传开了。

回到真定以后史天泽发现老百姓为了缴税往往需要贷款，而色目商人就是提供贷款的主要对象，但是色目商人提供的贷款都是高利贷，利息奇高，这种利息叫作羊羔利。很多农民还不起，就纷纷破产了。史天泽马上请示窝阔台，可不可以由官府代百姓偿还利息，以防止他们破产。窝阔台当然准许了，但是没有拨钱下来，言下之意很明显，中央政府是不管代偿的事情的，你史天泽提出来这个建议就由你的真定府代你的真定百姓偿还吧。史天泽也不含糊，散尽家财替老百姓还了这笔钱。这一下好了，史天泽在善战的盛名之外又有了爱民的美名。

金朝灭亡之后，元朝攻打的目标就是宋朝了，窝阔台旋即派皇子曲出攻打宋朝的枣阳，出发前问曲出想要谁跟着一起去啊？曲出只点了一个人，史天泽。史天泽也是不负皇子之望，身先士卒，竟然是第一个登上枣阳城头攻克枣阳的。之后史天泽便一路打到了襄阳，当然并没有像金庸老先生所写遇到了郭靖和杨过。在襄阳，史天泽指挥水师与宋朝水师在峭石滩相遇了。峭石滩是个非常狭窄的水域，宋朝水师据险而守，元朝水师就犯难了。但是中国有句古话，狭路相逢勇者胜，史天泽这时候充分印证了这句话，自己带着两只小船冲了上去，这个看似鲁莽的举动却有着深思熟虑的考量。首先这是个险峡，宋朝水师也不能同时出动很多船只，这样同时投入作战的兵力不会很多，两只船就不会把自己置于非常危险的境地。第二，自己作为主帅，这样身先士卒的行为必然激励自己的部队紧随其后，前仆后继，毫不退缩。而在这种不能一次投入大量兵力，需要连续不断地投入兵力的战斗中，保证大家战斗意志的持久性也是非常关键的。果然正如史天泽所料，蒙古军这边看到主帅的行为顿时士气如虹，而宋军这边气势萎靡起来。峭石滩一战奠定了蒙古军攻下襄阳的基础。

攻下襄阳之后，部队休整了一年，史天泽便跟着大将温口不花去攻打广州和复州。复州的宋军在水中树立了很多栅栏。史天泽一见瞬间指出此战的关键就是这些栅栏，宋军是不敢与蒙古军直接对战的，如果没有这些栅栏，他们会迅速溃散和投降，于是史天泽招募了一只四千人的敢死队去破坏这些栅栏，最后，果然不出史天泽所料，栅栏一破，宋军就全部投降了。之后史天泽便一路南下，高奏凯歌了。

从"出道"到现在，史天泽都是一个勇敢作战的将军，可是如果他只是一个作战勇敢的将军，恐怕很难在以后当上丞相，毕竟丞相是需要治民的。而史天泽马上就有机会展示他上马治军、下马治民的才能了。

窝阔台汗在史天泽与南宋酣战的时候溘然长逝了，经过一系列紧张的斗争，贵由继位，接着不久之后贵由去世，蒙哥汗即位，由于蒙哥汗不是窝阔台系，而是托雷系，所以颇有些放心不下这些汉族万户。于是召史天泽入朝觐见。觐见之后，蒙哥汗决定用良好的待遇笼络史天泽，于是给了他五个县的食邑。而蒙哥的弟弟忽必烈却看出了另外的门道。史天泽是个人才，又是个汉人，熟悉中原汉地的管理，正好河南陕西已经荒废管理很久了，正好可以让史天泽去。于是奏请蒙哥汗，让史天泽担任经略使，管理河南陕西等地。史天泽开始了自己的治民之路。

史天泽回到河南以后干了什么事呢？《元史》中的记载是"均赋税、

更钞法、建行仓、立屯田、设保甲"。我们可以用现代的经济和公共管理思维来看一下这几项政策，均赋税是规范财政政策，使政府有钱用、老百姓有章可循。更钞法是金融政策，保证货币稳定。建行仓是福利政策，保证老百姓有饭吃，而立屯田是军令政策，保证部队粮饷充实。设保甲是治安政策，保证地方安定。这几项政策一出，什么结果呢？境内大治。这一次治民的行动给那个想以汉法治汉地的忽必烈汗留下了深刻的印象。

这个时候，蒙哥大汗开始了一项叫作钩考的行动，什么是钩考呢？表面上是派一个皇帝亲信的人去考察各路的政绩，而事实上是蒙哥大汗对他那个在中原汉地以汉法治汉地的弟弟忽必烈非常的不放心了，于是派人开始借着行政不力的名义，剪除忽必烈的羽翼。这次钩考，蒙哥大汗派去的人叫作阿蓝答儿，所以史称阿蓝答儿钩考。这次钩考异常惨烈。忽必烈的亲信和有些没有行贿的非忽必烈的亲信都遭到了钩考。被捕入狱。可是不知道阿蓝答儿是惧怕史天泽，还是敬重史天泽，还是得到了蒙哥汗什么秘密指令。史天泽竟然得到了优异的评价，没被抓。可是史天泽的下属却都被抓了，大概阿蓝答儿心里所想是，动不得你我还动不得你的下属吗？没想到史天泽竟然登门对阿蓝答儿说："我是领导，如果你们认为我做得好，那自然我属下也有功劳，你们要是认为我做得有错，那我负有领导责任，你们应该抓我，怎么能抓我的属下？"阿蓝答儿看史天泽如此强硬只得放了史天泽的部属。当然这些部属也更加忠心于史天泽。读史读到此处，不知道有多少人想到自己的领导，有功了抢着去要，有事了让下属去担？有多少人感慨自己没有遇到史天泽这样的领导呢？所以有时候还真是千里马常有而伯乐不常有。

一年后，蒙哥汗开始了对四川的征讨，蒙哥汗几乎倾全国之兵力南下，当然史天泽也随行南征。夏天四川的溽热让蒙古军备受煎熬，于是蒙哥汗准备撤兵，可是撤兵需要防着襄阳的宋将吕文焕偷袭后路，防备吕文焕的任务又落在了史天泽身上。史天泽于是把自己的船分成两翼，亲率属下与吕文焕大战，终于一路将吕文焕从四川打到了重庆。

一年后，蒙哥汗去世，忽必烈汗在金莲川继大汗位，此时的史天泽已经是四朝元老了。这位四朝元老受到了忽必烈的接见，当然，他本能地以为忽必烈是要向他询问如何征伐四方的事情，毕竟这是历来蒙古大汗最关心的事情。结果却出乎意料，这位想要以汉法治汉地的大汗竟然询问的是如何让中原长治久安。这个问题可能让这位戎马半生的老将泪流满面了，于是他给出建议：首先要建立标准的行政机构，第二要建立监督机构，第三要任用贤能的士人。这三点建议，现在看来都具有高度的公共管理水平，好的行政制度，配上好的监督机制，再配上好的人，自然能保证社会的长治久安。于是忽必烈马上采纳了史天泽的建议。

可是行政机构建立起来就需要一个管事的人了，谁来呢？忽必烈问了他的智囊窦默。问的方法很不蒙古式，他说："我需要一个魏徵，谁能当我的魏徵？"当然窦默也心领神会地说："史天泽！"于是第二年，史天泽就成了丞相，不过史天泽自己对此倒是颇为谨慎谦虚，他说，我本身是个武将，哪里敢称相呢？只不过做到上情下达罢了。

当然后来史天泽又参与并指挥了忽必烈征讨阿里不哥的战役，亲自指挥了征讨李璮的战役，后来在大举进攻南宋的时候，史天泽终于一病不起，当忽必烈问他的遗言时，他只说不要伤害百姓。元朝历史上有三个汉人得到了"巴特尔"的称号，史天泽、张弘范和张兴祖。

史天泽是一个军阀，可是他又不仅是一个军阀，他是当时军阀中最有文化的，最爱百姓的，最有人情味的，也是最有管理理念的。史天泽是名将也是明相，在那样的乱世中，他为保护很多生民的性命做了自己的贡献。

二十八、横行亚欧元军制

　　蒙古骑兵横扫亚欧大陆，让很多人对蒙古帝国的军制非常感兴趣，究竟蒙古人是怎么组织自己的军队的呢？我们在这一节就来闲话一下元朝的军事制度。

　　蒙古的军事制度分为两期，前期是大蒙古兀鲁思时代，后者是元朝时代。蒙古民族本身是个游牧民族，游牧民族的男子自然要会骑马打猎，这也就决定游牧民族的大部分成年男子都是平时为民，战时为兵的。但这些兵需要有人管理啊，打仗的时候听谁指挥？于是成吉思汗将牧民编户，十户是一个基本单位有个十户长。十个十户归一位百户长管理，十个百户归一个千户长管理，十个千户归一位万户管理。这些十户长、百户长、千户长、万户长战时管军事，平时管民政。蒙古帝国的基本军制就这样建立了。可是这有一个问题啊，如果万户长带着自己的人造反了大汗就没有军队与之抗衡了，这个是个大问题，不能不防着，所以大汗要有自己的亲军，于是成吉思汗就又建立了怯薛制度，怯薛是从贵族的子弟中选出的优秀的、可靠的青年才俊组成的一支军队，进入怯薛了，你就是怯薛歹，怯薛歹虽然只是个小兵，可是地位上和待遇上要比普通的千户、万户还要高。这些怯薛歹负责的主要是保护大汗，打仗的时候直属于大汗指挥。当然，我们现在都知道近水楼台先得月的道理，直属于大汗指挥，离大汗那么近，自然很容易被大汗发现、赏识、提拔。所以成为怯薛歹就成了晋升高官的一条捷径。

这样的军民一体组织在蒙古帝国前期发挥了很重要的作用，军队指挥严密，是保证蒙古大军在征伐中取胜的关键。可是后期这种制度就有问题了，随着统治重心转移到了中原汉地，越来越需要汉人来当兵，可是汉人不是游牧民族啊，大部分是种田的庄稼汉，你总不能把他们编个十户、百户、千户、万户，然后一声令下，大家去打仗吧。这些种田的农户也不会打仗啊？怎么办呢？元朝统治者决定设计一个军户制度，什么叫军户制度呢？蒙古人到了汉族地区以后为了方便管理，把所有人的职业固定了，职业也要世袭。你家原来是种田的吧？那你就是农户，要世世代代种田，纳税。你家原来是盐商吧？那你就是盐户，世世代代给政府煮盐交税就好。你家原来是读书的？那就是儒户，好好读书，不用服徭役，也算是给读书人的优待吧。你家原来是做工的？那你就是匠户，世世代代做工匠就好了。这其中有一种家庭就成了军户，军户就要世世代代当兵，当然不是全家都当兵，你家里有一个人当兵就好了，剩下人的可以种田，给你家的优待就是你家种田少交税，而且不用服徭役。如果你家当兵的这个人战死了，或者老了打不动仗了，你家又要再派一个新人顶替这个老人。如此便可以保证军队的定额。

这些军户都一样吗？当然不一样，军户是分等级的，蒙古人组成两种军队，一种是蒙古军，一种是探马赤军。这两支军队都是蒙古人组成，自然是最受信任的，后来打败金朝以后有很多汉人士兵、女真士兵被编入军户叫汉军军户，而南宋的军队投降或被俘以后编成的军队叫新附军。这些军户统一归奥鲁管理，奥鲁主要负责安排各个军户家庭及时补充新人进军队，平时负责一些军事器械的保养，是一个军政部门。

忽必烈打下南宋以后发现，咦？原来汉人的朝廷中央有个指挥军队的机构叫作枢密院，可以统一军政军令，统计部队情况，这个机构好！比让那些万户们各自为政要好很多，所以，忽必烈一声令下，在元朝的中央也建立了枢密院，枢密院负责全国的军政军令。原来的怯薛是用来保卫大汗的，驻扎在大汗的宫帐周围，现在是皇帝了，住进了皇宫，那么怯薛就驻扎在大都的禁城周围，还是负责保卫元朝的皇帝，并且，他们可不归枢密院管，他们还是直属于大汗。枢密院可以管理的军队命名为侍卫亲军，负责保卫大都周围的地区，这些侍卫亲军主要由色目人组成。这就是元朝的中央军制。至于地方军制，蒙古军和探马赤军分布于全国各地，汉军主要在华北地区，新附军主要待在南方。枢密院作为军政机构掌握着全国士兵的人数和布防，可是枢密院里有汉族官员啊？忽必烈觉得不放心了，于是，做了一个规定，全国兵马人数和布防只有枢密院里的蒙古高官才可以知道。

这样的军制建立以后，相信蒙古统治者一定以为蒙古的军队依然可以战无不胜，保证元朝的统治千秋万代吧，也许元朝初期的统治者万万没想到，一些农民斩木揭竿就可以将曾经横跨欧亚的蒙古骑兵赶回漠北草原吧。由此可见，王朝能否长久常常不在武力的强弱，而在民心的向背。

二十九、历史上的汝阳王

看过金庸先生的武侠小说《倚天屠龙记》的读者一定对女主角赵敏的父亲汝阳王察罕特穆尔不陌生。在金庸先生的小说里，让人感觉整个元朝廷唯一能打仗肯打仗的就是这位汝阳王。那么历史上真正的汝阳王又是什么样子呢？我们这一章就来闲话一下这位汝阳王。

察罕特穆尔是不是蒙古人一度引发了很多争议，因为他出生成长于河南，汉文化造诣也很高，再加上种种史料的补证，比如史料记载他有个汉文名：李察罕，一度有人认为察罕特穆尔是汉人或者色目人。直到不久前的考古发掘，找到了他家祖坟，才正式证明，察罕特穆尔确系蒙古人，祖籍在北庭，父亲叫阿鲁温，祖父是乃蛮台。

察罕特穆尔的汉化程度有多高呢？首先他有汉文名字：李察罕。其次他还有字：廷瑞。所以叫他李廷瑞也是可以的，这个汉语名字很正宗。当然更重要的是李察罕还参加过科举考试，中过举人。如果不出现意外，我们相信，李察罕的人生轨迹是考进士做文官。不过英雄与时势总是有分不开的关系，李察罕没有生在太平盛世。所以做一个治世之能臣的命运也就与他无缘了，他注定该做一个乱世之枭雄。

另外要说一点，在金庸小说中名叫察罕特穆尔的汝阳王其实名字正确翻译方法应该是察汗帖木儿。所以以后我们就使用察罕帖木儿这个正确翻译方法了。至正十一年的时候，农民起义军风起云涌。曾经剽悍一时的蒙古铁骑竟然毫不管用，不能取得一丁点儿像样的胜利。这时候察罕帖木儿发起乡勇百人和汉族地主李思齐合并一处，攻打一个叫罗山的地方，这一战大获全胜。朝廷听闻之后异常欣喜，授予了察罕中顺大夫、汝宁府达鲁花赤的职务，顺便鼓励他继续募集乡勇对付农民起义军。我想察罕怎么也想不到大概五百年后，另一个靠铁骑建立的少数民族政权清朝，在其统治末期也遭受了农民起义太平天国的打击，而那些八旗铁骑也同样变得不堪一击，而最后平定了叛乱的也是组织了乡勇的大臣曾国藩。当然他也不会知道，他跟曾国藩不一样，曾不仅维护朝廷也维护道统。他做不到。他更不会知道，未来他的对手"高筑墙、广积粮、缓称王"的朱元璋跟那个一到南京就封了几百个王的洪秀全也不一样。

从至正十二年到至正十五年，察罕帖木儿在镇压农民军的战争中就没有失败的战例。导致整个河北地区的农民军都对察罕恨得牙根痒痒。那么察罕打仗有什么神奇的办法吗？其实说出来很简单，有两条：第一，察罕组织的是乡勇，说白了是保卫家乡的。当时的农民军的纪律也并不是十分严明，他们打下来一处，不光当地的蒙古人遭到抢掠，汉族地主，甚至普普通通的汉族农民也会遭到抢掠。这是中国古代农民的乡土性导致的，他们起义往往因为活不下去，可是却不明白斗争对象是谁，于是本乡本土，一起起义的就是哥们弟兄，打下来的地方都是战利品，虽然当地人也是穷苦农民，可是也沦为被抢的人。察罕利用这些农民的乡土情结，自然让他们产生了保家"卫国"的情怀，当然保家是首要的。第二，察罕是个身先士卒的人，这不禁让笔者想起了一个笑话，如果将领大战前喊的是：兄弟们，跟我上！这样的战争一般很可能赢，如果喊的是兄弟们，给我上，那么多半是要输的。察罕就是那种喊着兄弟们跟我上的将领。

　　察罕帖木儿作战时身先士卒，并且利用起义军的弱点，竟然在半年之内就平定了河北的叛乱。朝廷马上升任他为中书刑部侍郎、中议大夫。第二年，察罕帖木儿就平定了陕州的农民起义，于是升任金河北行枢密院事、中奉大夫。第三年，农民起义军攻打长安，陕西告急。察罕帖木儿迅速进入潼关，迅速平定了陕西。起义军转战巴蜀，察罕马上派兵入凤翔城，然后故意向起义军透露自己在凤翔城内，起义军果然来攻打凤翔，里三层外三层地包围了凤翔。就在这时，埋伏在城外的察罕率兵与城内军队内外夹击，斩首数万，一举平定了关中。

　　后来，察罕又打了两次胜仗，一次是山东的农民起义军攻打北京，元顺帝马上召察罕来勤王，在陕西的察罕不愧是个军事专家，先留下一些人守卫潼关，防止陕西的农民军再次起义，然后带领精兵进入河北，在南山伏击，一举歼灭了北来的起义军。后来刘福通在河南汴梁建立了政权，国号大宋，这还了得？于是朝廷又派察罕去攻打，察罕先会同诸军，围困汴梁，等到汴梁城中没有了粮食，就一举攻下了汴梁城。

　　为什么刻意说说这两场战役呢？因为这里面存在一个很有趣的现象，我们的历史教育历来都把农民军说成是爱护百姓的，来拯救百姓的，是正面角色。又说元代统治黑暗腐朽，其军队一定也是残害百姓的荼毒百姓的。事实是不是这样呢？我们认为一旦把话说得这么绝对化，往往就是有问题的了。这两次战役，先说为什么农民军来京师呢？是为了推翻蒙古统治者解救百姓么？《元史》和《新元史》中的记载很清楚，这支农民军连北京城都没看见，而是在河北大掠，实行的是近乎"三光"政策的掠夺，察罕在南山伏击他们为什么会成功呢？因为他们抢劫完毕之后，带着战利品准备回山东，在南山这个地方遇到察罕的军队，所以连抵抗的力量都没有，因为手上都是掠夺来的财物。这就是这支山东的农民军，我们知道，至少这支农民军不是来解救百姓的，他们在河北的所作所为更像是在残害百姓。

那在汴梁的刘福通呢？刘福通攻下汴梁以后第一件事是造宫阙，由谁来造？自然是河南的百姓。等到察罕攻下汴梁之后，抓住的"伪官"有五千人之多，众人的妻子有数万，宝货"无算"。就在别的起义军还在奋力作战的时候，刘福通的这支军队已经有了很多问题，比如忙于修建宫阙、机构臃肿，几万人的部队，官员就有五千，况且抓住的这些是没有突围成功的，大部分官员还是突围成功了的，另外这个时候他们就已经开始囤积宝货了！

反观察罕呢？《元史》记载他入城之后"全百姓二十万，军不敢私，市不易肆"，倒是大有王者军队的气象，开始保境安民，让汴梁百姓得以安居。由此可见，脸谱化地写农民军都是好的、正义的，元朝的军队都是腐朽的，暴虐的，也是有些问题的。所以读史还要细思量啊。这一点金庸先生写《倚天屠龙记》的倒是有所表现，他专门设计了一个七王爷的形象来代表政府的腐朽，可是还着力塑造了有忠心想任事的汝阳王。明教这边呢？虽然多为正面英雄，却也有朱元璋这种阴险狡诈、权力欲十足的人。这一点倒是真的跟历史上的察罕和朱元璋颇为相似了。

察罕帖木儿在与农民军作战中一路高歌猛进，但是，我们知道一个王朝到了末世的时候，出问题的是这个王朝的内部，而绝不是外部，元王朝的贵族地主团练跟农民军作战刚刚有了一点成果就开始了内斗。当时元朝有两个猛将，孛罗帖木儿和察罕帖木儿。这时候察罕帖木儿准备依托山西、河南、河北作为后方一举攻下山东。孛罗帖木儿却想，你察罕帖木儿占得的地方够大了，既然你准备占领山东，那不如就把河北给我呗？于是孛罗帖木儿向朝廷索要河北。朝廷当时当政的都是一帮墨吏，自然就是谁给的钱多就听谁的，于是答应把河北交给孛罗帖木儿，这一下察罕帖木儿不干了，我打下来的地方，怎么能拱手相送？尤其我正要攻打山东，需要一个稳定的后方！于是势如水火的两个帖木儿就开战了，这一场旷日持久的战争极大地消耗了元朝的内部力量。

当然最后元朝当局也意识到了问题的严重性，不得不出来和稀泥，让两人讲和。河北一半给了孛罗帖木儿，一半给了察罕帖木儿。这段内斗才算告一段落。内斗一结束，察罕帖木儿就开始着手收复山东。当时山东的农民军领袖是田丰、王士诚，注意，这里是王士诚，并不是那个在浙江的张士诚，不过由此看来当时士诚这个名字在农民起义军里还是非常流行的。田、王二人根本不是察罕帖木儿的对手，一路节节败退，不久就投降了。察罕帖木儿自然是大喜过望，对这两个人也是推心置腹。不过有一个人对这件事发表了不同的看法，谁呢？朱元璋！别看朱元璋也是农民军出身，可是他对农民军的兄弟们可是很不信任，朱元璋说名将么不能别人说什么就信什么，人家说投降你就相信？我看这两人靠不住。当然看到察罕帖木儿这么一路高歌猛进，朱元璋也做了两手准备，他派使者去向察罕帖木儿表达：我愿意与你通好。察罕一听，哟，你这是要投降吗？欢迎欢迎啊！于是马上派人去跟朱元璋联络，可是朱元璋呢？软禁了使者，好吃好喝，不给答复。为什么呢？观望！要是察罕帖木儿继续胜利，那么自己就有机会投降而不是被消灭，当然如果察罕帖木儿走了霉运，那么自己可以把使者一杀，继续高举大旗反抗元朝。

最后，朱元璋选择了第二条路，让他选择第二条路的原因是察罕帖木儿死了，死在了他预测的靠不住的农民军兄弟手中。察罕帖木儿一路收复山东打到了济南城下，田丰和王士诚开始思量了，要是让察罕帖木儿打下济南，那自己的起义就真是失败了，于是田丰和王士诚密谋除掉察罕帖木儿。他们的密谋很简单，把察罕帖木儿请到他们的军营喝酒，然后暗杀察罕帖木儿。这样的密谋简直不是密谋，如果察罕帖木儿像朱元璋一样警觉，这个计划就会失败，当然，察罕帖木儿的军营中也有一些幕僚认为这样赴宴还是有危险的，不过察罕帖木儿不以为然，他的理由是：我待他们推心置腹，他们怎么可能害我呢？于是就毫无防备地去了田丰的军营中，一代名将就这样陨落了。

　　当然，察罕帖木儿死后反应最快的是朱元璋，他只干了一件事，杀掉了察罕帖木儿的使者。然后义正词严地说，和蒙古人议和的事我从没干过，我的目标就是驱逐鞑虏！不过历史还是很公正地记下了这一笔。

三十、成吉思汗养成记

　　说元朝就不能不说说元朝的肇祖成吉思汗，但是呢，说成吉思汗又是一件很困难的事，困难在哪里呢？其一在于关于成吉思汗的评价不一，有的人高度赞扬，有的人极尽诋毁。其二在于关于成吉思汗的著作太多，故事太多，要说出新意来并不容易。其三在于成吉思汗的故事非常丰富，如果真的展开了说，那么可能要写一本厚厚的专著了，不是我们这样的一个小文集所能容下的。不过还好，我们这是围炉夜话，那么就应该有点儿唠家常的意思，我们就简单地从成吉思汗的生平出发，讲一些蒙古的文化、历史中不那么显而易见的东西好了。

　　首先要说的就是成吉思汗的称号，其实应该是成吉思可汗，而不是成吉思汗，只不过大家叫习惯了，就一直叫成吉思汗了，有什么区别呢？汗是一部的首长，类似于汉族的王，而可汗是整个部族联盟的首长，相当于汉族的皇帝。按照黎东方先生的说法，汗是Khan，可汗是khagan。因为铁木真被全蒙古各部族推举为全蒙古的可汗，所以他的称呼应该是成吉思可汗。

　　其次，很多人都说成吉思汗是蒙古的第一个大汗，这个说法呢也有些问题。因为按照《蒙古秘史》的说法成吉思汗的叔祖父忽图拉可汗也是被全体蒙古人推戴为可汗的。而忽图拉可汗的叔叔，俺巴孩可汗也是可汗。

说成吉思汗就不能不说说这位俺巴孩可汗。蒙古部和主因塔塔尔部一向互有征伐，塔塔尔就是《明史》中的鞑靼。这个部族属于东胡系统还是匈奴系统，是不是说突厥语系的语言，这一些都是历史公案，没有定论。不过这个主因塔塔尔是跟金朝亲近的，王静安先生认为"主因"就是金朝的乣军的意思。俺巴孩可汗有一次送自己的女儿去成亲，是跟另一部的塔塔尔人成亲，正好就被主因塔塔尔人抓获了，主因塔塔尔人把俺巴孩可汗送给了金朝皇帝，金朝皇帝把俺巴孩可汗钉死在了一头木驴上。俺巴孩可汗的遗言是希望自己的子孙"就算把手指甲都磨光，把手指头都磨掉"也要替他报仇。

俺巴孩的侄子就是忽图拉可汗，忽图拉可汗的有生之年都没有成功地帮助叔叔报仇，倒是他的侄子也速该巴特（巴特是英雄的意思，是对也速该的称呼），在一次对主因塔塔尔的战争中大获全胜，并且抓了一个主因塔塔尔的勇士——铁木真。这个时候也速该的妻子诃额伦生下了一个儿子，也速该就给这个儿子取名铁木真，来纪念这场战争。

这里说到铁木真的妈妈诃额伦，这个女人不是自愿嫁给也速该的，是也速该抢来的。蒙古部族当时还比较原始，还处在可以抢亲的阶段。当时蔑儿乞惕部族的也客·赤列都迎娶了这位诃额伦，娶亲途中正好被也速该看见了，也速该觉得这个姑娘好看，就将其抢去当自己的老婆了。可见也速该不光打仗是"巴特"，抢亲也是"巴特"。可能是因为抢亲在当时的蒙古草原很盛行吧，反正从各种史书里都没有看出诃额伦有什么反抗，当然各种史书也都没怎么记载那个倒霉的赤列都后来有什么动作。

小铁木真的早期童年还是很幸福的，毕竟爸爸是也速该"巴特"，估计也没什么人敢欺负他。而且在这个时期也速该还帮着儿子认识了两个其后在他生命中很重要的人，王汗和札木合。王汗是克烈部的汗，注意，你看他就不是可汗，他是一部的汗，他曾经被金朝封为王，所以就叫王汗了。这个人早年被别的部攻打，丢了汗位，是也速该帮他赶走了敌人恢复了汗位，所以他对也速该非常感激，见到也速该的儿子后马上认其为义子，所以他是铁木真的义父。铁木真在自己的义父这里还认识了另一个来做客的小朋友札木合，札木合是札只刺惕族的汗王的公子，两个小孩情投意合，加上政治原因，就互相交换了礼物，成了"安达"，用北京话说，两人成了拜把子兄弟，过命的交情。

铁木真的优裕生活在他九岁那年结束了，铁木真九岁的时候，也速该决定给他定个亲，于是决定带铁木真去弘吉刺部，这也是他妈妈诃额伦的部族，在路上遇到了德薛禅，薛禅在蒙古语里是智者的意思。德薛禅看到铁木真，非常喜欢他，说他"眼中有火、脸上有光"，一定要把自己的女儿孛儿帖嫁给他。于是也速该决定将铁木真留在德薛禅家住几天。然后就自己回家了，在回家的路上也速该遇到了一群塔塔尔人，这帮人邀请他一起喝酒，这是蒙古草原上的习俗，自然不好推却，于是也速该就开始跟这群人喝酒。喝完酒回到家就觉得肚子痛，知道自己中毒了，马上派人去接铁木真，可是那个人还没有出发，也速该就停止了呼吸。

也速该去世以后，铁木真回到了寡母身边，当时他有四个亲弟弟一个亲妹妹，还有两个同父异母的妹妹。本来他们还是跟着泰亦赤兀惕部族一起生活的，可是后来产生了矛盾，什么矛盾呢？泰亦赤兀惕部族在祭祖的时候没有等铁木真一家，在古代，祭祖之后的祭品是要大家分了的，所以铁木真一家就什么都没有分到，这让诃额伦非常恼火，于是她说：你们这么欺负我，是看也速该死了没人给我们撑腰了是不是？难道我的儿子就长不大了？你们是不是打算以后迁移的时候也不叫我们了？泰亦赤兀惕的部族长听到这段话很生气，当晚就合计，你说我们以后迁移的时候不叫你们，那我们就这么做，于是当晚他们就撇下铁木真一家移营了。原来属于铁木真部族的人看到也速该死了，跟着诃额伦孤儿寡母可能也不能生活，于是也都跟着泰亦赤兀惕人一起走了，这下铁木真一家真的只剩下孤儿寡母了。

不过好在诃额伦是个伟大的母亲，她靠着顽强的毅力，采野果、挖野菜来养活儿女们，而他的儿子们一起打鱼捕猎来贴补家用。在这期间铁木真第一次杀人了，但是杀的不是敌人，而是他的同父异母的弟弟。

故事是这样的，铁木真有四个亲弟弟，两个异母弟弟，但是铁木真的两个最小的亲弟弟太小，没有办法参与捕鱼，所以参与捕鱼的都是铁木真和亲弟弟合撒儿，异母弟弟别克帖儿和别勒古台。有一天铁木真和合撒儿捕到了一尾白鱼，但是被别克帖儿和别勒古台抢走了。铁木真和合撒儿很生气，于是去告诉妈妈。可是诃额伦责备了他俩，并没有责备不是自己亲生的别克帖儿和别勒古台。成年人都能理解嘛，在这种时候家长当然一般是责骂一下自己的孩子，毕竟别克帖儿和别勒古台不是自己亲生的。但是孩子是不能理解这件事的，这也是被现代教育心理学验证了的。于是恶气难平的铁木真和合撒儿当晚用箭射死了别克帖儿，别克帖儿临死前求他们饶了别勒古台，铁木真就饶过了别勒古台，而别勒古台也一生跟随铁木真成了他的亲密战友。这就是铁木真第一次杀人。

虽然泰亦赤兀惕人抛弃了铁木真母子，不过泰亦赤兀惕人的首领塔尔忽台胖子似乎没有忘记诃额伦问他们，难道我的儿子们长不大吗？对呀，也速该是英雄，俗话说老子英雄儿好汉，这个铁木真长大了要是找我报仇岂不是麻烦？不如先下手为强，趁他没长大干掉他。于是派人包围了铁木真家，说只要抓铁木真一人。铁木真在别勒古台的掩护下躲进了树林，躲了九天，后来因为树林里没有吃的，只得走出来。塔尔忽台胖子非常开心，把铁木真戴枷示众，然后自己去开庆功宴，不想晚上铁木真用枷打昏看守，然后跳进斡难河，靠着枷的浮力一直漂到了下游。塔尔忽台胖子发现铁木真丢了，马上派人四处寻找，不久，一个叫锁儿罕·失剌的人找到了铁木真，他本不是泰亦赤兀惕的人，而且很同情铁木真母子，于是就跟铁木真说，你藏好，我不会告诉他们的。

夜里。铁木真就跑到了锁儿罕家，锁儿罕的儿子和女儿帮助铁木真把枷锁卸下来烧掉，然后把铁木真藏在一车羊毛里，第二天，塔尔忽台胖子派人挨家挨户搜查，搜到锁儿罕家的时候，有人注意到了这一车羊毛，锁儿罕马上说，哎呀，这么热的天，羊毛里怎么能藏得了人？搜查的人也觉得有道理，就走了。铁木真也得以逃脱，当然铁木真也是知恩图报的，锁儿罕的儿子赤老温一直跟随铁木真，成了铁木真手下四杰之一，锁儿罕的女儿合达拉最后也嫁给了铁木真。

我们看历朝历代兴起的时候，都有一些贤人出来帮助"主公"安定天下，比如汉朝的张良、韩信、萧何。蜀汉的关羽、张飞、诸葛亮。后来明朝的徐达、常遇春、刘伯温，等等。那么蒙古帝国的肇建之初，当然也要有这么一批人辅佐铁木真，前面的赤老温是一个，马上出场的博尔术又是一个。

铁木真逃离了泰亦赤兀惕以后找到了母亲和弟弟妹妹，一家人跑到了更远的地方住了下来，可是屋漏偏逢连夜雨，刚刚住下不久之后就遭遇了马贼，马贼把他们家的几匹马都偷走了，铁木真于是一路追踪马贼，路上遇到了博尔术，博尔术是一个公子哥，家里很有钱，但是很崇拜英雄，跟铁木真聊了一会儿后很是欣赏，觉得这就是一个英雄，于是就跟着铁木真一起去追马贼。马贼看到两个小伙子穷追不舍而且似乎武艺高强，觉得为了几匹马送命也是大大的不值得，于是就把马还给了他们。从此博尔术天天来铁木真家，两人成了亲密无间的战友，当然博尔术也成了日后的四杰之首。

随着铁木真渐渐长大，当年逃离的一些部族又渐渐回来了，铁木真的势力开始慢慢恢复了，从孤儿寡母渐渐地变成了小有实力的一个小部族首领。这时候有一个人按捺不住了，谁呢？脱黑脱阿，这个人是蔑儿乞惕人的首领，说到蔑儿乞惕大家比较陌生，可是我们前面不是说铁木真的妈妈是铁木真的爸爸抢来的嘛？从谁手里抢的？也客·赤列都，这个人就是蔑儿乞惕人，而且他就是脱黑脱阿的弟弟。脱黑脱阿在也速该活着的时候不敢报仇，现在一看，哟？仇人的儿子在我眼皮底下壮大了势力，这还了得？灭了他！于是一个清晨，脱黑脱阿派兵攻打铁木真！

铁木真的妈妈有一个老侍女叫作豁阿黑臣，蒙古语就是老美人的意思，这位老美人的耳音特别好，一大早就听到了马蹄声，于是马上汇报给了诃额伦，当然他们没想到是脱黑脱阿来了，他们觉得应该是泰亦赤兀惕的塔尔忽台胖子来了。于是诃额伦马上叫醒了儿子们快跑。但是当时铁木真的部族马匹有限，有的人就没有马，没有马的人很快就做了俘虏，这些俘虏中有铁木真的妻子孛儿帖、老仆人豁阿黑臣（虽然她是最早发现敌情的人），还有就是别勒古台的母亲，也速该的另一个老婆苏气姬尔。脱黑脱阿一看只抓住了一些女眷，放跑了铁木真，也比较无奈，就把这几个女眷赏给了自己的部族的人。

另一方面铁木真发现袭击他们的是脱黑脱阿，于是决心报仇，并且夺回妻子，可是自己实力还太小，怎么办呢？铁木真想到了两个人，一个是自己当年的结义安达札木合，此时他已经是札答兰部的首领，实力不俗！第二个就是自己的干爹，克烈部的王汗。于是铁木真分别带了礼物去拜会两人，两人也非常慷慨地相助，当然，还有一个原因是两人也要借着这个好借口吞并蔑儿乞惕人的部落。于是王汗、札木合、铁木真三人率大兵讨伐蔑儿乞惕，蔑儿乞惕大败，脱黑脱阿跑到了巴尔虎部，可是他的部族都做了铁木真的联军俘虏。当然，战俘在当时的蒙古草原就沦为了奴隶。

战争胜利了，但是这里面有两个后续的事情还是很值得一说，首先，铁木真找到了自己的妻子孛儿帖，孛儿帖这时候怀孕了，这就在当时成了疑问，到底是孛儿帖在被掳走之前就已经怀孕了，也就是说这个孩子是铁木真的呢？还是这个孩子是蔑儿乞惕人的呢？铁木真接受了这个孩子是自己的，但是有个问题，他给自己的这个孩子起名叫作术赤，术赤在蒙古语里的意思是客人，这个名字起得又相当耐人寻味。虽然这个问题在当时没有成为问题，可是在以后却成了大问题，因为它涉及术赤能不能继承汗位的位置这件事，后来铁木真的二儿子察合台就公开宣称术赤是蔑儿乞种，不能即位，当然这是后话。另一件有趣的事是苏气姬尔。这个人被找到以后不愿意跟着铁木真和自己的儿子别勒古台回去，而是躲在树林里不出来，理由是，我已经被许配给了歹人，没脸再见你们，不配跟你们回去。这个事情就相当有意思了，我们发现此时的蒙古草原上好像没有三从四德、贞洁烈妇的这种文化，你看孛儿帖被掳走再被救回去就没什么心理负担，还有很多其他人也没有，可是为什么苏气姬尔就有呢？她的这种心态是哪里来的呢？是因为她受过汉化？还是因为蒙古部族里有什么部族有这种思维？这是一个非常值得研究的问题。

铁木真在夺回妻子之后和盟兄弟札木合度过了一段蜜月期。札木合给了铁木真一些人马，并且说，这些人本来是你们部族的，后来你父亲死后逃到我这里的，现在该归还给你。然后铁木真的乞颜部和札木合的札答兰部就在一起放牧，这个时候铁木真的势力也更加发展壮大起来。两个人在一起的这十八个月却因为札木合的一句话结束了，什么话呢？《蒙古秘史》记载，札木合说："依山扎营，我们的牧人有帐篷住。傍水扎营，我们的羊儿有水草吃。"铁木真不太明白这句话什么意思，其实我们也不是太明白札木合为什么要说这句话，铁木真回去问母亲诃额伦，诃额伦也不明白，但是妻子孛儿帖说，这句话的意思是札木合厌倦咱们了，有可能要图谋我们。铁木真听完决定带着自己的部众离开札木合，于是这对盟兄弟就此分手了。

当然，我们从历史的角度看，这次分手绝对是历史的必然，因为无论是铁木真还是札木合都是有统一草原的野心的，也是有这个实力的，还是不愿意成为别人手下的，那么他们的分手就是一件迟早的事了。也许札木合的话真的有厌倦了跟铁木真在一起的意味，也许没有，但他二人必然会分道扬镳，熟悉的场景我们不是在《三国演义》里看过吗？刘备跟着曹操的时候，有一天曹操跟刘备喝酒论英雄只说了一句，"天下英雄唯使君与操尔"，不是也把刘备吓得连夜出逃了吗？可能札木合和铁木真之间就是进行了这样一次蒙古版的青梅煮酒吧。

铁木真离开札木合之后，就不断地有部族来归降铁木真，铁木真的部族联盟也就不断壮大了。这个时候连原属于札木合的人也有跑来铁木真的部族联盟的，铁木真也照单全收了，这让札木合很恼火，后来铁木真被拥戴为汗，注意，不是可汗，铁木真派人去向札木合送信，札木合质问推戴铁木真的人，当初安达和我在一起的时候你们怎么不推戴他为汗呢？等到后来又过了一段时间铁木真的一个部下和札木合的弟弟为了几匹马争执起来。铁木真的部下竟然射死了札木合的弟弟，这就自然成了一个导火索，札木合集齐了十三个单位的兵力，与铁木真大战，这就是"十三翼之战"。这一战铁木真大败。对！你没看错，在我们印象中战斗能力极强的铁木真这一次是大败。不过现在不是流行一句话么，赢了有可能是输了，输了也有可能是赢了，这句话在这次战争中得到了极大的体现。札木合赢了，被胜利冲昏了头脑，一路上屠杀亲铁木真部族联盟的头领，还把铁木真部族的俘虏们活活给煮了。这下子可是大失人心，原本很多对札木合有好印象的人这个时候都觉得札木合太残暴，反而转投了战败的铁木真，这场仗之后，战败的铁木真反倒力量壮大了很多。

这个时候，正好塔塔尔人反抗金朝，金朝邀请王汗和铁木真一起攻打塔塔尔，于是三家联手打败了塔塔尔部族，铁木真也得到了金朝封赏的部落官，不过金朝的统治者万万想不到，就是这个部落官后来打得金朝奄奄一息，而他的儿子则彻底灭亡了金朝。

被打败的塔塔尔部自然不甘心，曾经一起欺侮铁木真母子的泰亦赤兀惕部落这时候也开始担心，抢了铁木真老婆的蔑儿乞人也是惶惶不可终日，于是三家一合计，我们联合起来，再加上曾经打败过铁木真的札木合，应该可以战胜铁木真。于是他们找到札木合，公推他为古尔汗，意思是"普天之下的王"，准备一举歼灭铁木真。他们的愿望能实现吗？还真不能，铁木真和义父王汗联合与札木合的部落联军进行了一场大战，这就是阔亦田之战，这场战争铁木真大胜。这里要提醒大家一下，现在主流的资料，都依据《蒙古秘史》，说阔亦田战役是一场战役，其实不是，按照《圣武亲征录》和《史集》的记载，这是三场战役，也就是两方打了三场，铁木真王汗联军才最终消灭了札木合联军。这次战争之后，札木合便没有力量单独对抗铁木真，于是他去投降了王汗。按理说王汗该知道札木合作为头号"战犯"，应由主帅受降吧？可是王汗并没有请示铁木真就收留了札木合，可能在他的心里自己才是主帅，毕竟铁木真是他的干儿子。

铁木真当然看出了此时的形势，王汗单独受降已经表现出两家的裂痕了，札木合的失败也让自己和王汗之间形成两强相对的局面，但是此时的铁木真似乎并不想直接跟王汗决裂，他还想巩固和王汗的关系，毕竟王汗在他困难的时候一直给予他帮助，且还是他的义父。于是铁木真决定与王汗联姻，把自己的女儿嫁给王汗的孙子。王汗似乎没有什么态度，不过有一个人坚决反对，谁呢？王汗的儿子，桑昆。桑昆一向对铁木真很厌恶，这有公私两点原因，私的原因是自己父亲很喜欢铁木真，出于小孩子的嫉妒。公的部分是，自己未来一定是克烈部的汗，自己的父亲比铁木真大一辈，可能还没有与铁木真争雄就已经先要去世了，可是自己与铁木真将来难免要争夺草原霸主的，所以从这个层面上想，他对铁木真也没什么好感。

桑昆反对自己的儿子娶铁木真的女儿，那这个亲也就结不成了。但是他和札木合却想利用这件事，于是他们让使者告诉铁木真他们同意结亲，让铁木真来喝许亲酒。准备在此时暗杀铁木真。铁木真起初没什么防备的，带了几个随从就准备去，但是他的一个谋士蒙力克提醒他是不是要小心这件事？因为毕竟曾经的敌人札木合现在在那边。铁木真一想是的！于是改派随从去喝许亲酒，自己推说有事就没有去。

札木合他们看铁木真不来，于是就鼓动王汗偷袭铁木真，王汗于是就真的偷袭了铁木真，铁木真大败。你看，铁木真又一次大败，带了几千人逃走了。在铁木真逃走后，王汗部落发生了内讧，原因是什么并不清楚，毕竟史料缺失。但是王汗部落的一大批人逃到了乃蛮部，所以王汗的实力也受到了一些损害。可终究还是胜了铁木真，而且铁木真也逃走了，王汗就开起了庆功宴，注意，这时候蒙古部落里的庆功宴不是吃一顿，而是吃好几天。就在王汗他们在庆功宴上吃得开心的时候，铁木真突然来了个袭击，王汗和儿子桑昆猝不及防，无法组织有效的抵抗只得逃走，王汗本来也打算逃到乃蛮部落，可是走到边境的时候，被乃蛮人当作强盗杀了，桑昆眼看父亲被杀不敢去救，就往西逃窜，逃到今天的库车也被当地的君主杀了。倒是札木合成功逃到了南乃蛮部的太阳汗那里了。

此时的铁木真忽然发现，原来草原上的那些敌人：塔塔尔啊，泰亦赤兀惕啊，蔑儿乞啊都被征服了，原来的盟友变成的敌人：札木合啊，王汗啊，也都一败涂地了，摆在他面前的只有三个部落——南乃蛮的太阳汗，北乃蛮的不亦鲁黑汗和汪古部，征服了这三个部落，自己就成了统一草原的人。这种心态恐怕和秦始皇有相似的地方，不过秦始皇是"奋六世之余烈"，铁木真是白手起家的。

铁木真与太阳汗之间，并不是铁木真主动出击的，倒是太阳汗率先出击的。太阳汗在《元史》中写作塔阳汗，太阳、塔阳都是音译，就是大王的意思，所以这位太阳汗的称号翻译过来岂不是大王王？还挺萌。乃蛮部

原来是统一的，部族首领是亦难察，亦难察死了之后他的两个儿子为了争
夺他的小老婆闹得不可开交，于是就分了家，大儿子在南部，就是南乃蛮，
这个大儿子就是太阳汗，小儿子占了北部，就是北乃蛮，这个小儿子就是
不亦鲁黑汗。太阳汗看铁木真越来越猛，恐怕自己被吞并是早晚的事，不
如先出击。此时札木合带着所有反铁木真的部族都归顺了大阳汗，太阳汗
又联合了汪古部。于是大队人马与铁木真开战了。

　　不过这位太阳汗的战略思维有点儿问题，他的这两个盟友不但没有
帮上忙，反而帮了铁木真的忙，首先说汪古部，汪古部在血缘上说是蒙古
人，而乃蛮部是突厥人，所以汪古部其实心里是更倾向于铁木真的。于是
汪古部不但向铁木真通报乃蛮部的虚实，还在战争开始就投降了，可谓是
成功的间谍。再说札木合，虽然札木合一生中有大半生是和铁木真为敌
的，可是这次却大大地帮了铁木真，怎么帮的呢？首先是大涨了铁木真的
志气，灭了太阳汗的威风，太阳汗本人和乃蛮人在战争开始的时候已经有
些胆怯了，看到了铁木真的四员大将的时候太阳汗问札木合，那些人是谁？
札木合说：他们是吃人肉长大的铁木真的四条狗。当然这四员大将就是后
来被称为四狗的哲别、速不台、者勒蔑、忽必来。这一下让太阳汗很害怕，
说：“那我们还是离他们远一点儿吧，往山上撤军。”于是军队撤到半山腰，
后来铁木真出来了，太阳汗问札木合那人是谁，札木合说那就是铁木真，
并且大大渲染了一番铁木真多能打，这下太阳汗更害怕了，下令撤军到山
顶。我们学过《曹刿论战》，都知道，一鼓作气，再而衰，三而竭。太阳汗
打都没打气已经竭了，可谓一退而竭，再而更竭，三而完竭了。这时候札
木合又帮了个大忙，他一看太阳汗这么一退再退觉得太阳汗也没啥希望，
就带着自己带来的蒙古人走了。这下太阳汗彻底没有斗志了，于是铁木真
一战全歼南乃蛮部，杀死了太阳汗。

　　太阳汗的儿子屈出律逃到了北乃蛮自己叔叔那里，札木合带着札答阑

部也去了北乃蛮，抢过铁木真老婆的脱黑脱阿也逃到了北乃蛮。现在无论出于统一的目的，还是出于报仇的目的，铁木真都要与北乃蛮开战了，这一战毫无悬念，铁木真胜利。脱黑脱阿战死，但是屈出律逃走了，这个人的故事，我们其后还要说。至于一生都跟铁木真脱不开关系的札木合带着五个随从逃走了，可是这五个随从最后把他出卖了，绑了他来见铁木真，铁木真首先杀了这五个随从，因为他们对主人不忠，然后，铁木真劝札木合投降，跟着自己。札木合苦笑着说：我之所以一直与你为敌不就是不愿意屈居第二嘛，现在你铁木真已经统一了草原，是当之无愧的第一了，我也没有什么活着的价值了，只求留个全尸。铁木真含泪让他自缢了。

自此铁木真统一了蒙古草原，被推戴为成吉思可汗，成吉思是什么意思，现在有争论，大部分学者认为是蒙古语腾吉斯的转音，也就是四海之内的皇帝之意。铁木真从一个少年失怙，多灾多难的小族长，成长到统一草原的成吉思可汗，也是十分传奇的，所以毛泽东主席的《沁园春·雪》中虽然说他只识弯弓射大雕，却也赞扬他是一代天骄。不过他的故事说完了吗？还没有，我们后面还有关于成吉思可汗的几件大家平时忽略的事需要说说。

三十一、蒙古大军来征伐

我们一说到蒙古，说到元朝，说到成吉思汗和他的子孙，大家想起的往往就是所向披靡的骑兵和征伐事业，但是这一章的标题我却用了一个问号，各位肯定不明白，为什么要问呢？因为这一章我们就来说说这个征伐是不是蒙古人的。

其实这个问题说简单非常简单，如果我们单纯从征伐的发动者和领导者来看，这个征伐毫无疑问的是蒙古人的征伐。但是如果从征伐的主力来看却又要另外说说了。各位一定会疑惑，难道蒙古征伐的主力不是蒙古骑兵吗？那我们先来看一个数据，蒙古骑兵在成吉思汗的年代，大概有十二万人。到了忽必烈的时代也没有什么增加，也就是十三万人左右，可是这十三万人在窝阔台汗、蒙哥汗、忽必烈汗伐金伐宋的时候又不是全都能调动，因为这十三万人要分给术赤和他的子孙、察合台和他的子孙，也就是所谓的西道诸王，还有一些要交给东道诸王在老家留守，这么西分分，东分分也就没多少能给窝阔台、蒙哥汗和忽必烈用于征讨金朝和宋朝了，那么这三位大汗讨平中原时的军队主力是谁呢？汉人和契丹人。早在成吉思汗和窝阔台汗的年代，就封了三位汉人万户，刘黑马、史天泽和札剌儿。我一直觉得万户这个名字不好概括这三个人的情况，为什么呢？因为我中国自古就有万户侯这个说法，可是万户侯是说采食有一万户，也就是说有一万家向你纳税。这个蒙古的万户可不是这个意思，是什么意思呢？是至少有一万人的军队。所以这个万户我觉得更近似于古罗马的百夫长这个意思，当然古罗马的百夫长是管理一百名士兵，而蒙古的汉军万户管理的是一万名士兵。

后来随着战争的进行，汉军万户越来越多，忽必烈执政初期就一下子又封了八个万户，那么这个时候蒙古军队中汉军的人数至少就有了十几万，当然肯定不止这个数字，因为还有很多不归这些汉军万户管而直接归蒙古人管理的汉军。到了与南宋作战的时候，蒙古军队就有了二十多个汉人万户了，也就是说至少二十多万汉军，而此时的在中原战场上的蒙古军队有多少呢？不超过十万，也就是说在对金、对宋的战争中，主力其实是汉人。

说到这里大家可能要说了。那蒙古的西征的主力是不是就是蒙古人呢？其实也不是，看过金庸小说《射雕英雄传》的朋友们就很有印象，在这部小说中，成吉思汗手下立功最大的可是汉人郭靖。当然这是小说演绎的，可是郭靖也是有原型的，就是成吉思汗的大将郭宝玉，郭宝玉可是汉人，但是在远征花剌子模的战争中立下了汗马功劳。如果你觉得郭宝玉是个个例那你就错了，因为成吉思汗西征的大军中有大量的汉军人马，将领，有大量的回鹘人，也就是维吾尔族将领，还有大量的突厥人。

说到这里，大家可能明白了，为什么要对蒙古人的征伐打个问号了，因为这个征伐从参与者上来看，主体不是蒙古人，而是大量的汉人和其他少数民族。所以这个征伐到底是个什么性质呢？我看大家可以仁者见仁、智者见智地讨论一下，研究好了，就是一篇好的学术论文嘞。

三十二、文治武功铁木真

　　说到对成吉思汗的评价，真是个有意思的事情。西方对成吉思汗的评价是两边倒的，一边是一大堆知识分子，认为成吉思汗气度恢宏，武功卓绝，很有人格魅力，另一方面呢，又有一部分人认为成吉思汗的蒙古远征军的屠城、毁灭宗教信仰的做法比较野蛮。而在中国呢？对成吉思汗的评价也是两边倒，但是两边的分歧只在于成吉思汗是不是中国人，觉得成吉思汗是中国人的呢，就高度评价他，为什么呢？作为一个中国人，一度征服了整个欧亚大陆，真是壮哉！于是当然要高度评价。而另一部分人，认为成吉思汗不是中国人，那么当时的中国就成了被征服者，所以成吉思汗就不那么受这些人欢迎了。还有一个国家很有意思，那就是蒙古国，蒙古国怎么评价成吉思汗呢？在蒙古国还被苏联控制的时候，蒙古国人坚决地给予成吉思汗很低的评价，为什么呢？成吉思汗可是征服并长久控制着俄罗斯的人。苏联当然不愿意给他正面评价。蒙古国在苏联控制之下，当然也不能给成吉思汗正面评价。然而，当苏联解体以后，蒙古国开始高度赞扬成吉思汗，为什么呢？蒙古国也需要在历史上寻找民族自信嘛。

　　其实，历史总是一个任人打扮的小姑娘。评价历史人物时往往带着现实诉求，蒙古国为什么高度评价成吉思汗？找民族自信。苏联为什么极力诋毁成吉思汗？找历史自信。拿破仑、蒙哥马利为什么高度评价成吉思汗？因为他们要树立军事上几乎不败的榜样。朱元璋为什么高度赞扬成吉思汗？赞美敌人更显得自己强大嘛。清末为什么很多学者提出崖山之后无中国的论调？因为要为推翻清朝找个理由，既然满人统治不合法，那么蒙古人的统治也应该不合法，所以崖山之后无中国了。为什么有很多近代中国人愿意给予成吉思汗正面评价？为了民族自信，我们在近代总被西方打，但是我们历史上也有把西方打得很惨的人，是不是很牛？

有很多人听了一些大汉族沙文主义的论调，开始和我讨论，他们说成吉思汗不是中国人，所以元朝不是中国的朝代，所以这是一段中国被征服的历史，所以我们要坚决反对！那为什么承认北魏是中国的朝代呢？你们觉得鲜卑人是中国人啊？那蒙古和鲜卑本来就是一个民族系统的啊？还有人搬出崖山之后无中国的论调。问题在于，一个国家指什么，应该指的是国土、文化、国民。其实无论是蒙元还是清朝，这三个问题都不是问题，国土还是我们的国土，国民还是我们的国民，文化呢？无论是元朝还是清朝其实都是少数民族接受了中原的文化，比如统治者都叫皇帝了，都用年号了，而不是如早期的蒙古部族一样使用兔儿年、鼠儿年这种称呼。最后，其实无论是蒙古还是满族都是今天大中华民族家庭中的一员，既然同属中华民族，那怎么能说崖山之后无中国呢？

说完了对元明历史的评价之后我们来评价一下成吉思汗，成吉思汗这个历史人物有两点几乎所有人都承认，一是这个人非常有人格魅力。二是这个人的赫赫武功。所以这两点我们就不赘述了，但是有两个历史学家提到了成吉思汗的文治。一个是黎东方先生，黎东方的评价高了，黎先生认为论文治，成吉思汗不输秦皇汉武。另一个是柏杨，柏杨说："铁木真是历史上最伟大的组织家暨军事家之一，他在政治上和战场上的光辉成就，在二十世纪之前，很少人可跟他媲美。"我同意柏杨的话，铁木真不仅是个军事家，还是一个组织家。

为什么这么说呢？我们就要看看成吉思汗在成为大汗之后干的几件事，第一件是设立大断事官制度，第二是创立了蒙古文字，第三是创立了怯薛制度，第四是分封了万户和千户。这几件事看起来非常简单啊？那为什么能得到黎东方和柏杨的高度评价呢？其实原因也很简单，蒙古帝国在成吉思汗建立之前还处在氏族部落联盟的阶段，不是一个国家，成吉思可汗统一了这个帝国，在一张白纸上设立了最简单但是最有效率的制度。这就不一般了。那我们来分别说说这几项制度。

第一，成吉思汗建立了一个帝国，可是这个帝国当时是既无法律也无制度，更无宰相人才。作为一个帝国，基本的法律框架是要有的，基本的组织形式也是要有的。你看刘邦建国之初，废除秦朝的苛法之后，也订立了一个基本法律，就是"约法三章"。成吉思汗作为一个政治家当然知道国家必须有人立法、执法。于是他让失吉忽秃忽担任了最高断事官，然后凡是他和失吉忽秃忽商量好的制度，就作为最高约法存在，后世子孙必须遵守，失吉忽秃忽掌管全国司法，那么他判定的案子，就是以后要执行的案例，从这个角度上看，首先法律就成了案例法，从无到有，还可以不断根据需求补充。就满足了一个大帝国的基本的立法、司法要求。

第二，创立文字。一个国家当然要有行政，要有行政就必须有文字，而且是全国统一的文字，所以秦始皇统一中国之初就统一文字。可是蒙古当时面临的不是统一文字的问题，而是当时的蒙古就没有文字。那怎么办？于是成吉思汗就要创立文字，他让塔塔统阿用畏兀儿文字拼写蒙古语，于是就有了蒙古文字。其实创立文字的，不仅有蒙古一个国家，我们的两个邻国日本和韩国也创立了文字，日本本来没有文字，后来借鉴了汉字，以及汉字草书，以及汉字的偏旁部首，创立了现在的日本文字。朝鲜半岛本来是使用汉字的，后来为了显得自己比较独立，就创造了一种文字。日本的情况和蒙古帝国比较像，而且创建文字靠借鉴，所以还比较成功。朝鲜半岛的文字创造是出于政治原因，人为强行创造，就有些不同了。

对于第三、第四点中提到的怯薛制度和分封制度我们要合在一起说，首先，从部落联盟转变到国家的过程中都是要分封的，不然直接把部落打散变成中央统一的行政制度，大家既不适应，也太难实现。正如马克思所说，人类的历史是按照阶段发展的，所以周采取了分封，分封实行了一定时间后，秦才有了机会实现集权统一，可是秦的集权统一依然不稳定，从儒者提倡回到分封，到项羽真的回去搞分封，可见还是有很大的势力要求保持分封的。直到刘邦建立汉朝的时候，国家还是半分封的，所以韩信等人是被分封了的，在他们都被消灭了以后，刘邦才只分封同姓诸王，后来同姓诸王的分封也经常会出乱子，例如汉朝的吴楚"七国之乱"、晋朝"八王之乱"，到了唐宋，分封才进一步减少，到了清朝"三藩之乱"之后才正式没有了分封。从中原王朝的历史上看，成吉思汗建立帝国之后搞分封是一定的，但关键是怎么分？项羽当年的分封就有问题，首先，他只分封了十八个诸侯王，这样，每个诸侯王的势力都很大，他自己也很难制衡。汉朝中期实行推恩的时候才提出一个口号，"众建诸侯而少其力"，什么意思？多封一些王侯，每个人的力量就少了，想造反就不那么容易了嘛。成吉思汗应该没有读过什么中原王朝的历史书，但是他自己悟到了这一点，于是他打破原来的部族建制，重新封了九十五个千户，你看，九十五个，这就是众建诸侯而少其力了。其次成吉思汗建立了怯薛制度，就是他自己的护卫军，这些护卫军是他的亲兵，只听他指挥，战争中只负责保护他。首先这就保证了他自己有一支战斗力非常强的军队。第二，这支军队的组成人员都是千户们的儿子。这个为什么重要呢？因为这些人理所当然地都变成了人质，自己的子弟在大汗身边，要想造反就要有顾忌了。第三，现在有国家了自然要有政府，政府需要专门的行政人才啊，现在有没有呢？没有！

那么这支怯薛里的年轻人在他身边，就是国家的储备干部。然后重点培养他们，他们将来就可以成为理想的行政人才。

这样一看不能不说成吉思汗是一个伟大的制度设计家了。不过成吉思汗有一项制度没有做设计，什么呢？继承制度。所以元朝才出现了我们前章所述的每次皇位继承都伴着血雨腥风。

三十三、闲话蒙古西征路

成吉思汗的远征军一路向西打到了欧洲，真的第一次连接了欧亚大陆。描写这次西征的作品不胜枚举，但是客观分析西征路上这几个国家被征服的原因的作品就不是很多了。那么我们这一章就来闲话一下这几个国家。

说到西征，大家一定觉得成吉思汗及其子孙都是为了征服，为了展示自己的武力，为了得到土地和财富才去征伐的。但是其实呢，似乎并不是这样的，对于西征路上遇到的三个主要国家，蒙古大汗们都不是为了他们的土地对他们进行征伐，而是另有原因。什么原因呢？我们分别来细说。

首先是畏兀儿，畏兀儿人就是今天的维吾尔人，也就是之前的回鹘人。畏兀儿是成吉思汗西征路上第一个降服的国家，不过这个国家不是成吉思汗征服的，而是主动投降的，而且在成吉思汗之后的西征中出了很大的力。所以这个国家进入蒙古帝国，主要是为了寻求保护。

再说第二个，就是西辽，成吉思汗征服西辽倒不是为了土地和财富，主要是为了消灭政敌，而在这个过程中西辽人民抵抗了吗？并没有，西辽人民大大地欢迎。为什么呢？我们来细细解读。

西辽这个国家的建立者叫作耶律大石，看到他姓耶律大家就应该心中有数了，这个人是辽代的宗亲，这个宗亲还是很有本事的，论文治，他在辽朝中过进士，点了翰林。论武功，他曾被辽朝任用驻守燕京，他打退了宋朝的进攻，后来燕京被金朝攻破，他就去现在的呼和浩特一带找当时已经开始逃亡的辽天祚帝，找到之后不久又离开了天祚帝，向北而去，然后在当年的单于北庭集结了一万人的部队准备讨伐金朝，可是一万人的力量太小，于是大石就带着这部分人向西走，一路上征服了一些城市，也有一些城邦主动投降了，于是耶律大石的领地不断扩大，后来他和忽儿珊相遇了，这个忽儿珊是现在伊朗地区东部的一个非常厉害的世俗国王，这个人与大石打了一仗失败了，于是就让出了一部分地区给大石，这部分地区非常肥沃，就是河中地区，这时中亚的另一个国家花剌子模一看，耶律大石这么强，也就主动要求做耶律大石的藩属国，于是耶律大石就在这片广袤的土地，在这东起新疆，西至伊朗东部的地方建国了，国号还叫大辽，史称西辽。然后耶律大石准备发兵灭金复国，派了一支七万人的军队向东征讨，结果是这支军队在新疆的大沙漠里迷路了，不知怎么继续向东，只好回去了，耶律大石也只好说这是天命了，于是放弃了远征，就开始做他的西辽皇帝。

大石死后他的儿子夷列继位，后来大石的孙子直鲁古继位。大石一家人在这个地方建立西辽总的来说还是很得民心的，当地人比较支持，原因有两个：第一，大石他们带来了汉族地区的文化制度技术，对当地的社会发展有促进作用，第二，大石实行了宗教信仰自由的政策，因为这一代宗教比较多元，有信佛教的，有大批穆斯林，还有大批基督教徒，大石让他们自由地信奉自己的宗教，这自然是比较得民心的。

然而，就在直鲁古当政的时候，一个人出现在了西辽，谁呢？屈出律，如果各位还有印象，他就是前面我们说的乃蛮部太阳汗的儿子，这个人在成吉思汗消灭了乃蛮部之后一路向西来到了西辽，由于他途经的国家都忌惮成吉思汗，所以都不敢收留他，所以屈出律还是很小心地让一个随从冒充他去见直鲁古，他自己则在宫门外面等着，正巧碰见了皇后回宫，皇后一见，这个小伙挺帅啊，于是就让人带进去询问，一问，哦，原来你才是太阳汗的儿子，那这样吧，你做我女婿吧，我把女儿嫁给你。然后屈出律就成了驸马。这位驸马很得直鲁古的欢心，于是直鲁古让他去收集乃蛮部的旧部，将来对抗成吉思汗。于是屈出律就这样集结了一支自己的军队。按说直鲁古对屈出律可真是不薄，可是这个屈出律真是恩将仇报的典型。这个屈出律一想，成吉思汗我是打不过的，但是不如用我手里这支军队把直鲁古干掉，我做这个西辽的皇帝，也不比做乃蛮的大汗差呀，但是我的势力还是有点单薄啊，怎么办呢？有了，这边不是有个西辽的藩属国花剌子模吗？该国估计也不会想一直当藩属国吧？于是他和花剌子模的沙摩诃末暗中一联系，两人一拍即合。

就这样有一天，趁着直鲁古外出之际，花剌子模宣布不再从属于西辽，并且攻打直鲁古，屠杀了四万七千名无辜市民，可谓是心狠手辣啊。然后这个时候屈出律便以平叛为名开进城里，然后软禁了直鲁古，让他当了太上皇，自己做了皇帝。当然花剌子模分了一块土地走，而且再也不是藩属国了，而是和西辽平起平坐了。

屈出律这样的忘恩负义，恩将仇报当然是天怒人怨了，西辽的百姓怎么会喜欢这样一个皇帝呢？但是这还没完，紧接着屈出律做出了一个更过分的事，他本来是个基督教徒，后来为了娶直鲁古的女儿改信了佛教。他一上台竟然推翻了西辽的宗教自由政策，而且倒行逆施，屈出律对反对他的人都采取了屠杀政策，甚至连反对他的人所控制的城市中的无辜百姓也不能幸免。就这样做了两三年。

话分两头，这边成吉思汗也在想，这个屈出律逃到哪里去了？忽然传来消息，这个人竟然跑到西辽去当皇帝了。而且已经当了七年了。成吉思汗很生气，后果很严重，于是成吉思汗派了哲别去讨伐屈出律，结果西辽百姓听说蒙古人来了，可是高兴坏了，纷纷起义响应蒙古人，那真是箪食壶浆以迎王师了。而屈出律呢？外有强敌，内无支持，只能狼狈逃窜，终于被哲别追上，砍头。于是西辽也成了成吉思汗的属地。

但这次征伐呢？于成吉思汗，主要是为了讨伐屈出律，主要目的倒不是夺取西辽的土地。于西辽人民，与其说是被征服，我看更多人觉得是被解放吧。

我们现在流行一句话，叫不作死就不会死，这句话用在花剌子模的沙摩诃末身上真是非常到位，本来花剌子模就是西辽的一个属国，摩诃末非要联合一个不仁义的屈出律，帮他政变。政变过程中还要屠杀无辜，当然，故事要是到这里就结束了，这个摩诃末还不是很作，至少有一定谋求国家独立的正当性在，可是之后这个人就越来越膨胀了。这个人先是把亲西辽的撒马尔罕打了下来，这是赤裸裸的侵略了。后来，摩诃末的弟弟阿里·息儿去浩儿国做客，正巧浩儿国的国王被人刺杀了，阿里·息儿趁机就篡夺了王位，然后跟哥哥摩诃末说请求当花剌子模的藩属国，请求摩诃末册封他，摩诃末说好啊，不费吹灰之力就得到一个藩属国，马上派了一个使者去册封自己的弟弟。不过你以为这是故事的结束吗？不是！摩诃末有更大的野心，他的使者到了浩儿国，趁着阿里不备竟然将阿里刺杀了。这样浩儿国就成了花剌子模的直属省份。到了这一步摩诃末已经有了不小的疆土和四十万士兵了，然后这个膨胀的君主开始越来越自高自大了，他的第一个表现竟然是想废除阿拉伯世界的宗教领袖哈里发，于是派人和哈里发开战，只不过最后打输了。不过这个摩诃末并未因此而收敛。

成吉思汗打下了西辽之后，蒙古的疆域就与花剌子模接壤了，于是成吉思汗派人跟找摩诃末说："我把你就当我的儿子一样看待，我不要你的土地，不要你的臣民，我只想和你通商。"从这段话中我们可以看出成吉思汗此时没有征服花剌子模的想法，他想要的是通商，当然，蒙古地区牛羊等牧业产品极其丰富，但是缺少各种手工艺品，所以通商一直都是蒙古帝国和元王朝的一个重要活动。摩诃末于是问一个在花刺子模的去过蒙古的人，这个成吉思汗的实力如何？这个人马上说，哪里能跟您比较啊！您才是最强的。摩诃末当然很开心，于是跟成吉思汗的使者说，那我们就平等相处，我允许通商。这里就看出了摩诃末的自大，第一，成吉思汗的蒙古帝国已经是他边境上的第一大国了，对此他竟然毫不知情。第二，在蒙古的外交要求到来时，他竟然不对这个国家做一下深入了解，只听了一个人拍个马屁就信以为真。真是不知彼也不知己。

当然你不知彼也不知己也没关系，我们看出成吉思汗此时还没有对花刺子模有什么企图，只要你不要作死，那你花刺子模还是可以继续存活一段时间的。可是这个时候，花刺子模又开始不知死活了。

成吉思汗听说花刺子模同意通商之后还是很开心的，于是通知蒙古的诸王、诸那颜和诸将，有要贸易的，就去吧。于是这些人把自己的金银财宝，牛羊珍品都拿出来，组织了一支四五百人的队伍前去"扫货"，这些人到了花刺子模的边境，边境守将一看这么多人毫无武装，还带了这么多好东西来，那还不是下手的好机会？于是守将就说你们都是一群间谍，然后向摩诃末报告，来了一群间谍，有四五百人，摩诃末和他的守将于是就心照不宣了，摩诃末于是假模假式地说："既然是间谍，那么就该就地正法。"于是这五百人就这么死于非命了。而他们带来的金银财宝就被摩诃末和守将私吞了。这可真不光是作死了，而且还毫无人性，图财害命。

成吉思汗听到这个消息简直要气疯了，成吉思汗流着眼泪一个人走到不儿罕山上，敬告天地祖宗，一定要为这五百人报仇雪恨。于是率领全蒙古的大军，让他的几个儿子分别带队向花刺子模杀来，那么不可一世的摩诃末是不是已经真的不可一世呢？呵呵，这个人在惹事的时候很来劲，现在事情真的发生了，他却比谁都胆小，一再逃跑，而蒙古军也在这场战争中战无不胜。成吉思汗的几个儿子在战争中表现突出，各有建树。尤其是大儿子术赤，由于他此时已经知道自己失去了汗位的继承权，而他现在打下来的地方就是将来自己的封地，于是非常卖力地攻下了好多城市。

但是在这次战争中成吉思汗遇到了一个强敌，摩诃末的儿子扎兰丁，扎兰丁负责镇守花剌子模的旧都兀笼格赤，这一守就是六个月，成吉思汗的三个儿子术赤、察合台、窝阔台三个人合力才把这座城市攻下来。在蒙古占领花剌子模全境的时候，扎兰丁又四处组织游击队，鼓励反蒙情绪，然后与成吉思汗的大断事官失吉忽秃忽大战一场，竟然把失吉忽秃忽的三万人打得惨败。这是成吉思汗军队西征中唯一一次失败。成吉思汗当时觉得战争已近尾声，正在避暑，一听失吉忽秃忽惨败，不得不点起大军亲自讨伐扎兰丁，不过扎兰丁的队伍本身组成复杂，不是很稳定，加上扎兰丁觉得自己此时已是强弩之末，于是就一路向南走，成吉思汗就一路向南追，终于在印度遇上，大战了一场，扎兰丁惨败，连人带马跌入河中，不知去向，成吉思汗留下了一个千户专门寻找扎兰丁，不过找到扎兰丁已经是窝阔台当可汗的时候了。

我们可以看到，成吉思汗征服花剌子模完全是摩诃末的战略错误，和作死行为导致的。那么西征路上的再往远的国家呢？对于这些国家，蒙古基本上就是为了征服它们而征服它们了。为什么要征服它们呢？因为成吉思汗征服了这么多地方，他的子孙们为了证明自己是个合格的大汗，每一任大汗都要多多少少做点儿征服工作，显得自己也是可以征伐决断的。

那么第一个因为蒙古人要征服而被征服的国家是哪个呢？钦察，是一个在黑海附近，也就是今天乌克兰所在的那片地方的一个突厥人的国家，自从成吉思汗开始征伐花剌子模，摩诃末就一直逃一直逃，逃到了里海，然后坐船去了里海中间的一个岛，成吉思汗派哲别和速不台两个人去追他，两人追到里海边发现自己没有船啊，很多蒙古骑兵都觉得水没那么深，我们下去蹚过去，于是直接冲入里海，淹死了不少人。哲别一看没办法，他没想到摩诃末去了里海中间的一个岛，他觉得摩诃末一定是渡过里海去了对岸，那我们虽然没有船，我们可以绕着里海走，走到对岸去，于是他们开始绕着里海向北去，这一走就走到乌克兰了。这时候摩诃末的随从登岸投降了，原来摩诃末死在岛上了，那这支军队追踪的目标没有了啊，下一步怎么办呢？哲别和速不台请示成吉思汗，成吉思汗一想，你们都走到那里了，让你们白走一趟也不合适，你们就捎带手把那里的那个钦察征服了吧。于是哲别和速不台就开始了对钦察的征伐，当然哲别和速不台使用了一些诡计，当时钦察草原上除了钦察人还有别的部族，哲别派人跟钦察人说，你们是突厥人，我们也是突厥人，突厥人不打突厥人，我们打别的部落，你们别插手。蒙古人不是突厥人，但是因为语言上有很多突厥词语，所以钦察人就信了，结果哲别他们打别的部落的时候钦察人果然不插手，等到哲别他们解决了别的部落之后掉头来打钦察人，钦察人这下措手不及打了个大败，于是一边向西撤退，一边向俄罗斯的各位诸侯求救，俄罗斯人觉得蒙古不好惹，于是全体联合，组织了一支八万多人的队伍，与钦察一起，在基辅准备与蒙古人一战。哲别一看对方来了这么多人就向当时还在中东的术赤、察合台等人请兵，这些人就把手上的能调动的机动部队都给了哲别，但是蒙古兵还是远远少于钦察俄罗斯联军的，结果，这一战，俄罗斯的八万联军被歼灭了十分之九，可见战斗民族在蒙古远征军面前的战斗力不是很行啊。

就在俄罗斯诸侯们觉得大难临头，马上要亡国的时候，蒙古军突然撤退了。搞得俄罗斯人完全摸不着头脑。原来哲别他们与成吉思汗相约，三年之后要回去相见，蒙古人还是很看重信用的，不知道"将在外，君命有所不受"，于是虽然"再向前一点点"俄罗斯就亡国了，但是哲别还是撤军回去了。

不过俄罗斯也只是多存在了几年，因为窝阔台汗继位之后搞了个长子西征，就是诸王的长子去西征，这也是锻炼"年轻干部"的行为，在这次西征中，表现最突出的是术赤的长子拔都和拖雷的长子蒙哥，他们打败了钦察，然后征服了俄罗斯，打下了莫斯科，然后赶走了匈牙利国王，可以说整个东欧就这样被蒙古征服了。

蒙古人的西征第一次打通了欧亚大陆，把世界连在了一起，西征中有一个国家花剌子模在本章中占了重头戏，因为该国是战略错误的典型。那么作为中原王朝的南宋，战略上又怎么样呢？我们下章再说。

三十四、再论蒙古与南宋

近些年来颇有一些人愿意对两宋的外交政策发表自己的"高见",典型的就是说北宋联合金灭辽,结果被金灭了。南宋联合蒙古灭金,结果被蒙古灭了。所以两宋的外交是失败的。应该像当年三国的吴蜀一样,两弱联合抗一强,所以北宋应该联辽抗金,南宋应该联金抗蒙。听上去似乎是有点道理,其实啊,这真就是"事后臭皮匠"了,为什么这么说? 第一,这是站在现在的立场上去评论古人,古人没有看到事后的结果,自然信息不能像现代人这么全面。第二,即使站在现在人的观点上,这个建议也不是好主意。所以提这种建议的人是事后臭皮匠,而不是事后诸葛亮。

为什么这么说呢? 首先,两弱抗强似乎是对的,但问题是,吴蜀当年知道自己是两弱。宋朝知道吗? 站在北宋当局的立场上,当时的女真是一个东北的小部落,受到辽朝压迫的反抗组织,辽朝是占领着中国北方大部分地区的一个广袤大帝国,虽然快到了末世,但依然有着很强的控制力,且在和宋朝的战争中不输不赢。再看宋朝自己,是一个占领着黄河以南所有中国土地的大帝国,经济繁荣。这样看,你觉得宋朝君臣会觉得女真最强? 我觉得明智一点儿的宋朝大臣会觉得三国的实力排名由强到弱是辽、宋、金。骄傲一点儿的宋朝大臣会觉得由强到弱是宋、辽、金。如果是前一种，联合金朝正是两弱对一强。如果是后一种，那么联合金朝就是联合一个弱的，去掉一个强一点儿的敌人。或者还有一种，就是觉得辽宋一样强，那么联合一个比较弱的小弟，就正好比辽强大，灭掉了辽国不正好是去掉了最大的对手了吗？第二，不从实力上看，单从政治考量上看，金朝这时候和北宋没有任何过节，而且被辽朝压迫。辽朝占着"自古就是中国领土"的燕云十六州，且在之前的战争中多次打败宋朝，使得太宗皇帝受伤，杨家将覆灭，澶渊之盟也不是个非常光彩的盟约。这个时候联合辽朝灭了金，就是帮着一个有仇的人灭了一个被欺压的小部落。帮着金朝灭了辽，既可以说是锄强扶弱，又可以光复故土、还可以一雪前耻。如果是你，你选择帮哪个？第三，金朝和宋朝当时有联合的意愿，因为金朝也没有把握自己可以灭了辽朝，而辽朝此时还把对待金朝的战争看作是自己的内政，并没有请求宋帮忙，难道宋朝主动过去说，来来，我帮你镇压反对派！这不是干涉别国内政了吗？所以从这三点来看，北宋在当时的情况下，选择联金抗辽在实力、道义、外交上都没什么大错。反倒是现在的某些论者事后臭皮匠了。

再说说南宋对蒙古，情况也是一样的，先不说实力，从道义上，金朝占着长江以北，俘虏了徽钦二帝，可算是南宋的世仇，这时候去帮着世仇镇压一个以前被这个世仇欺侮的部落正确么？其次，南宋与蒙古的外交，是成吉思可汗先抛出的橄榄枝，而金朝却并没有请南宋帮忙的意思。

从上面的总结来看，两宋联合谁，对抗谁的策略没有太大问题，不过南宋在外交上的确实有其他大问题，问题在于上下不通，互相不通。怎么说呢？我细细给大家说说。成吉思可汗确定了要对金朝用兵之后，就派人去了临安，去临安干什么，《元史》《宋史》都没说，不过可以想象是要求宋朝与蒙古夹攻金国，为什么这么说呢？因为宋朝马上派了一个名叫苟梦玉的人去见成吉思汗，苟梦玉见到成吉思汗谈的就是夹攻金朝的事，然后双方使者就频繁往来了，蒙古这边的主要使者是者卜罕。到了窝阔台可汗的时期，窝阔台开始了对金朝的征伐，拖雷想要从宋朝的陕西借道，然后与窝阔台可汗的大军夹攻金朝，于是派者卜罕去临安谈判，可是者卜罕走到半路竟然被宋朝的守将不分青红皂白地给杀了。两国交兵尚且不斩来使，何况两国现在还是盟友。可见宋朝的中央和地方似乎根本不能上情下达，中央这边跟人家亲热得很，地方把人家当敌人杀了。这一下拖雷生气了，也不借道了，直接攻下了陕西。蒙宋就这样交兵了。这个战争其实在这个阶段完全可以避免的。

但是窝阔台可汗此时还是希望与南宋通好并得到南宋的帮助的，于是，窝阔台可汗又派李昌国出使南宋，这次又体现了宋朝内部人员的互相不通，李昌国从江苏走就走不过去，从湖北走就过去了，李昌国受到了宋朝君臣的欢迎，订立了共同攻打金国的盟约，可是打完了以后怎么分战利品这个问题在李昌国的盟约里是怎么约定的，几个史书都没写。宋朝又派了邹伸之回访，邹见到了窝阔台相谈甚欢，邹回到南宋后说，窝阔台亲口许诺，打下金朝后将黄河以南的地方通通还给宋朝。这下子宋朝君臣很高兴，马上派孟珙帮着蒙古将领塔察尔攻打蔡州。但奇怪的是，孟珙和塔察尔似乎都不知道有归还黄河以南的盟约。塔察尔之所以不知道，有好几种可能性，可能是因为窝阔台就没说这个话，或者说的醉话（窝阔台可汗经常酗酒），要么就是窝阔台在骗邹伸之，他压根没打算还给宋朝。而孟珙不知道这个盟约就比较奇怪了，宋朝的中央没有告诉他吗？那为什么不告诉他呢？

在攻打蔡州的时候，孟珙和塔察尔相处得很好，于是塔察尔很高兴而慷慨地说，等打下来蔡州，陈蔡以东的地方都归宋朝。打下来之后，塔察尔很守约定地将陈蔡以东给了孟珙，孟珙也积极在这些地方驻防，丝毫不知道还有黄河以南全部归还的约定。

但是宋朝的中央这时候已经准备出兵接收黄河以南全部地区了。这里就有个问题了，如果是按照盟约接收，那是不是应该先跟蒙古知会一声，哎哎你们可是答应了啊，现在该还了。如果对方还了那自然是好，如果对方不还，自己也可以做准备，是战还是忍辱。要是战该怎么打。可是宋朝的中央似乎什么都没做，就直接派兵出去了。当时的参知政事乔行简就觉得不应该去接收黄河以南，因为宋朝根本没有实力守卫黄河以南的地区。这还是在蒙古愿意还给你的前提下，乔行简都认为不可以。结果是宋朝大军占领了洛阳，附近的蒙古军哗然，根本没有命令让他们交出洛阳啊？于是蒙军迅速攻下了被占领的所有城市。

窝阔台马上派人去责问宋朝君臣为什么破坏盟约？宋朝马上派人去认错。这里就有个谜案了，窝阔台到底答应没答应还给宋朝黄河以南，如果真的答应了，为什么这个时候理直气壮地去责问宋朝，又为什么宋朝马上去认错，当然这也只能是个谜了。

但是窝阔台不接受道歉，而是派了三路大军攻打宋朝，然而，就像我们前面说的，我们一直以为很弱的南宋，其实并不弱，窝阔台的三路大军竟然都被抵挡住了，纷纷大败于孟珙和杜杲的手下。这下窝阔台发现宋朝不好对付，于是派人来讲和，但是宋朝这时候是战胜国啊，当然不能答应窝阔台的不平等条约的条件，窝阔台只好组织军队再战，可是依然不能打败孟珙和杜杲。于是窝阔台可汗命令八个汉军万户攻打，这八个人也不能打下多少地方。就在宋蒙交战中，窝阔台可汗去世了。

窝阔台可汗的皇后乃马真后摄政的时候与宋朝有小规模战斗，小小地占一些优势，到了贵由可汗继位之后与宋朝的战争相对缓和了一些，因为贵由可汗跟他的大堂哥拔都有些过节，他想要解决拔都。但是贵由很快就去世了。这时候蒙哥可汗继位了，而宋朝这边的大将孟珙也已经去世了，大将去世本来就是不幸，更不幸的是，换上来的这个人就是大奸臣贾似道。

　　蒙哥可汗放弃了原来窝阔台可汗的正面进攻的策略，他希望采取的是包抄迂回的策略，于是他让弟弟忽必烈从西藏进入了大理占领云南，然后派大将赤贴攻打四川合州，准备攻下四川之后从四川顺流而下进攻南宋，四川合州守将叫王坚，王坚这个人很厉害，蒙古大将打合州打得并不顺利，引得蒙哥可汗不得不亲征，但是蒙哥可汗却于合州的钓鱼台城下薨逝了。至于他是病死的还是战死的，是个谜案。四川的蒙古军队一看大汗去世了，还哪有心思恋战，于是只得撤退。

　　这边忽必烈攻下云南后就被调去攻打湖北，他在云南的军队由大将兀良哈率领，先进入了越南，越南国王投降之后，蒙军又转回头攻打湖南。忽必烈这边听说蒙哥可汗去世的消息后本来没有撤兵的打算，可是忽然听说自己的弟弟阿里不哥在漠北当了大汗，这还了得，于是准备回军漠北。可是忽必烈在军事上还是很有一套的，他没有直接撤军，而是带着兵先往东走，做出一副要攻打南宋的首都临安的架势。这时候镇守湖北黄州的是奸臣贾似道，贾似道一看忽必烈来了，吓得魂飞魄散，不过他的歪脑筋还是挺灵光，他马上代表南宋，向忽必烈投降，表示南宋愿意称臣，纳贡，岁贡白银二十万两，绢二十万匹。忽必烈并不知道这是贾似道的个人行为，正好着急撤兵，南宋竟然这么顺从，好吧，答应了，然后率领军队绝尘而去，回到漠北去争夺大汗的位置了。贾似道呢？马上向宋理宗报捷，说自己打了个大胜仗，把忽必烈打跑了，这人的脸皮真是厚到一定程度了。

　　忽必烈撤走的时候也通知在湖南的兀良哈，南宋已经投降了，一并撤走吧。兀良哈于是也撤军，可是贾似道也是个无耻的作死典范，他也不敢跟兀良哈打，就让兀良哈撤军，但是，在兀良哈军队基本上都撤走了的时候，又袭击了一下兀良哈的殿后部队，杀了一百七十多人，然后又向宋理宗报捷，说自己又打了一个大胜仗。

　　于是，就靠着这两个"大胜仗"，贾似道不断被提升，最后做到了太师，全权处理政务了。话说忽必烈回到漠北后战胜了阿里不哥，然后坐稳了大汗的位置后就开始纳闷了，宋朝不是要每年给我银二十万两，绢二十万匹么？东西呢？于是派了一个叫郝经的人去要，郝经到了临安就被贾似道扣留了，以防止自己当年投降的行为被泄露。这一下忽必烈生气了，开始了对南宋的全面战争，战争由伯颜指挥，伯颜是一位汉化很深的名将，首先仗打得很有一套，其次一改蒙古以往屠城的政策，对南宋采取了不杀的政策。可是这边贾似道呢，采取了一个很奇怪的政策，就是不战不和的政策，伯颜攻打襄阳和樊城，他几乎不派人去救，也不派人去议和，也不组织后续战争的指挥，导致最后樊城守将力战而死，襄阳吕文焕投降，然后作为伯颜的向导一路向东打来，直到这个时候贾似道才组织了一些抵抗，当然是一战而败。然后贾似道又想故伎重演，派人去投降，而且派的人跟几年前去找忽必烈投降的都是同一个人。这时候的伯颜可不是当年的忽必烈，伯颜没有后顾之忧，于是伯颜放话，让贾似道亲自来谈，贾似道哪有这个勇气，只能不去，那么蒙古军就只好继续进攻。这个时候南宋的当家人谢太后才认清贾似道的嘴脸，将他流放了。贾似道有多招人恨呢？他在流放的路上就被负责押解他的郑虎臣杀了，而郑虎臣也被当作了英雄。

　　第二年，伯颜就攻入了临安，宋恭帝和谢太后就投降了。南宋就灭亡了。不过，宋朝在灭亡之际涌现了一大批有气节的君子，他们是陆秀夫、张世杰、李庭芝、文天祥。这些人在皇帝已经投降之后仍然不投降，进行了艰苦卓绝的抵抗。最后都壮烈殉国，陆秀夫在崖山背着小皇帝跳崖，文天祥宁死不降的壮举，都为南宋谱写了壮丽的挽歌，浩然地唱响了读书人的正气与气节。他们是民族的精神脊梁。

　　南宋和蒙古的故事就这样结束了，随着南宋的灭亡，大元成了中原接续的王朝。南宋的灭亡，贾似道有很大的责任，贾似道可以说是大奸相，纵观南宋的丞相，前有秦桧，后有贾似道，都是大奸大恶，那么蒙古的丞相们又如何呢？等等？蒙古有丞相吗？您别说，蒙古的丞相们还都挺值得说，那么我们下节就说说蒙古的丞相们。

三十五、从儒到商元宰相

中国封建王朝的政府首脑一般都被叫作宰相。虽然他们的正式名称各有不同。宰就是主宰的意思，相就是相礼、辅佐的意思。主宰百官，辅佐皇帝的人，就是宰相，在秦汉的时候宰相一般叫丞相。比如我们熟悉的诸葛亮就是丞相，他就是蜀汉的宰相。后来这个丞相名称就不用了，取而代之的是唐宋代尚书省或者中书省的长官之名，尚书令、中书令或者尚书仆射，平章政事，等等。到了明朝，朱元璋集权加深了一步，皇帝直接管理六部，理论上就没有宰相了，不过后来的皇帝没有朱元璋那么勤劳，辅佐皇帝理政的内阁大学士的权力越来越大，地位越来越高，内阁首辅大臣就成了实际上的宰相。清朝的集权进一步加深，到了雍正年间设立了军机处，能进入军机处的大臣就是宰相了，但是不是一个人了，而是一群人了，而这一群人虽然是人臣之首，却也没有什么实际权力了，只能跪着接受皇帝圣旨，与前代的宰相不可同日而语了。

其实宰相地位的降低体现了君主集权的加强，那么宰相地位变低好不好呢？对此众说纷纭，我的看法是在中国古代的封建体制下来讨论，宰相地位不宜过高也不宜过低，适中最好，为什么呢？宰相地位过高，有可能出现权相，就是实际上的当家人，把皇帝架空了，如果这个权相本身能力比皇帝强，那么从百姓来看也许是个好事，当然皇上不会觉得这个是好事，但是呢，权相本身也是大独裁，且不是合法的大独裁，因为中国古代的伦理里，皇帝的专制是合乎礼法的，注意我说的是皇帝专制，而不是皇帝独裁，在中国古代的政治伦理里提倡的是皇帝与士大夫共治天下，所以中国的古代伦理是支持皇帝专制、精英独裁的。那么如果权相独裁，就是特别不符合政治伦理，不符合政治伦理，就会引起精英阶层的不满，有时候会引起动荡。况且独裁本身就很危险。如果独裁的人的素质也很低下，那么就会出现民不聊生的情况了。所以相权太盛不是一件好事，你看东汉末年，董卓、曹操都是宰相，他们就不拿皇帝当回事，然后董卓的独裁就引来了三国的动乱。且董卓自己也是穷奢极欲的典范。

那么宰相权力很弱呢，同样是不好的事情，为什么呢？宰相权力弱，就变成了皇帝独裁了，就不是皇帝专制、精英独裁了，当然说得好听一些就不是皇帝与士大夫共治天下了，那么一个人的权力没有了限制，就会胡作为非。即使不胡作为非，他做错了事，也没人纠正他了。我们看清朝就是这样的典型。清朝，尤其是鸦片战争前的清朝，好的大臣一般都是能力很强的事务官，坏的都是大贪官。有没有很好的辅佐官呢？没有了。为什么没有？皇帝不需要，而且也不给你当辅佐官的机会。所以我们听说过的比如魏徵扯着唐太宗的袖子骂皇上、包拯犯颜直谏、海瑞抬着棺材骂皇上的事情在清朝再也没出现过。不是清朝皇帝比唐太宗、宋仁宗好，没得骂，而是专制加强的结果。

那么适中的度在哪里，我个人认为唐宋比较好，所以我们看到唐宋出现了大量名臣，他们有共治天下的使命感，有共治天下的能力，也有这个机会。你看，现在如果让你举出唐宋大政治家的名字，一般人都觉得不胜枚举，什么魏徵、房玄龄、杜如晦、狄仁杰、姚崇、包拯、寇准，范仲淹、王安石、司马光，等等。但是要你举出鸦片战争以前的清朝的大政治家呢？

似乎大家能想起来的清朝人物，不是几位皇帝，就是那些阿哥，估计大臣里最出名的就是纪晓岚和和珅了，不过大家印象中的纪晓岚也不是历史上真实的纪晓岚，而和珅呢更是贪官中的典范了。

上面说了这么多，既然唐宋时皇帝宰相共治、清朝没有宰相，明朝在中间过渡，那么元朝呢？元朝是个很奇特的王朝，因为元朝不是汉族建立的王朝，所以元朝的皇帝没有与士大夫共治天下的素质，当然也没有清朝皇帝那么独裁条件和想法，于是元朝的宰相是非常不同的，简单说就是元朝有三种宰相：儒相、商相、权相。这又是什么意思呢？别急，我们慢慢来说。

元朝在成吉思汗的时期是没有宰相的，可想而知，此时的蒙古帝国刚从一个游牧部落联盟转变为一个帝国，一切都在过渡阶段，什么都还很简单，蒙古既没有当宰相的人才，也没有选拔宰相的必要，但是，成吉思汗却为他的子孙们发现了一个做宰相的人才，并且这个人也成了元朝的第一个宰相，谁呢？耶律楚材。

耶律楚材是契丹人，不过他出生时契丹已经亡国了，他出生在金朝，他父亲给他取的名字是楚材，取自典故楚材晋用，期待他成为被外国使用的人才，为什么呢？他出生的时候契丹已经亡国，如果他将来做了金朝的大臣，不就是楚材晋用了吗？楚材年轻的时候确实做过金朝的官，官职不大，是个郎官，也就是个处长吧，后来成吉思汗打下了金朝中都以后派人探访辽朝宗室，找到了楚材。跟楚材一聊，发现他能作诗懂历史，是个汉文化修养很深的年轻人，而且对于政治很有自己的看法，于是就一直把楚材带在身边。

后来成吉思汗去世之后，窝阔台继位，窝阔台很赏识耶律楚材，耶律楚材也不负大汗的器重，大汗一上台就帮大汗干了一件大事，什么事呢？你想，成吉思汗的天下是自己打下来的，威望自然很高，但是窝阔台是继承的大汗，此时一定有人表现得不那么恭敬。可是表现得不恭敬的都是功勋大臣，窝阔台汗能怎样呢？楚材想了一个办法，他去劝说察合台，就是窝阔台的哥哥，让他向窝阔台行跪拜礼，要知道，成吉思汗也没有要求察合台行跪拜礼，楚材为什么要这么做呢？如果作为兄长的察合台都这么尊敬窝阔台，那么其他贵族难道比察合台地位还高？脖子还硬？当然也要对窝阔台汗恭敬了。果然，察合台一下拜。再没有人敢不拜，纷纷跪拜窝阔台汗。想必此时窝阔台还是很感激楚材的。

于是耶律楚材趁热打铁给窝阔台上书了十八条建议，这些建议都是制度设计方面的，比如在各地实行军民分治，管军队的就是军官，对于民政，也要再派管民政的官。还有比如税收要国家统一厘定，不能哪个万户想定多少，就多少。死刑必须报请国家批准，等等。这十八条建议，窝阔台准了十七条，只有一条没有准，这一条是什么呢？大汗不能接受私人馈赠的礼物。这时的蒙古大汗还没有那么深的汉化程度，不知道什么是普天之下莫非王土的道理，并不觉得全天下都是他的，而是觉得锁在自己小金库里的才是自己的，你不让他接受私人馈赠他是不干的。但是十八条接受十七条，已经表示对楚材很大的信任了。从另一方面说，楚材已经在帮这个帝国设计制度了，这就已经是宰相在做的事了，他此时只是缺一个宰相的头衔。

让他有了宰相的名头的事是这样的——那天，忽然有人建议，中原地区也没什么用，不如把汉人都变成奴隶，把广大中原地区改成牧场，放牧算了。楚材听说之后马上去建议窝阔台，其实种地是可以收税的，并且帮窝阔台汗算了一笔账，如果让中原老百姓安居乐业恢复生产，那么一年的税收是一笔相当可观的数额，当时窝阔台汗正在东征西讨，很需要钱，于是让楚材试一试，楚材于是建立了税收地方官，专门负责收税，窝阔台也下令军队不得骚扰种地的百姓，要保护他们，这样一年以后，楚材果然如数交上了当时所报数额的税收，窝阔台汗也很高兴，当天就任命楚材为中书令，并且要楚材按照中原王朝的样子，建立中书省，全权负责行政，至于他的小叔叔，失吉忽秃忽，地位也从最高断事官，变成了中州断事官，这样看来，楚材成了名副其实的宰相。宰相自然应该有副宰相，楚材推荐并得到了窝阔台认可的副宰相是镇海和粘合重山。镇海是克烈人，粘合重山是女真人，楚材自己是契丹人，你看这个政府很有意思，蒙古帝国的政府首脑是三个其他民族人，且没有蒙古人。

耶律楚才在当宰相的时候和窝阔台关系很好，也颇有古大臣之风，他经常犯颜直谏，就跟魏征当年对唐太宗那样。比如有人陷害楚材说他僭越，用了大汗才能用的东西。大汗很生气，叫人把楚材绑来，绑来以后一查，没有，窝阔台马上要给他松绑，楚材说，既然你绑我就说明我有罪，既然有罪为什么要松绑？窝阔台马上道歉说我错了，我虽然是大汗，可是是人就会犯错嘛。这个道歉还是很诚恳质朴的，于是楚材也就原谅了窝阔台汗。

还有一次是因为，奥都拉合蛮，这个人是个扑买，什么叫扑买呢？就是蒙古大汗们有时候觉得分门别类地收税太麻烦了，于是就把收税这项工作外包出去，比如谁谁谁，你一年给我一个总数，一千万，然后某某个地方的税就归你收了。这就叫扑买。耶律楚材是致力于国家正规化和制度化的，这个他当然不能容忍，他建议窝阔台废除这个制度，窝阔台就把小的扑买全都废除了，但是奥都拉合蛮是全国最大的扑买，给了窝阔台很多钱，而且很得窝阔台皇后乃马真的信任，于是窝阔台把这个人留下了，楚材当然要争，而且很像当年的魏徵，拉着大汗的袖子争，气得窝阔台说："你是不是想打架？"你看，当年李世民说的是："我非杀了魏徵这个乡巴佬。"窝阔台说的是："你是不是想打架？"感觉窝阔台更不像一个皇帝。

不过窝阔台最后也没有废除奥都拉合蛮。后来楚材一直当宰相到窝阔台去世，窝阔台去世后，皇后乃马真后摄政，乃马真更加信任奥都拉合蛮，竟然给了他很多空白的任命状，让他写上人的名字，然后去找中书省盖章，中书省当然不给盖章，皇后就下令把拒绝盖章的办事人员的手砍掉，楚材马上站出来说：我才是中书省的长官，要是我们做错了，可以砍我的头，要是我们没错，为什么要砍手，我侍奉成吉思可汗、窝阔台可汗三十年，自认为没什么错！乃马真后也不敢把楚材怎么样，于是只得放弃了这件事，但是楚材经过这件事，身体变差了，不久就去世了。

耶律楚材是蒙古第一个宰相，是个明相、儒相。楚材去世后很长一段时间蒙古帝国没有中书省长官，之后是孛鲁和察汗当过，但这些人任职都很短暂，且没有行使宰相的权力。到了忽必烈当了皇帝以后宰相是他的儿子太子真金，但是我们知道这只是为了培养真金，真正管事的不是真金，行使宰相权力的是王文统，王文统是由我们前面说过的低调谋士刘秉忠推荐的，这个是个儒臣，很有经济头脑，元朝的钞法，也就是金融法规都是他一手制定的，他当时已经懂得了金本位制度，就是国家有多少真金白银就发行多少钞票，这样就不会有通货膨胀，而且由于国家有足够的真金白银，老百姓想兑换，随时可以兑换，这就大大增强了国家的信用，从这个角度上看，王文统是个金融学天才。但是王文统的治国之才不仅仅体现在金融领域，王文统重新制定了度量衡标准，为什么要这样呢？我们知道，有统一的度量衡才表示国家是统一的，人民生活才方便，经济往来才便利，所以秦始皇统一六国之后也要统一度量衡，王文统面临的问题跟秦始皇很相像，因为元王朝面临着一个更大的疆域和更多的民族，当时契丹有契丹的度量衡，畏兀儿有畏兀儿的，西藏有西藏的，金朝有金朝的，南宋有南宋的，还有西亚各国，俄罗斯。所以王文统需要再一次统一度量衡。王文统还继续耶律楚材的脚步，颁布了一系列法律，同时帮助元王朝在从奴隶制社会向封建社会转变的道路上迈出了一大步，废除了好多种奴隶，同时规定了军队的供给由国家提供，不能抢劫百姓，这大大促进了军队的正规化和国家化。

不过这样的治国之才是被斩首处死的，斩首的原因是忽必烈认定他谋反。王文统一个文臣是怎么谋反的呢？王文统和汉军万户李璮关系很好，他自己是李璮儿子的老师，他的女儿也嫁给了李璮，所以他又是李璮的岳父。李璮后来谋反了，一个月以后有人从王文统家里找到了一封书信，是李璮约他一起谋反，王文统呢，没有拒绝，而是说，等到甲子年。忽必烈问王文统这是怎么回事？王文统解释说，这个甲子年还有好几年，我是希望这样拖延李璮谋反，忽必烈当然不信，于是杀了王文统。

这里面的问题是，王文统是不是真的谋反？我看不是，要是真的谋反哪有那边都谋反了这边什么都不干的呢？我觉得王文统的罪名应该是包庇，看样子他是知道李璮要谋反的，因为有这封信，可是出于跟李璮的亲情和友谊，他没有将这件事上报，最终害了自己。

王文统死了以后接任的是廉希宪，这个名字听着像个汉人吧，但其实他是个畏兀儿人，但是由于廉希宪精通经史子集，被人称为廉孟子。他的副手商挺也是个大儒臣，还有中书左丞姚枢，也是个大儒臣，他们当宰相的时候实行了很多仁政。

到目前为止，我们可以看到，元朝的宰相，耶律楚材、王文统、廉希宪、商挺、姚枢都是汉化很深的儒臣，奉行的都是仁政，都是以儒法治理元朝的。不过这个情况在一个人出现之后改变了，这个人是谁呢？阿合马。阿合马很能搞钱，于是把这些儒臣都挤走了，然后开始帮着忽必烈搞钱。关于他的故事，我们在闲话阿合马一章中已经说过，就不再赘述了。从阿合马开始元朝的宰相从儒臣变成了商人。

为什么会出现这个转变呢？有人说是忽必烈的偏好变了，其实忽必烈的偏好没有变，而是形势变了。为什么这么说呢？蒙古皇帝，无论是窝阔台还是忽必烈，爱好是一致的，征服更大的疆域，这个爱好需要更多的钱。钱从哪里来？早期他们占领汉人地方，但是不知道怎么管理，楚材等儒臣的出现帮助蒙古皇帝们建立了封建的管理体制，大大增加了收入。可是这些体制建立完了，收税税额是固定的，粮食产量也不会有太大的增加，那么总的收入就不能增加，儒臣又都是重义轻利的，他们耻于想各种赚钱的小办法，他们谈的是国家长治久安的大办法。那这个时候忽必烈就不喜欢了。阿合马不一样啦，他本身是阿拉伯商人出身，没有受过儒家教育，什么君子喻于义小人喻于利，他才不懂，但是想办法赚钱，他懂，于是这个时候他登上了历史舞台也是必然。

阿合马兴风作浪了几年被刺杀了，忽必烈虽然严惩了阿合马的家人和党羽，可是，他又用了另一个阿合马式的宰相，卢世荣，卢世荣是桑哥推荐的，桑哥是谁？桑哥是一个畏兀儿人，会说好几国话，会做生意，他经常能给忽必烈出一些弄钱的主意，所以忽必烈很信任他，让他当了人事方面的顾问，他就推荐了卢世荣，卢世荣当了宰相之后忽必烈问他该怎么治国？他说要提高税率，忽必烈自然很高兴，可是几个副宰相都反对，忽必烈怎么做呢？就是把几个副宰相免职了，让卢世荣放手去干，不过卢世荣干得不好，一年下来，没有为忽必烈搞到更多的钱，这是当然的了，因为这里有个经济学概念，就是弹性。什么是弹性呢？就比如你以为提高价格可以赚更多钱吧？但是提高价格买的人就少了，如果你的东西不是必需的，而且有替代的物品，那你反而赚钱就少了。比如，如果可乐提高了价格，大家一想，这么贵，喝不起了，还是喝雪碧吧，于是可乐反而赚钱少了。同样，收税也一样，你一提高税率，人家一想，我工作得多了，反而要交更多的税了，那我还不如不干呢。就比如税是1000元起征，1000元以上交10%，大家觉得还可以，努力工作赚了2000元，你就可以收走100元了，结果你把税率调到50%了，大家觉得，我努力工作，多赚一千，你还要拿走 500？那我努力工作干什么？于是都去休息了，每人都只挣 1000，那你就一分钱的税都没有了，卢世荣提高税率就是这么个效果。

卢世荣一年的工作没什么成效，再加上弹劾他的人很多，他就被罢免下狱了。接任的是谁呢？桑哥本人！忽必烈一看干脆你也别推荐别人了，你自己干吧！桑哥确实比卢世荣会搞钱，他做的第一件事是发行钞票，发行钞票最直接了，直接就有钱了，就是后面通货膨胀的苦就要老百姓来背了，从这个角度看桑哥比卢世荣可坏多了。桑哥除了发行钞票，还有别的赚钱的办法，一个是禁止铜出口，这个跟欧洲的重商主义经济原理很像，货币不能出口，货物可以出口，国家顺差就大，就会有钱，提高茶酒税，茶酒在当时是奢侈品，买的人都是有钱人，提高一些税他们还是会买。还有就是查账，当然桑哥还是很聪明的，他查账是不得罪蒙古人的，只查汉官的账。桑哥这样还是可以弄来很多钱的，忽必烈还是很满意的，所以桑哥干了很久。

桑哥的下台可以说不是忽必烈不喜欢他了，而又是时势变了。桑哥这样搞钱，老百姓自然比较苦了，老百姓太苦自然就要造反了。所以到了桑哥主政后期，有很多农民一起占山为王了，而忽必烈此时也已经征服了很多地方，不再进行远征了，对钱的消耗也没那么大了。所以钱这时不是他的主要需求了，稳定成了主要需求。于是有人向忽必烈建议，这么多农民起义，还不是因为桑哥太能搞钱了吗？忽必烈一想，对！于是处斩了桑哥，向人民有个交代。

然后又任命了儒臣完泽当宰相。从此商人宰相的治国结束了。在之后的元朝历史中基本上就是儒臣和权臣宰相登场了。关于元朝的权臣宰相，最典型的是伯颜和燕帖木儿，我们在前面已经都说过了。而儒臣宰相，最典型的就是元朝最后一个宰相脱脱。

说来也很有意思，元朝最初的宰相耶律楚材是个契丹的儒臣，最后一个宰相脱脱是个蒙古的儒臣，真是以儒臣始终了。

三十六、中央地方元机构

　　说一个朝代的历史就不能不讲讲这个朝代的行政机构，元朝的行政机构很特殊，有的是前无古人后无来者的，有的是延续到后来的，有的机构的名字甚至一直沿用到现在，比如说省。那么元朝的行政机构是什么样的呢？我们慢慢来说。

　　首先说中央机构，元朝从唐宋借鉴了"省"这个中央制度，中央机构叫作中书省，有的时候也叫尚书省，叫尚书省的时候往往是有人要分权了，比如阿合马、桑哥。中书省下设置部。开始的时候忽必烈并没有学习唐宋设置六部，而是设置左右两部，左部管理人事财政，右部管理军事营建。后来随着帝国变大，这个左右部要管的事情太多了，两部就分成四部，是礼吏部、户部、兵刑部、工部。这里注意，为什么是礼吏合一呢？在中原王朝，礼是件大事，是要专门的部管理的，元朝初期，蒙古皇帝们不认为礼是个大事，就把他和吏部合一起了，兵刑部也是，兵部是个军政部门，负责管理日常军事训练啊，后勤补给啊之类的，这个在元朝初期也没什么用，因为元朝的军队都是自己解决后勤，军队长官自己训练自己征募的士兵的，那么兵部管的事情就少了，也就合并到了刑部。后来随着元朝制度的完善，礼部和兵部的职能又渐渐地变大了，这时候再合并在其他部门里就不合适了，于是就又分了出来，恢复了唐宋的六部制度，当然明清也延续了这个六部制度。

作为中央行政机构的是中书省，我们知道宋朝有一个枢密院，是管军事的。这个元朝也学习了，但是它的枢密院是四个怯薛派人参加的参谋部，然后枢密院的长官一般是皇家的重要勋贵，比如太子真金。

当然元朝也设立了御史台，用来监察行政。这就是省院台制度，这三项的设立在机构人员上跟前朝不同，但是机构名称和功能上还是与前朝基本一致的，但是，元朝的中央有一些特殊的机构。比如宣政院和大司农司。

设立宣政院是因为元朝的皇帝对宗教特别重视，比如忽必烈就封了八思巴为帝师，这在别的朝代是不可想象的，别的朝代的帝师都是儒生，而且他们即使实际上是皇帝的老师，也不能有一个公开的帝师的名称，但是元朝让佛教法王做了帝师。那么宣政院的设立就成了必然，因为宗教的地位高了，不能让行政机构管理它，要有专门的机构来管理，这就是宣政院。而且宣政院还有另一个功能，前代王朝，哪个也不曾把西藏纳入领土，但是元朝把西藏纳入了领土，那么怎么管理西藏呢？忽必烈的办法是政教合一，然后让帝师八思巴管理西藏，所以西藏的管理也由宣政院来执行。

另一个机构就是大司农司，它的领导是大司农使，它派往各地的官员是劝农使。这在以往的中原王朝中也是没有的，为什么呢？因为中原王朝的经济产业最主要的就是农业啊，所以农业自然是归行政机构户部管理啊。但是蒙古人似乎不这么认为，他们认为国家经济产业不主要是农业，还有商业、牧业，等等。所以户部是财政部、民政部，但不是农业部，应该有个部门专门管理农业，比如编纂农业书籍啦、普及农业技术啊、督导农业生产啊，于是大司农司就应运而生了。

综上来看，各个以前的王朝和以后的王朝，中央机构是：行政部门、监察部门、军事部门三个。而元朝是：行政部门、监察部门、军事部门、农业部门、宗教部门五个。这个不同体现了元朝不是一个农业王朝，而是一个牧业、商业、农业王朝。元朝的皇帝没有独尊儒术，而是对各个宗教都尊重。

说完中央部门再说地方部门，元朝的地方分为省、路、州（府）、县。省本来一直是中央部门，比如唐代的中书省、尚书省、门下省。日本现在省也是中央机构，比如大藏省。因为日本学的是唐宋的制度。但是元朝把省派到地方去了，为什么呢？因为元朝经常要打仗，打仗的将领往往要行使全权，前线的军事、民政都要归他管，元朝想的办法就是给他个宰相的头衔，但不是中央的宰相，而是地方的宰相，他的机构是地方临时的省，行省。这样将领的地位提高了，管理上名正言顺了。比如伯颜到湖北去跟宋朝打仗的时候，就担任中书令，也就是宰相、总理。但不是中央的，而是荆湖行省中书令。元朝经常发动战争，于是就设计了很多行省，比如征东行省，在朝鲜和东北，打日本的时候用的。缅中行省，打中南半岛的时候用的。福建平海行省，打琉球用的。这些行省有的在打仗之后就撤销了，有的是打完仗为了安置功臣，管理善后就一直留着了，元朝的行省还真是行省，就是经常变，撤销，新增。而且元朝还是有真正的中央的省的。但是到了明朝，朱元璋把这些行省固定下来了，每个行省真的是固定在一个地方办公管理了，同时，朱元璋把中央的省撤销了，皇帝直接管理六部，这样省在中国就成了一个地方机构了。

元朝的其他地方机构，路、州、县都是有三个长官的，达鲁花赤、总管、同知。为什么要设三个长官呢？因为首先蒙古人为了显示元王朝是蒙古人的王朝，总要在每个地方安排一个蒙古长官吧，这个蒙古长官就是达鲁花赤，名义上的地方最高长官，且只能由蒙古人担任。但是这些蒙古人不见得都有行政能力啊，管理地方的事物他们可能不在行，还是要靠汉族文人，所以就设置一个实际管事的地方长官，总管，只能由汉人担任。而且，元王朝里有一种特殊的人群啊，色目人，就是蒙古远征军从西亚带回来的穆斯林，蒙古人也给他们安排了工作，同知，协助总管管理地方。不过事实上色目人担任同知的非常少，大部分同知也是汉人，为什么呢？首先同知要协助总管管事，那你汉语水平就要好，可是哪有那么多汉语水平好的色目人呢？其次，色目人总体上还是很受信任的，比如阿合马之流，行政能力好的、汉语水平好的色目人都去中央当官了，也不屑于当同知了。所以虽然说理论上，同知是个色目人的职位，但其实也是汉人在做。

这里有个很有意思的事，对比元朝和清朝两个少数民族王朝的官职，发现清朝是中央重满，什么意思呢？六部必须有个满尚书，有个汉尚书，而且汉尚书的实际权力在满尚书之下。但是地方上没有要求必须满人担任官职。元王朝是地方重蒙，元朝在中央没什么重蒙的规定，像我们前面看到的，耶律楚材的中央政府里没有一个蒙古人，后来的王文统、廉希宪、阿合马、卢世荣、桑哥这些宰相都不是蒙古人，但是规定地方上必须有蒙古官员达鲁花赤。

这体现了什么呢？把自己的亲信放在哪里，哪里肯定是最重要，最有利的嘛。清朝是个集权王朝，所以权力代表一切，中央权力又最重，那么自己的满族人当然要放在中央当官。元朝由于幅员辽阔，且是个分封的王朝，中央集权很弱，中央的权力没有那么重要，所以中央官员属于很累，但油水少的人群，反倒是地方官员，有很大的自主权，可以截留很大部分的税收，收入比较高，所以要让蒙古人担任地方官。

你看，这就是元朝的行政机构，总结起来很有意思，就是中央五权并立，地方蒙汉共管，这是不是前无古人后无来者的呢？可是一个行省制度却又一直延续到现在，直到现在，省在中国都是地方级别而不是中央机构，这样看来真是很有意思。

三十七、四大汗国消亡记

我们说元朝的疆域，往往要考虑一个事情，那就是算不算四大汗国，理论上四大汗国的大汗都是成吉思汗的子孙，他们和元朝皇帝都是亲戚，在一段时间里都是承认元朝的大汗是他们共同的可汗的。从这个角度上，四大汗国应该算是元朝的一部分。但是它们和元朝的联系又很薄弱，没有丝毫的汉化，没有接受元朝的制度改造，从这个角度上说，很难说它们是元朝的一部分，不过我们还是可以说说，四大汗国是哪四大，它们又都去了哪里，它们和元朝是什么关系。

首先要说的是钦察汗国，它的建立者是成吉思汗的大儿子术赤和他的儿子拔都。话说术赤失去了继承汗位的机会之后，成吉思汗许诺把西征花刺子模时占领的地方给他，术赤自己也很喜欢这片地方，就是现在的伊朗东部。他就在这里建立了自己的汗国，后来他的儿子拔都特别能打，把俄罗斯现在欧洲部分、波兰、乌克兰、保加利亚、匈牙利等地都收到自己的囊中。建立了广大的钦察汗国。不过他自己把钦察汗国分成两部分：一部分是自己打下的欧洲部分，自己当大汗，就是西钦察汗国；另一部分是自己爸爸的地方，就是伊朗东部，就是东钦察汗国。留给了自己的哥哥当大汗。

钦察汗国本来跟元朝关系很密切，因为术赤的子孙理论上是不能竞争可汗的位置的，因为术赤的血统经常被怀疑，我们在讲成吉思汗的时候讲过，他的妈妈被蔑儿乞人抢走过，被成吉思汗重新抢回来后生下的他。但是术赤这一支的势力很大，你想，现在的俄罗斯的欧洲部分、东欧和中亚，这是多么大的一个帝国，该汗国的大汗势力大，虽然不能做可汗，可是对谁当大汗很有发言权，拔都是不喜欢察合台的后人和窝阔台的后人，所以他选择支持了他的拖雷叔叔的儿子蒙哥。所以在蒙哥当可汗的时候，钦察汗国还是跟中原很密切的。但是后来随着忽必烈的统治中心南迁，钦察汗国就与中原王朝疏远了，想想可以理解，当时的北京（也就是元大都）到莫斯科，这个路程还是很远的。

西钦察汗国的生命与元王朝差不多，在元被明推翻的前后，它也被俄罗斯的伊凡四世推翻了。至于东钦察汗国，也是在明朝灭亡之际被一个叫帖木儿的人推翻的，这个帖木儿是谁？我们一会儿再说。

第二个汗国是察合台汗国。察合台汗国的建立者是察合台，他是成吉思汗的第二个儿子，由于他也不能当可汗了，成吉思汗就把现在的阿富汗啊，我们国家的西北边境上那些叫斯坦的国家啊，还有印度封给了他。察合台和窝阔台是盟友，所以在拔都拥立了拖雷的儿子当了可汗之后，察合台汗国就已经不承认可汗的合法性了，所以察合台汗国一直独立发展，跟元朝有交集的时候就是来打仗的。察合台汗国也基本是跟元朝同时结束的，结束它的人，也是帖木儿。

第三个汗国是窝阔台汗国，大致位置在今天的西伯利亚、新疆一带，它的寿命就比较短了，窝阔台、贵由去世后窝阔台家的人就不再担任全蒙古的可汗了，但是他们心里还是很憋屈的，明明可汗之位是我们家的，怎么就到了拖雷家了？于是他们是不承认忽必烈汗的。该国的汗中比较厉害的叫海都，他是窝阔台的孙子，也就是说忽必烈是他的堂叔，他一直不承认堂叔是可汗，而且一直在跟堂叔打，而且打得还很不错，给忽必烈造成了很大的困扰，他不光自己跟忽必烈打，还拉着察合台汗国的大汗笃哇一起跟忽必烈作战，笃哇是海都的侄孙子了，他能登上汗位多亏了海都这位叔爷爷的帮忙，所以他是海都的忠实拥护者。海都与忽必烈的战争一直持续到忽必烈去世都没有结束，他又跟忽必烈的继承者，忽必烈的孙子，武宗海山继续打。现在海都辈分最高，武宗海山是他侄子辈，笃哇是他侄孙子辈。按年龄，海都也是熬不过两个年轻人的，当然海都先去世了，他的儿子就不如他这么能打了，不得不向堂哥海山投降，于是窝阔台汗国就没有了，成了元朝的直属地。当然有一部分被不投降的笃哇抢走了，可以说元朝中央和察合台汗国瓜分了窝阔台汗国。

伊尔汗国是建立的最晚的汗国，它不同于前面三个汗国，是由成吉思汗的儿子开创的，它其实是由成吉思汗的孙子、忽必烈的亲弟弟旭烈兀开创的，话说成吉思汗的西征打到了花剌子模，也就是今天的伊朗东部地区，然后哲别、速不台为了追击花剌子模的首领摩诃末就向北去了，后来的长子西征也是一路向西北而去，攻下了中东欧。但是正西方向的波斯帝国还是存在的。直到蒙哥大汗的时期，蒙哥让自己的弟弟旭烈兀西征，征讨的就是波斯帝国，黑衣大食。旭烈兀很快攻入了巴格达，杀掉了末代哈里发，然后一直向西，占领了今天的伊拉克、叙利亚、土耳其东部，最后准备攻打埃及。如果旭烈兀成功了，那么蒙古帝国就不是地跨欧亚了，而是地跨欧亚非了，只不过旭烈兀最后没有攻下埃及。后来阿里不哥和忽必烈争夺可汗之位，旭烈兀坚定地支持哥哥忽必烈，谴责弟弟阿里不哥的行为，投桃报李，忽必烈也坚定地支持旭烈兀和他的伊尔汗国享有高度的自主权。我们可以看出，伊尔汗国离元朝本土还是很远的，它主要在今天的中亚地区。所以它和中原王朝关系也是渐渐变弱了，而且后来伊尔汗国的大汗们改信了伊斯兰教，和中原地区的关系也就更远了。伊尔汗国也持续了一百多年，最后亡于帖木儿之手。

由于窝阔台汗国灭亡得比较早，所以除去它，我们横向比较一下会发现其实很有意思，几大汗国包括中原的蒙古帝国主体元王朝都有很多共同特点：第一，它们都是兴盛的时候无可比拟，但是衰亡的时候又异常迅速。第二，它们都没有建立合理的继承制度，所以到了晚期的时候就会出现大量的内讧，就像我们讲元朝的时候，说了它的每一次皇位更迭都伴随着血雨腥风，最终大量地消耗了蒙古的实力，其他几个汗国也一样。第三，它们的统治者最后都向着当地化发展了，比如忽必烈开始了汉化，管自己也不叫可汗了，叫皇帝，然后用汉人的办法管理汉人。而其他几个大汗国也相应地用伊斯兰的办法管理当地，几个大汗也相应地伊斯兰化。第四，几大汗国都没有实现民族平等，都实行了民族歧视政策。

比较完几个汗国之后，我们要说三个人，这三个人联合结束了蒙古统治整个欧亚大陆的大帝国，我们知道西钦察汗国是被伊凡四世结束的，东钦察汗国、伊尔汗国和察合台汗国都是被帖木儿结束的，而元王朝是被朱元璋结束的。首先说伊凡四世，伊凡四世是贵族，有一些蒙古血统，他的母亲是金帐汗国的贵族，伊凡的父亲是莫斯科大公，伊凡继承了父亲的大公之后，开始了政治改革，削弱了封建领主的权力，加强了中央集权，这使得他有力量来对付蒙古人，最终经过几次战争，伊凡赶走了已经衰弱的蒙古人，统治了俄罗斯的欧洲部分，然后当上了沙皇，他是俄国的第一个沙皇。俄国在当时没有跟中国发生什么关系，因为伊凡只是赶走了在欧洲部分的蒙古人，并将俄国的疆域向西伯利亚推进了一点点，不过俄国一直向东缓慢地推进，终于在清朝的时候跟中国接壤，发生了雅克萨之战，后来终于在近代将中国外兴安岭的广大地区占领了。所以你看，从伊凡开始，俄国开始推翻了蒙古人的统治，然后开始缓慢扩张，然后用了二百多年的时间，终于扩张得跟中国接壤，然后又用了二百多年终于侵占了中国一百五十多万平方千米的土地，然后反过来把蒙古国变成了他的附庸国，这个从被征服到征服的过程，用了四五百年，很慢，但是效果却很显著。

朱元璋大家都很了解了，朱元璋是草根，而且是中国最草根的皇帝，起于草莽，结束了元朝，建立了明朝，奠定了之后明清五百年的一些基本制度形态。

帖木儿这个人有意思。这个人是个蒙古人，但是他信奉伊斯兰教，说突厥语，是个非常当地化了的蒙古人，这个人年轻的时候腿断了，所以又叫跛子帖木儿，在他出生的年代，蒙古的几大汗国都陷入了内乱，他娶了察合台汗国一位汗的公主，所以又叫驸马帖木儿，驸马帖木儿最后篡夺了东察合台汗国的地方，自己当了汗，因为他自己还是蒙古人，虽然是个突厥化的蒙古人，所以他想统一蒙古各汗国，然后恢复蒙古的大帝国，于是他早期就是跟各个蒙古汗国作战，他先打下了西察合台汗国，又打下了东钦察汗国，又打下了金帐汗国，这个时候他的帝国疆域已经东起阿富汗，西到土耳其，是整个中亚地区的大帝国了，这个大帝国就是莫卧儿帝国，这个时候他的东西两侧是另外两个大帝国，明帝国和奥斯曼土耳其，他选择先与明帝国友好，于是派了使节去明朝，然后与土耳其帝国开战，大败土耳其帝国，然后帖木儿选择挥师东进，征服中国，但是走到半路病死了，他的继承者们似乎没有他的野心，并不想征服更多的地方，于是与明朝友好相处起来。

至此，蒙古连接欧亚、统治世界的时段结束了，世界似乎又进入了大家各自发展的阶段，明朝在郑和下西洋之后就不再有大规模对外接触了，清朝更是闭关锁国起来。当我们再次跟世界发生关系的时候，已经是西方工业革命后，西方人用坚船利炮打开了我们的大门了。

三十八、马可·波罗返香都

　　小时候很喜欢一部动画电影，叫作《马可·波罗返香都》，长大了以后，了解了历史之后发现这部动画电影跟历史上的马可·波罗没有什么关系，可能唯一有关系的是这部动画电影中的马可·波罗和真实的马可·波罗都是从意大利来到元朝的吧，那么马可·波罗是谁呢？他和元朝之间又有着怎样的故事呢？我们这一章就来说一说。

　　马可·波罗是个意大利威尼斯人，他参加热那亚战争的时候被俘虏了，跟他关在一起的是个神父，叫作鲁斯蒂谦，马可·波罗就和人家聊天啊，说你知不知道，我曾经到过遥远的中国，见过中国的忽必烈可汗，鲁斯蒂谦当然没有到过中国啊，于是很开心，那你说说中国什么样啊？于是马可·波罗开始给鲁斯蒂谦讲中国，这一讲不要紧，鲁斯蒂谦惊呆了，原来遥远的中国是这个样子，这么神奇美丽，我要把你说的写下来，于是他把马可·波罗说的话都写下来，就是《马可·波罗游记》，《马可·波罗游记》在欧洲成了最厉害的畅销书，被翻译成了各国语言，几乎当时所有的欧洲人了解中国就是通过《马可·波罗游记》，著名的航海家哥伦布就是这部游记的忠实粉丝，一读再读，还写了很多批注。马可·波罗不光激励了当时的航海家，直到现在都是威尼斯的地标人物，威尼斯的机场就叫马可·波罗机场,意大利发的卫星都叫马可·波罗卫星。那么这位马可·波罗到底做了什么呢?

当时蒙古的西征使得欧洲很震惊,蒙古打下了伊斯兰教统治的地方,但是还没有打到西欧,但是教皇觉得照这个趋势,蒙古很可能会打过来,他希望说服蒙古统治者改信基督教,于是派了传教士去蒙古,官方记载这些传教士见过贵由可汗和蒙哥可汗。当时还有很多欧洲商人经由中东去中国做生意。马可·波罗的爸爸和叔叔就去了中国,去干什么不太清楚,他没有说。但是马可·波罗的爸爸和叔叔见到了忽必烈可汗,忽必烈让他们给教皇带一封信,于是两个人带着信回到了意大利,可是教皇当时去世了,两人只好要了一封负责人 Tebaldo 的回信,两个人带着回信走到了伊朗的时候听说 Tebaldo 当了新的教皇,就是格里高利十世,于是两个人马上折返回去,让新教皇以教皇的名义再给忽必烈写封信。带着教皇的新的回信两人再次出发,这次马可·波罗的爸爸把自己十七岁的儿子也就是马可·波罗也带上了,可能主要是为了让儿子见见世面。然后到了元上都,内蒙古多伦见到了忽必烈,忽必烈很高兴,觉得这两人任务完成得很好,对小儿子马可·波罗也很喜欢,觉得小孩很聪明。马可·波罗由于年纪轻,学习语言快,很快就学会了蒙古语。那就比他的爸爸和叔叔能做更多的事情,于是马可·波罗去了中国的很多城市,然后都记载在了他的《游记》里,他在中国待了十七年,十七年后他从泉州坐船回去了。

关于马可·波罗到底来没来过中国,史学界一直争议很大,有一派人坚信马可·波罗来过中国,另一派人坚信马可·波罗没有来过中国,只是听当时来过中国的船员、商人讲述过中国,然后自己把故事编了编就好像自己来过中国一样。为什么会有这样的争论呢?因为这个游记中有四种情况让大家比较疑惑。

第一,非常准确,比如马可·波罗的游记中详细地记载了忽必烈的几次对外战争，人数啊、规模啊、时间啊都非常对，跟我们国家的历史都能对上。还有他对中国的见闻，比如他描述元大都，非常仔细，非常准确，城墙有多长啊，角楼在哪里啊，有几个门啊，护城河什么样啊，有多少桥啊，桥都是什么样啊，甚至日本学者还在马可·波罗游记中找到了对一座桥的描述，这桥被马可·波罗描述得跟卢沟桥一样。还有马可·波罗提到了中国人烧煤炭，煤炭是什么样的，中国人的纸是什么样的，怎么造的，都描述得很准确，还有中国特有的动物，老虎是什么样，中国当时的纸币是什么样的。而且马可·波罗说他参加过阔阔真公主的送亲，阔阔真是忽必烈的公主，被嫁到了金帐汗国，马可·波罗说他送亲去了，送亲的队伍里有谁谁谁，列了一些名字，我们对照施拉特的《史集》发现名字丝毫不差，而且和永乐大典的残片里记载的名字也一样。所以有的学者就问了，要是马可·波罗没来过中国，怎么会有如此准确的描述呢，这些描述可不像是道听途说吧。

第二，比较夸张且有错误，比如马可·波罗说蒙军攻打襄阳的时候是他建议使用投石机的，是他发明了投石机，可是根据《元史》的记载，首先不是个意大利人建议使用投石机的，投石机的制造和发明也是波斯人，而且此人有名有姓，并不是马可·波罗。还有马可·波罗说大汗的皇宫是黄金铺地的，似乎也是夸张并且不可靠的，还有他虽然对北京描写得很准确，可是在描写杭州的时候就很夸张，说杭州有石桥一万座，这个似乎就比较夸张了。另外比如马可·波罗自己说自己参与了忽必烈两次征讨日本的策划工作，可是他自己记载的两次征讨日本的顺序是不对的。所以有人就说了，你如果真的是策划者，你会把顺序记错吗？估计你也是听说的吧。

第三类，大家认为他应该记载的，他却没有记载。比如马可·波罗没有记载长城，外国人说，你说他怎么可能来了中国对长城这么有特点的东西只字不提呢？当然也有很多学者反驳道：古长城早就废弃了，到了元代可能都看不到了，我们现在看到的长城都是明朝修的明长城。马可·波罗来中国也许就是没有见过长城。这倒是完全说得通，但是另一件事大家就认为说不通了，比如中国人用筷子吃饭这件事，难道不会让老外很惊讶吗？中国人用两根棍子吃饭，这跟中国有黑色的能烧火的石头、中国人可以用木材造纸，中国人用米酿酒一样让老外惊讶吧，后面的几项《马可·波罗游记》里可是都有，但是筷子却没有。

第四类，他记载了，但是史书没有。比如他讲到征日本的军队并非全军覆没，有一部分人占了一个日本城市，苦苦等待元朝的援军，但是援军没来，最后这些人就永远留在日本生活了，这个在中日史料中都没有。还有就是他自己说他做过扬州的达鲁花赤，我们知道达鲁花赤在当时是地方最高行政长官了，马可·波罗所说的扬州的达鲁花赤可能是指在扬州办公的江北路达鲁花赤，也可能是指扬州城的达鲁花赤，但是不管哪个，就是说他做过江苏省省委书记或者扬州市市委书记，这个在元朝的各种史书里不可能一个字都不记载啊，而且他又是个外国人，就像现在要是有个外国人到中国担任了市委书记，我们不可能没有任何人记录这件事啊。

马可·波罗的游记中有这四种问题，导致大家一直在讨论他的到访中国的真实性。我倒是觉得，马可·波罗到访中国应该是真的，毕竟他的很多详细的描述，我很难想象是道听途说而不是亲身经历，而且如果他只是道听途说，那么他的记忆力也太好了，能把自己没经历过的事件的细节记得那么清楚，比如攻打襄阳，这件事他记载得很详细。但是为什么书中有很多谬误呢？我觉得因为马可·波罗并不是想写一部学术著作的，他是在跟狱友侃大山，侃大山自然要加入胡扯、吹牛的部分咯，这都是人之常情啊，也是叙述故事的必要嘛，比如他可能没去过杭州，他只在北京待过，但是他吹牛，我去过中国的所有地方，于是就描述了一下听说的杭州，自然就夸张了，再比如他只是在攻打襄阳的蒙古军中充当一个小角色，但是聊天的时候要是说我就是个小兵，参加了这个战役，似乎不是很过瘾吧，反正也没人知道，我就说抛石机是我发明的呗，还有远征日本，他可能并不是参谋部里的成员，但他吹了个小牛，这样就能解释他的一些谬误了。

至于筷子的事情，我是这样认为的，《马可·波罗游记》中记载的中国的事情，同时符合两点：第一是马可·波罗觉得很新鲜，很好玩的，第二是记录者鲁斯蒂谦认为很新鲜很好玩的，有可能马可·波罗自己不认为筷子很新鲜，只是今天的人觉得中国人用筷子很新鲜，进而认为马可·波罗应该在游记中详细地说，但是也许当时的马可·波罗不觉得这个很新鲜。还有就是可能他在讲的时候，鲁斯蒂谦不认为很新鲜，比如马可·波罗说中国人用两根木头吃饭，鲁斯蒂谦没听明白，不理解这是个特殊的餐具，以为是个木夹子或者什么的，觉得这不奇怪，就没有记载也是有可能的。

综上，我认为马可·波罗确实来过中国，但是他的游记不是百分之百真实。但是不管怎么样，马可·波罗也是元朝开放的一个例证，读他的游记也是西方人了解中国的途径之一。

三十九、经史子集说元朝

　　说到元朝，因为它存在的时间特别短，再加上是蒙古人建立的王朝，所以很多人的印象中这个王朝跟经史子集扯不上关系，不过呢事实恰恰并非如此，元王朝在经史子集方面的成就基本上不输给中国的各个王朝。现在我们就详细来说说。

　　首先，要有经史子集方面的成就就需要有大儒，那么元朝有没有呢？答案很肯定，元朝有大儒，但是元朝的大儒分为两类，南方的大儒和北方的大儒，他们的本质区别是，南方的大儒几百年来生活在汉人的王朝里，华夷之辨的心理很重，所以在蒙古人攻灭南宋后他们大多选择了不与元朝合作，他们中有的人是暴力不合作，比如文天祥文丞相，有的是非暴力不合作，隐居山林去做学问了，那些投降了元朝的南方儒生往往被他们的同侪所不耻，比如留梦炎、比如赵孟頫。北方的大儒则不一样了，他们自从北宋以来就在契丹、女真的占领区生活、做官，有好多人身体里还有少数民族血统，所以也就犯不上不合作了，他们对待蒙古统治者的态度是，要积极改造他们，使他们汉化，做合格的中原王朝的统治者，这些人的典型是姚枢、许衡、窦默。姚枢我们前面讲过，做过实际的宰相，而且制定了很多制度，实行了不少仁政。许衡也是个大儒，他在元朝的主要工作是教书，应该相当于国立大学的校长了，他主要给元朝的贵族讲儒学，在他的教导下，首先是忽必烈开始汉化，然后一大批蒙古贵族倾心汉化，最彻底的是太子真金，太子真金要不是去世得比较早，估计应该是个非常汉化的皇帝，远好于元朝后世的皇帝们。

真金的老师就是窦默，窦默不但是太子的合格的老师，还是一个合格的大臣，他经常对忽必烈犯颜直谏，但是忽必烈很赏识他，说自己求贤多年，仅仅得到了窦默和李俊民。

既然元朝有大儒，那我们现在就要来看看这些大儒的学术成就，他们的学术成就如何呢？首先说经学，元朝在经学上是很有成就的，虽然元朝的经学成就赶不上宋朝，没有出现程颐、朱熹等大的经学家，也赶不上清朝，但是比明朝好很多，元朝有大经学家吴澄，而且元朝人写了很多五经的著作，以至于到了明朝永乐年间，永乐皇帝让胡广编一部经学的大典，胡广把元朝的著作集合一下就成了。

元朝的史学造诣更是很深，元朝一朝官修了三部史书：《宋史》《辽史》《金史》。关于官修史书，如果我们按乾隆钦定的《二十四史》看，我们可以得到一组统计数据，西汉写了一部《史记》，东汉写了一部《汉书》，南北朝写了五部，唐朝写了七部，五代写了一部，宋朝写了三部，元朝写了三部，明朝写了一部，清朝写了一部。值得一说的是，明朝修的是《元史》，可是疏漏颇多，导致民国的时候又修了《新元史》。这样看来，在写历史这件事情上，元朝还是很厉害的，因为它只有不到一百年气数，而且修史是在最后二十年里完成的，在这么短的时间内修了三部史书，而且质量上乘，不能不说还是很值得称赞的，当然我们前面说过的脱脱在这件事上功不可没。

除了官修史书，元朝还有很多个人修的史书，其中最典型的是马端临的《文献通考》，是跟唐代的《通典》宋代《通志》齐名的史书，但是黎东方先生认为《文献通考》是优于《通志》的。可见，在个人修史和制度典章的记录上，元朝也是不输于其他朝代的。

这么看来元朝的经史子集的成就还是颇高的，并不是个没有文化成就的王朝嘛。

四十、大一统 or 南北朝

"大哉乾元"，写到这一章，我们已经整整写了四十章了，在这一章里我们想说一个重要的学术问题，关于中国疆域的定义问题。这个是这些年新兴起的学术问题，我不妨在我的书中抛砖引玉一下，稍微说说，留给大家思考。

这个问题是关于中国古代王朝什么时候是统一的，什么时候是割据的，这样一个问题，有人说了，这个不是很简单吗，在中国的疆域里，只有一个王朝的时候是统一的，有两个及以上就是割据咯，但是问题是，中国各朝各代的疆域都不一样，而且，就是同一个朝代的疆域也是变化的，强盛的时候很大，衰弱的时候变小。比如，以唐朝的疆域作为中国疆域，那么宋朝就一定不是统一王朝了，因为原属唐朝的疆域里有宋朝、辽朝、西夏。而且古代的疆域，跟我们今天所说的国境是两个概念，它更像一种势力范围和影响力范围，所以并不固定。有人又说了，那我们就以汉人王朝来看呗，只有一个汉人王朝的时候是统一的，这样似乎也说不过去，南北朝时期，北朝的王朝都是少数民族建立的，鲜卑啊、匈奴啊。全国范围内确实只有一个汉族王朝，东晋和后来相继出现的宋、齐、梁、陈。总之当时的中国就是一个汉人王朝和若干少数民族王朝。那么可以说南北朝时候中国是统一的么？显然也不能。

于是各位可能疑惑了，那么到底该怎么界定呢？我觉得其实应该是用文化界定，就是在同一文化体系下的王朝只有一个的时候，中国就是统一的，比如我们说，秦始皇统一中国，被统一的那六个国家都是说汉语，接受汉族文化的国家，北边还有一个匈奴呢，那不是中国文化体系中的，秦始皇统一了中国文化体系的国家就是大一统了，你看，被秦统一的六国的君主都叫什么文公、武侯、怀王的，都是我们语言体系里的，而匈奴的统治者叫单于，左骨都侯什么的，所以秦是统一的，汉是统一的都没有问题，即使北边还有匈奴，秦汉也是统一王朝。

三国就不是统一的了，因为三个国家都是中华文化体系中的，但是分裂了三个政权出来，南北朝也不是统一的，这不是因为少数民族不在长城外面了，而在长江边上了，而是因为，这些少数民族接受了中华文化，成了中华文化圈的一员，北朝的君主不再叫单于、可汗了，而是叫皇帝了，他们不再姓拓跋、独孤而是改姓元、刘了。他们的目标不是到中原抢劫，而是谋求统一，然后做全中国的皇帝了。

根据这个标准，我们就可以审视一下中国的历史阶段了，我们经历了统一的秦汉，然后有近百年的分裂，三国、两晋、南北朝，虽然西晋短暂地统一了一下吧。然后进入了隋唐的统一，隋唐之后进入了五代十国的分裂。

这之后的问题是，按照传统的说法，自宋开始，中国就进入了统一，宋元明清的统一，可是这里有个问题，宋朝算是统一吗？且不说南宋和金是划江而治，北宋的时候就有辽和西夏并立，辽还占着幽云十六州。更关键的是，辽朝到了中后期，已经是一个不折不扣的中华文化圈的王朝了，辽朝皇帝自己都说我修文物，彬彬不异于中华。而且我们修史的时候不会修匈奴史、突厥史吧？但是我们会修辽史、金史，匈奴的领导叫单于，而且冠以他们自己的语言的抬头，比如冒顿单于、军臣单于、伊稚斜单于，等等。突厥叫作可汗，也是自己的抬头，比如颉利可汗。但是辽朝的叫领导皇帝，活着有年号，死了有谥号，这些都表示辽朝是中华文化圈的王朝。这样看，宋朝从来就没有完成统一。所以我们应该说这段分裂是五代十国、宋辽、宋金的分裂，这段分裂是什么时候结束的呢？应该是忽必烈攻下南宋的时候结束的。但是蒙古的早期不能视作统一，应该视作征服，因为那时候蒙古跟匈奴、突厥一样，还没有融入中华文化圈，可汗们对金的作战和对宋的作战都是征服的一部分。

忽必烈主动地进入了中华文化圈，他选择了当皇帝，采用了年号、汉式国号谥号、任命了中书令，这些都表示他进入了中原文化圈。所以元朝是个统一的王朝了，因为中华文化圈统一了。那么之后的明朝是不是统一的呢？是的，但是，并不是在朱元璋赶走了元顺帝的时候就算统一了，因为这时候，北元还存在，北元的领导还叫皇帝，他们依然有年号，谥号，等等，所以这个时候理论上还是一个南北朝的状态，只不过边界在长城上，不在长江上罢了。直到北元王朝结束了，蒙古的统治者们放弃了中华文化圈，他们要去做可汗了而不是皇帝了，这个时候明朝才是统一王朝。

清朝是不是统一王朝呢，清朝是的，满族统治者也选择把自己变成中华文化圈的成员，那么表示他们融入了中华文化圈。

说了这么多，读者可能要有疑问了，为什么我们要重新梳理我们的王朝是不是统一王朝呢？因为这个问题对我们的民族、文化的形成至关重要。我们的文化发展过程大致是这样的：在分裂的时候，分别尝试不同的制度、文化，然后在融合改进中，一种制度体系战胜其他的制度体系，实现大的统一，在统一的王朝中巩固和发展文化和制度体系，然后在这种文化制度体系出现问题后陷入分裂，进行新的尝试，然后进行新的改进，周而复始。这就是《三国演义》里说的"天下大势，分久必合，合久必分"的道理。

具体来看，我们不难发现，春秋战国百家争鸣，各国挑选自己认为好的制度和文化。最后秦朝的郡县制、军功制，法家思想占了优势，统一了全国，汉朝对其进行改进，形成了外儒内法的思想。到了三国、两晋、南北朝，这一百年的分裂，我们引进了新的文化、尝试新的制度去解决当时问题，其中很多少数民族的文化进入了中国文化体系，小到我们开始坐"胡床"，也就是椅子，从分餐到合餐。大到我们的民族性格变得更开阔包容，于是我们才进入了隋唐的大统一、大气象。然后，其实又是一段长期分裂，契丹、女真、蒙古和宋这个汉族王朝又开始了融合与尝试，最后我们的文化、制度有了进一步的发展，融进了新的血液之后，开始了元明清的大统一时代。

厘清这个问题，是想说明中华文明是个多民族共同创造的文明，中华民族是个大家庭，包含了所有愿意成为中华民族大家庭一员的成员。民族团结，共同发展，和谐共处，携手共进是我们这个民族的特色，也是我们这个国家不同于世界上那些单一民族国家的特征，我们的民族是个和谐的民族，友善的民族，勤劳的民族，包容的民族，多元的民族，这是我们的优势也是我们的自豪。

参考文献

［1］（元）脱脱等撰．宋史［M］．中华书局，1997.

［2］（元）脱脱等撰．金史［M］．北京图书馆出版社，2005.

［3］（明）宋濂等撰．元史［M］．中华书局，1997.

［4］（清）张廷玉等撰．明史［M］．中华书局，1997.

［5］佚名撰，谢再善译．蒙古秘史［M］．开明书店，1951.

［6］王国维校注．圣武亲征录校注［M］．文殿阁书庄，1936.

［7］［伊朗］志费尼著．世界征服者史（上）［M］．商务印书馆，2004.

［8］［伊朗］志费尼著．世界征服者史（下）［M］．商务印书馆，2004.

［9］［波斯］拉施特著，余大钧著．史集［M］．商务印书馆，1983.

［10］秦新林著．元代社会生活史［M］．河南大学出版社，1997.

［11］（宋）李心传编．建炎以来朝野杂记［M］．商务印书馆，1937.

［12］刘祁撰．归潜志卷14全［M］．华文书局，1968.

［13］李治安著．忽必烈传［M］．人民出版社，2004.

［14］（明）叶子奇撰．草木子［M］．中华书局，1959.

［15］（南宋）周密著．齐东野语［M］．中国文史出版社，1999.

［16］（元）周致中著，陆峻岭校注．异域志［M］．中华书局，2000.

［17］（元）汪大渊著.岛夷志略［M］.中国文史出版社，1999.

［18］［日］杉山正明.忽必烈的挑战［M］.社会科学文献出版社，2015.

［19］［意］马可·波罗著，李季译.马可·波罗游记［M］.中流出版社，1982.

［20］多桑.多桑蒙古史［M］.上海古籍出版社，2014.

［21］黎东方著.细说元朝［M］.上海人民出版社，1997.

［22］［日］箭内互著，陈捷，陈清泉译.元朝制度考［M］.商务印书馆，1934.

［23］姚大力著.元朝风云［M］.长春出版社，2007.

［24］邱树森著.元朝简史［M］.福建人民出版社，1999.

［25］黄时鉴著.元朝史话［M］.北京出版社，1985.

［26］（清）李文田注.元朝秘史［M］，1936.

［27］张习孔，林岷主编.元朝大事本末［M］.中国国际广播出版社，2007.

［28］韩儒林主编，陈得芝等著.元朝史（下）［M］.人民出版社，1986.

［29］韩儒林主编，陈得芝等著.元朝史（上）［M］.人民出版社，1986.

［30］［日］中村新太郎著，张柏霞译.日中两千年人物往来与文化交流［M］.吉林人民出版社，1980.

［31］［苏］格列科夫，（苏）雅库博夫斯基著.金帐汗国兴衰史［M］.商务印书馆，1985.

［32］南京大学历史系元史研究室.元史论集［M］.人民出版社，1984.

［33］中国元史研究会编，邱树森主编.元史论丛［M］.江西教育出版社，1999.

［34］袁冀著.元史论丛［M］.联经出版事业公司，1978.

［35］陈庆英著.元朝帝师八思巴［M］.中国藏学出版社，1992.

［36］史卫民著.元代社会生活史［M］.中国社会科学出版社，1996.

［37］柯劭忞，屠寄著.元史二种 新元史、蒙兀尔史记［M］.上海古籍出版社 上海书店，1989.

［38］［日］高有严著，黄现璠译.元代农民之生活［M］.蓓蕾学社，1934.

［39］郭英德著.元杂剧与元代社会［M］.北京师范大学出版社，1996.

［40］王玉茹.中国经济史［M］.高等教育出版社，2008.

［41］钱穆口述，叶龙整理.中国经济史［M］.北京联合出版公司·后浪出版公司，2016.

［42］杨志玖.元史三论［M］.人民出版社，1985.

［43］罗贤佑著.元代民族史［M］.四川民族出版社，1996.

［44］李治安.元代分封制度研究［M］.中华书局，2007.

［45］喻常森著.元代海外贸易［M］.西北大学出版社，1994.

［46］高荣盛著.元代海外贸易研究［M］.四川人民出版社，1998.

［47］韩儒林著.穹庐集［M］.河北教育出版社，2000.

［48］周清澍著.元蒙史札［M］.内蒙古大学出版社，2001.

［49］方龄贵著.元朝秘史通检［M］.中华书局，1986.

［50］海登·怀特.元史学［M］.译林出版社，2013.